Unternehmensportale und Intranet
– konzipieren, realisieren, betreiben

Bibliografische Information der Deutschen Bibliothek: Die Deutsche Bibliothek verzeichnet diese Publikation in der Deutschen Nationalbibliografie; detaillierte bibliografische Daten sind im Internet über <http://dnb.ddb.de> abrufbar.

In diesem Buch werden geschlechtsspezifische Bezeichnungen (z.B. „der Nutzer“) zur besseren Lesbarkeit nur in einer Form ausgeführt. An dieser Stelle sei angemerkt, dass sich diese in jedem Fall und ausdrücklich auf männliche und weibliche Personen beziehen. Alle dargestellten Daten, Verfahren und Listen wurden mit entsprechender Sorgfalt erarbeitet. Fehler können jedoch nicht ausgeschlossen werden. Weder der Autor noch der Verlag haften für Schäden durch fehlerhafte Angaben. Firmen- und Warennamen werden ohne Gewährleistung der freien Verwendbarkeit genannt. Die in den Beispielen und Case Studies verwendeten Personen- und Firmennamen sind frei erfunden. Ähnlichkeiten mit echten Personen und Firmen sind nicht beabsichtigt.

3. überarbeitete Auflage, Februar 2014

Impressum

Herstellung und Verlag: BoD – Books on Demand, Norderstedt
ISBN 978-3-7322-9241-7

1 Inhaltsverzeichnis

2 Willkommen in der Welt von Portal und Intranet

Seit der Entwicklung des World Wide Web zu Beginn der neunziger Jahre wird die Technologie für die Bereitstellung von Informationen intern in Unternehmen genutzt. Genau für diese Art interner Informationsbereitstellung wurde das World Wide Web mit seinen Technologien von Tim Berners-Lee am CERN entwickelt.

Das ursprüngliche Intranet, welches zu Beginn zumeist ein Hobby einzelner Personen in Unternehmen und Organisationen war, wurde schnell zu einer mehr oder weniger professionalisierten Plattform für die Verteilung unternehmensinterner Informationen. Aus einfachen, per Hand gepflegten Linklisten wurde ein umfangreiches internes Informationsangebot für Unternehmen. Dies konnte nicht mehr einfach nur in HTML-Dateien verwaltet werden. So verbreiteten sich Content Management Systeme in den Unternehmen. Auch die Content-Erstellung und -Pflege professionalisierte sich als Konsequenz aus der wachsenden Informationsflut.

Mit der Einbeziehung von Geschäftsprozessen zu Beginn dieses Jahrtausends und der Entwicklung von Intranet hin zu integrierenden Mitarbeiterportalen wurde diese Technik als Infrastrukturplattform in ihrer Bedeutung erkannt und in der Breite eingesetzt. Portale sind als Plattform für Informationen und insbesondere auch für Geschäftsprozesse und Web-basierte Anwendungen unverzichtbar geworden.

Die Planung und Umsetzung einer integrierenden Infrastrukturplattform ist ein großes Ziel, welches strukturiert und mit Know-how angegangen werden muss. In der Diskussion in Projekten und mit Portal- und Intranet-Verantwortlichen stelle ich immer wieder fest, dass die Planung des Vorgehens und die Ausgestaltung eines Portal-Projekts als problematisch empfunden werden. Die Gründe hierfür sind vielfältig und beschränken sich nicht nur auf die große thematische Breite von Geschäftsprozessen bis hin zur Technik. Auch die zahlreichen beteiligten (Unternehmens-) Bereiche mit Mitarbeitern mit völlig verschiedenen beruflichen Hintergründen und Ausbildungen stellen eine Herausforderung dar.

In verschiedenen Projekten haben sich Vorgehensweisen und Methoden entwickelt und bewährt, die zum Erfolg eines Portal-Projekts beitragen. Die Nachfrage nach diesem Know-how ist immer noch ungebrochen – was liegt näher, als dieses in einem Buch zu veröffentlichen. Im Forschungssemester 2012/2013 entstand diese Publikation als Zusammenfassung wichtiger Methoden und Aspekte und liegt nunmehr in der 3. überarbeiteten Auflage vor. Dieses Buch ist ein Leitfaden für Projektleiter, Berater und alle am Thema Portale Interessierten.

Ich hoffe, dass diese Publikation auch Ihre Fragen beantwortet. Über Ihre Rückmeldung freue ich mich.

Stuttgart, im Februar 2014

Prof. Dr. Thorsten Riemke-Gurzki

2.1 Arbeiten mit diesem Buch

Die Materie rund um das Thema Portale ist umfangreich und vernetzt. Dies gilt nicht nur für ein Portal-Projekt selbst, sondern auch für die Darstellung des damit verbundenen Wissens. Das Buch versucht durch eine Dreiteilung der Hauptabschnitte eine geeignete Darstellung für die vielen einzelnen, vernetzten Themen einzuführen (Abbildung 1).

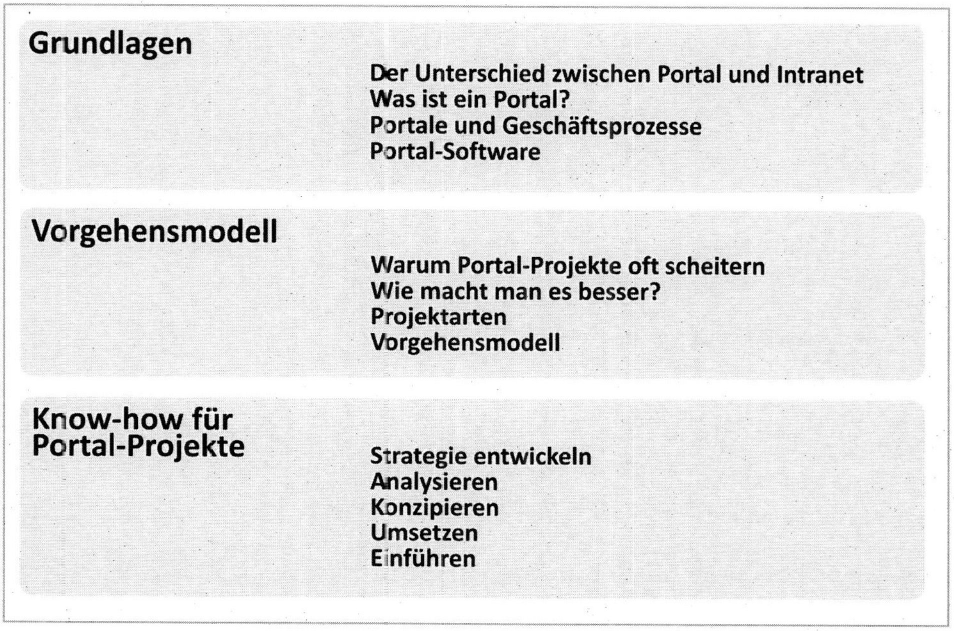

Abbildung 1 Gliederung des Buchs

Der erste Teil **Grundlagen** führt in die Thematik und Begrifflichkeiten der Portale ein und stellt die Prinzipien von Portal-Software vor.

Der zweite Teil **Vorgehensmodell** zeigt in einer Übersicht ein beispielhaftes Vorgehen für die Konzeption und Umsetzung von Portalen. In diesem Kapitel wird auf die Themensammlung des dritten Teils, das Kapitel **Know-how für Portal-Projekte**, verwiesen. Dieses behandelt ausgewählte, wichtige Themen tief greifender und stellt konkrete Methoden vor.

Das Buch kann damit auf verschiedene Art und Weise genutzt werden

- als Einführung in die Thematik mit dem Durcharbeiten der Kapitel **Grundlagen** und **Vorgehensmodell**
- als Vorgehensleitfaden für Projekte mit dem Kapitel Vorgehensmodell und Vertiefung wichtiger Themen, die im **Know-how-Teil** beschrieben werden
- als Nachschlagewerk für Einzelthemen im **Know-how-Teil**, der unabhängig von dem Vorgehen gelesen werden kann

Die ersten beiden Hauptkapitel bauen aufeinander auf. Das **Know-how für Portal-Projekte** ist eine vertiefende Sammlung von Einzelthemen, die als solche zum Teil unabhängig voneinander sind und durch das **Vorgehensmodell** zusammengehalten werden.

2.2 Begleitmaterial

Zu diesem Buch sind elektronische Begleitmaterialien erhältlich. Diese stehen zusammen mit weiteren Materialien kostenfrei unter der Adresse

www.riemke.net/portal-intranet-buch

zum Download bereit. Der Autor freut sich über Hinweise und Anmerkungen unter der E-Mail-Adresse *buch@riemke.net*.

3 Grundlagen

Das Kapitel Grundlagen führt grundlegend in das Themenfeld Portale ein und gibt einen Überblick über dessen Vielseitigkeit. Dabei wird in Kapitel 3.1 auf den grundlegenden technischen Unterschied zwischen Portal und Intranet eingegangen. Der Portal-Begriff wird in Kapitel 3.2 dargestellt. Neben den in diesem Buch behandelten Mitarbeiterportalen existieren zahlreiche weitere Portal-Formen. In diesem Zusammenhang wird in Kapitel 3.3 auch auf die Thematik der Personalisierung und Individualisierung eingegangen. Kapitel 3.4 befasst sich mit dem Zusammenhang von Portalen und Geschäftsprozessen. Dem Thema Portal-Software widmet sich abschließend das Kapitel 3.5.

3.1 Der Unterschied zwischen Portal und Intranet

In diesem Buch wird zwischen Portal und Intranet differenziert. Aber: Was ist der Unterschied? Zunächst ganz offen gesagt: Wenn Sie Ihr Portal als Intranet bezeichnen wollen – tun Sie das! Allerdings sollten Sie bedenken, dass klassisch der Begriff Intranet mit den Vorläufern der heutigen Portale verbunden wird.

Die Vorläufer der Portale gehen bis in die neunziger Jahre zurück, in denen Content Management Systeme zunächst noch nicht verfügbar und später teuer waren. Die Seiten wurden vom Webmaster meistens noch von Hand erstellt und die Inhalte direkt in HTML codiert. Web-basierte Anwendungen waren zu dieser Zeit rar. Ein Intranet umfasste die reine Informationsbereitstellung. Themen wie „Wie mache ich etwas?" oder der bekannte Speiseplan der Betriebskantine waren wichtige Bestandteile des Intranets. Später kamen erste Anwendungen hinzu, die mit heutigen Web-Anwendungen kaum etwas gemein haben. Die Anwendungen waren nicht in die Oberfläche des Intranets integriert, sondern eigenständige Lösungen. Das Intranet stellte lediglich Verlinkungen auf diese Anwendungen bereit (Abbildung 2). Auf diese Weise wurden die Intranets mit der zunehmenden Zahl der Web-basierten Anwendungen zu großen Link-Listen.

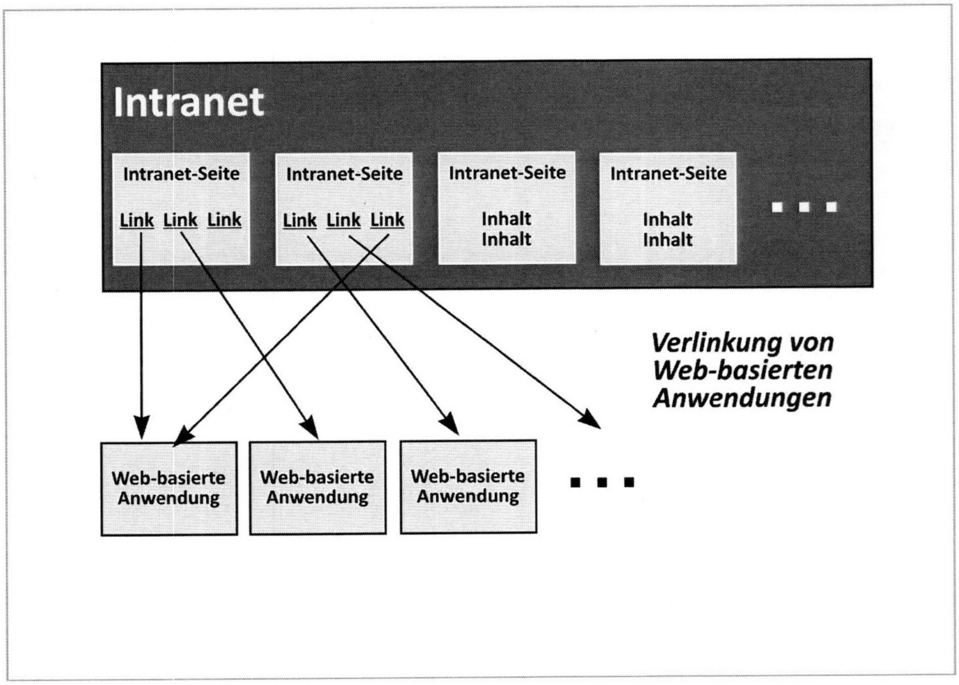

Abbildung 2 Schematische Funktion eines Intranet

Entsprechend unübersichtlich wurden manche Intranets und es standen schnell die Fragen im Raum: Wo finde ich eine Anwendung und gibt es überhaupt eine Anwendung für meine Aufgabenstellung? Neben der Unübersichtlichkeit ergab sich auch das Problem der Pflege der Verlinkungen: Neue Anwendungen müssen hinzugefügt und alte gelöscht werden. Die manuelle Pflege von Intranets wurde mit der Verbreitung von Content Management Systemen (CMS) erleichtert.

Durch den Preisverfall der CMS wurde die Teilautomatisierung zumindest in größeren Firmen schnell zum Standard. Um es vorweg zu nehmen: Auch mit moderner Technik lassen sich Verlinkungen auf Anwendungen nicht vollständig vermeiden. Es sind ganz banale Kostengründe, die, statt einer Einbindung einer Anwendung in ein Portal, zu der Lösung einer einfachen Verlinkung führen. Portale setzen im Gegensatz zu Intranets auf eine integrierte Sicht auf Inhalte und Anwendungen (Abbildung 3). Statt heterogener Layouts und dem Aufruf verschiedener Seiten und Anwendungen, ist das Ziel die Integration von Inhalten und Anwendungen in eine homogene Benutzungsoberfläche.

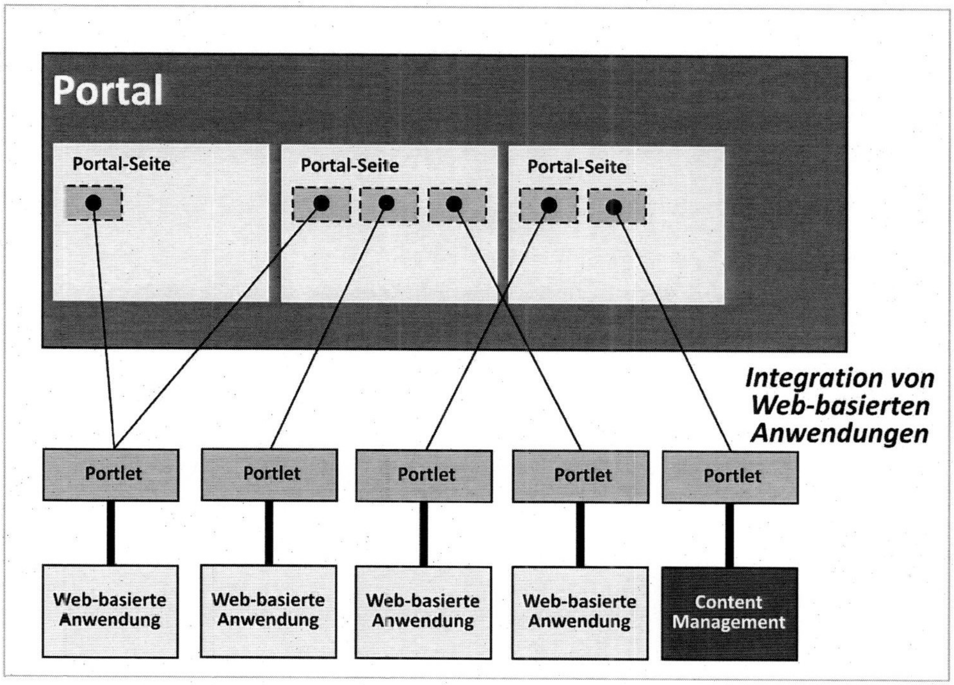

Abbildung 3 Schematische Funktion eines Portals

Auf den Seiten des Portals werden die Ausgaben der Anwendungen in virtuellen Fenstern, den sogenannten Portlets, angezeigt. Die Web-basierte Anwendung kann dabei durchaus unabhängig vom Portal vorliegen und unabhängig ausgeführt werden. Einfache Anwendungen können jedoch auch direkt in der Portal-Software als Portlet ausgeführt werden.

Egal ob intern oder extern: Ziel ist eine visuell homogene Anzeige von verschiedenen Anwendungen. Aus dem Ansatz der Portlets ergibt sich ein weiterer Vorteil, der heute in der Unternehmenspraxis eine große Rolle spielt: Anwendungen können in verschiedenen Kontexten auf verschiedenen Portal-Seiten in beliebigen Kombinationen für verschiedene Zielgruppen personalisiert und aufgabengerecht bereitgestellt werden (vgl. Kapitel 5.3.6.2). Neben den Anwendungen wird wie beim Intranet der Content bereitgestellt. In den Anfangszeiten der Portale Ende der neunziger Jahre wurde oftmals ein Content Management System über Portlets integriert. Moderne Portal-Software erlaubt die Content-Editierung und Bereitstellung direkt auf einer Portal-Seite. Portal-Software und

Content Management System sind eng integriert und nahtlos nutzbar. Dieser Punkt wird in Kapitel 5.4.1 eingehender beleuchtet.

3.2 Der Portal-Begriff

An der Definition des Portal-Begriffs haben sich viele Praktiker, Forscher und Autoren versucht. Es gibt dabei viele Gemeinsamkeiten in der Definition – und ebenso viele Unterschiede. Ganz offensichtlich zeigt sich an dieser Stelle, dass Portale verschiedene Strategien und Philosophien widerspiegeln, die nicht auf eine formale Definition abbildbar sind.

Egal ob Intranet, Mitarbeiterportal, Employee Portal: Der Portal-Begriff ist so individuell wie das eigene Unternehmen. Der Portal-Begriff kann Unternehmensstrategien und mittel- bis langfristige Ziele widerspiegeln. Die individuelle Diskussion kann und sollte in Workshops im Unternehmen durchgeführt werden. Wichtig ist dabei, dass verschiedene Fach- und Querschnittsbereiche in die Diskussion einbezogen werden. Das hat seinen Grund: Ein Mitarbeiter der IT hat weitgehend andere Begrifflichkeiten als ein Vertriebsmitarbeiter oder ein Hausjurist.

Tipp

Definieren Sie den Begriff „Portal“ für Ihr Unternehmen individuell.

Was für das eine Unternehmen die zentrale Mitarbeiteranlaufstelle ist, ist für das andere die technologische Plattform für die Realisierung von Anwendungen heute und in der Zukunft. Der Ausgestaltung sind keine Grenzen gesetzt. Diese Varianten drücken sich entsprechend im Namen aus. Dennoch haben sich die nachfolgenden Definitionen in zahlreichen Portal-Projekten als hilfreiche Grundlage und Startpunkt für die individuelle Diskussion bewährt.

3.2.1 Definition des Portalbegriffs

Der allgemeine Portalbegriff definiert die grundlegenden Eigenschaften eines Portals. Er ist damit die Ausgangsbasis für die weiteren, darauf aufbauenden Spezialisierungen, wie z.B. Mitarbeiter- oder Kundenportal.

Definition „Portal“

„Ein Portal stellt basierend auf **verschiedenen Zugangstechnologien** (z.B. Web-Technologien, Sprache) nach einer **einmaligen Authentifizierung** (Single Sign On) einen **zentralen Zugriff** auf **personalisierte Inhalte** (Content und Dokumente), **Prozesse** und **Anwendungen** bereit.“

Die Definition setzt sich aus verschiedenen Bausteinen zusammen, die im Folgenden näher betrachtet werden.

Zugangstechnologien

Aus der Historie heraus ist die „klassische“ Zugangstechnologie das Web – oder genauer ausgedrückt: Die technologische Kombination von HTML (Hypertext Markup Language) und dem Übertragungsprotokoll HTTP (Hypertext Transfer Protocol), die wir heute tagtäglich zum Abrufen von Web-Seiten nutzen. Warum dann die Verallgemeinerung auf verschiedene Zugangstechnologien? Der Grund ist einfach: Portal-Software ist in den neueren Generationen in einigen Produkten nicht mehr nur auf das Web beschränkt, sondern kann die im Portal realisierten Anwendungen und Funktionen auch auf alternativen Wegen (z.B. in Form von Sprachportalen) anbieten. Sprachportale werden beispielsweise im Customer Self Service eingesetzt, bei dem der Kunde über das Telefon mittels einer Sprachschnittstelle das Portal steuert. Allgemein bekannt sind diese Portale aus dem Bereich Telefonbanking. Eine kleine Feinheit des Aspekts der Zugangstechnologie ist zu beachten: Wir sollten die Sichtweise bevorzugen, dass die verwendete Zugangstechnologie einen entfernten Aufruf (Remote) des Portals ermöglicht. Vernachlässigt man diesen Aspekt wird der Portal-Begriff ungleich umfassender, da auch lokale Oberflächen von Geräten, wie z.B. die eines Media-Centers, eines Mobiltelefons oder eines PCs, unter den Begriff Portal fallen würden.

Einmalige Authentifizierung/Single Sign On

Wer kennt das Passwort-Problem nicht aus dem Internet? Ein Passwort für Web-Mail, eines für die Bank und dann noch für den Kauf der Lieblingsmusik. Diese Herausforderung gibt es auch in der Unternehmenswelt: Für jede Anwendung ein neues Passwort. Single Sign On ist ein wesentlicher Bestandteil von Portalen und löst genau dieses Problem. Der Nutzer meldet sich am Portal an und kann alle Anwendungen im Portal nutzen, auch wenn diese in das Portal integriert wurden und eigentlich ein eigenes Passwort benötigen. Hinter dem einfachen Begriff Single Sign On steckt eine Reihe verschiedener Technologien, die die Anmeldung vereinfachen.

Zentraler Zugriff

Portale sind eine Integrationskomponente. Was bei den Intranets der neunziger Jahre die Regel war, wird mit Portal-Technologie heute behoben: Anwendungen und ggf. auch Inhalte waren lose verlinkt und auch über Bookmarks direkt zugänglich. Ein Portal hingegen wird aufgerufen und der gesamte Content und alle Anwendungen stehen dem Nutzer genau an dieser zentralen Stelle zur Verfügung.

Inhalte (Content und Dokumente)

Portale stellen als zentraler Zugang neben Anwendungen auch Inhalte bereit. Dabei sind im Wesentlichen zwei Arten von Inhalten zu unterscheiden: Content und Dokumente. Content steht bei Web-basierten Portalen für Web-Content und damit für Artikel zu verschiedenen Themen. Dies kann eine Produktbeschreibung oder eine Anleitung für Urlaubsanträge sein. Dieser Content wird üblicherweise von einem Web Content Management System verwaltet. Dokumente liegen in verschiedenen Formaten vor: Vom Word Dokument, über PDF bis hin zu Bildern, CAD-Zeichnungen und multimedialen Dokumenten wie Video und Audio aus dem Marketing. Diese Art von Inhalten wird üblicherweise in Dokumenten Management Systemen (DMS) verwaltet. Es können jedoch auch weitere, spezialisierte Systeme, wie z.B. Bilddatenbanken oder dezidierte Engineering-Systeme, zum Einsatz kommen.

Personalisierung

Portale sind in vielen Fällen auf Zielgruppen ausgerichtet. In der Praxis bedeutet dies, dass die Inhalte und Anwendungen, die den Nutzern einer Zielgruppe angeboten werden, teilweise oder vollständig unterschiedlich sein können. Beispiel Mitarbeiterportal: Der Geschäftsführer benötigt bevorzugt z.B. Berichte und Auswertungen, wohingegen ein Sachbearbeiter Anwendungen zur Datenerfassung in seiner täglichen Arbeit verwendet. In Kundenportalen zeigt sich die Personalisierung oft in Kundensegmenten, die verschieden angesprochen werden oder in der Unterscheidung zwischen Business-to-Business und Business-to-Consumer Portal.

Tipp

Verwechseln Sie nicht Personalisierung und Individualisierung. Personalisierung ist nicht gleich Individualisierung. Mehr darüber erfahren Sie in Kapitel 3.3.2.

Prozesse

Immer wieder werden Portale im Kontext von Prozessen genannt. Aber warum eigentlich? Wie bereits diskutiert, sind Portale eine zentrale Plattform und sie integrieren Anwendungen. Portale lassen sich aber auch dazu nutzen neue Anwendungen zu erstellen, die auf die Funktionen der bestehenden Systemlandschaft zurückgreifen. Beispiel: Eine Sekretärin oder ein Sekretär möchte ein Meeting mit externen Teilnehmern organisieren. Üblicherweise muss hierzu zuerst ein Termin via E-Mail vereinbart, ein Raum reserviert, die Getränke bestellt und die Besucher an der Pforte angemeldet werden. Statt einzelne Systeme für diesen Zweck zu bemühen, lässt sich im Portal eine Anwendung realisieren, die ein Formular bereitstellt, in die die Daten eingetragen werden. Alles Weitere erledigt die Anwendung und nutzt dazu die bereits vorhandenen Systeme. In den Bereich der Prozesse fallen auch die klassischen Workflows. Workflows strukturieren und steuern den Arbeitsfluss zwischen Personen sowie zwischen Personen und Systemen. Workflow Management Systeme werden zum Beispiel dazu eingesetzt, Rechnungen von der Buchhaltung an den verantwortlichen Fachmitarbeiter zu senden und die von ihm erteilte Genehmigung (oder die Ablehnung) der Rechnung zurückzumelden.

Anwendungen

Ein Aspekt von Anwendungen wurde bereits im vorigen Prozess-Abschnitt betrachtet: Es werden neue prozessorientierte Anwendungen auf Basis von bestehenden Systemen realisiert. Dies ist ein Aspekt von Portal-Anwendungen. In einem prozessorientierten Unternehmen sollten Prozesse über Anwendungen stehen. Die Realität zeigt jedoch, dass es unumgänglich ist zusätzlich bestehende, gegebenenfalls monolithische, Anwendungen direkt in ein Portal zu integrieren. Auch wenn dieser Aspekt in den vergangenen Jahren nicht zuletzt durch SOA an Bedeutung verliert, ist er ein Bestandteil des Portals.

3.3 Klassifizierung von Portalen

Business Portal, Mitarbeiterportal, Employee Portal – viele Begriffe für ein und dasselbe? Portale werden zu verschiedensten Zwecken eingesetzt. Den verschiedenen Anwendungsgebieten entspringt auch die zum Teil völlig verschiedene Klassifizierung der Portale. Portale lassen sich grundsätzlich nach den Kriterien

- Zielgruppe
- Technologie
- inhaltliche Ausrichtung

unterscheiden und klassifizieren.

3.3.1 Klassifizierung nach Zielgruppe

Die Klassifizierung nach Zielgruppe ist die am häufigsten anzutreffende Art. Hierbei wird von den Nutzern des Portals auf seine Art geschlossen. Die Klassifizierung erfolgt in Mitarbeiter, Lieferanten, End- und Geschäftskunden.

Mitarbeiterportal

Mitarbeiterportale adressieren die Angestellten des eigenen Unternehmens. Sie stellen allgemeine Unternehmensinformationen bereit. Darüber hinaus werden Anwendungen und Prozesse für die tägliche Arbeit angeboten. Oft wird im Zusammenhang mit Mitarbeiterportalen auch von Human Resource Portalen bzw. HR-Portalen gesprochen.

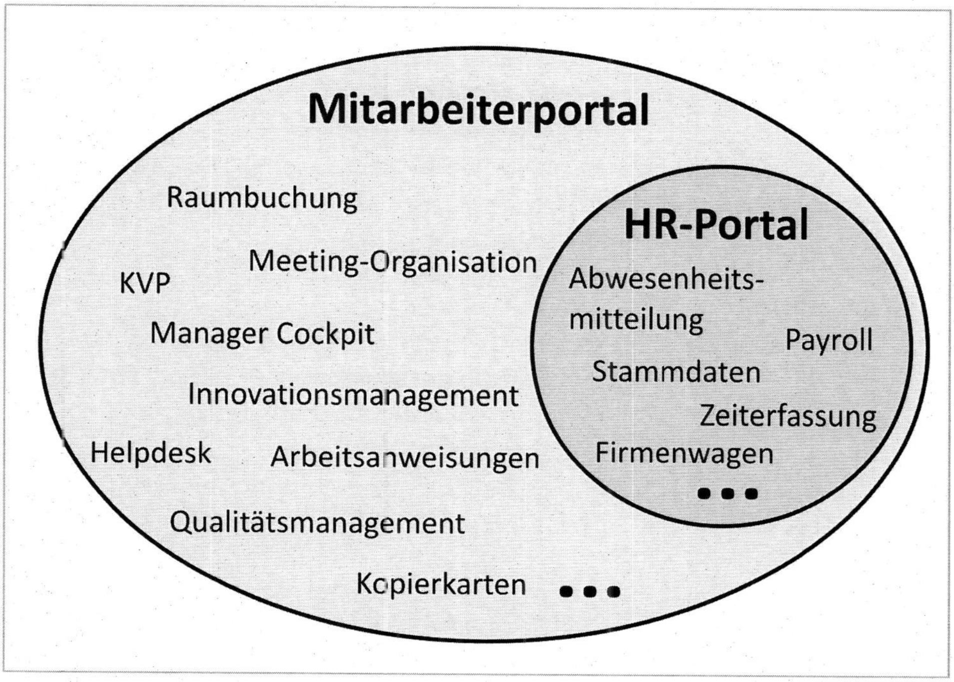

Abbildung 4 Zusammenhang Mitarbeiterportal und HR-Portal

Viele Mitarbeiterportale haben sich aus reinen HR-Portalen der Personalabteilungen entwickelt, die zuvor ausschließlich das Themenfeld Human Resources abdeckten. Hierbei gilt die einfache Formel: HR + Querschnittsprozesse + Fachprozesse = Mitarbeiterportal, d.h. das Mitarbeiterportal stellt eine Ausbaustufe des HR-Portals dar.

Es sollte bei einem Ausbau eines HR-Portals auch der Name zu „Mitarbeiterportal“ geändert werden um unternehmensweit den zentralen Anspruch des Portals zu dokumentieren und damit Konkurrenzlösungen vorzubeugen.

End-/Privatkundenportal

Die Zielgruppe dieser Portalart ist, wie der Name bereits vermuten lässt, der private Endkunde. Im inhaltlichen Fokus stehen zumeist E-Business und E-Commerce. Im Portal sind alle mit dem privaten Kunden auszuführenden Prozesse abgebildet. Dies kann vom eigentlichen E-Commerce mit Verkaufsanbahnung und Verkauf bis hin zu Support- und Serviceprozessen reichen. Mit Kundenportalen lassen sich für den Kunden rund um die Uhr verfügbare Angebote realisieren, die die Geschäftsprozesse soweit möglich automatisieren und damit kostengünstig bereitstellen.

Geschäftskundenportal

Diese Art von Portalen richtet sich an gewerbliche Abnehmer. Der grundlegende Ansatz ist ähnlich den privaten Endkundenportalen. Prozesse und Inhalte sowie der rechtliche Rahmen unterscheiden sich jedoch hiervon.

Lieferantenportal

Ein Lieferantenportal dient der Kommunikation zwischen den Lieferanten und dem Auftrag gebenden Unternehmen. In der Regel wird das Portal von Letzterem betrieben. Über Lieferantenportale werden Ausschreibungen getätigt, Kataloge durch den Lieferanten gepflegt und Abrechnungen erstellt. Lieferantenportale nutzen die Marktposition des Auftrag gebenden Unternehmens, um wesentliche Teile des Beschaffungsprozesses und dessen Kosten auf die Lieferanten zu verlagern.

3.3.1.1 Klassifizierung nach Technologie

Unternehmensportale lassen sich, neben der Einteilung nach Zielgruppen, auch nach Zugangs- bzw. Interaktionstechnologie klassifizieren (Abbildung 5). Unterschieden werden Sprach-, Web- und Geräte-Portale.

Web-Portale

Diese Art von Portalen ist über das Internet, im speziellen dem öffentlichen World Wide Web erreichbar. Genutzt werden die Internet-Angebote über einen Browser. Der Browser selbst kann dabei auf verschiedenen Geräten, wie Desktop-Rechnern oder mobilen Endgeräten (z.B. Laptops, Tablets oder Smartphones), eingesetzt werden. Web-Portale sind also genau das, was üblicherweise unter dem Begriff Portal verstanden wird.

Sprach-Portale

Sprach-Portale haben ihr Einsatzfeld z.B. in Call-Centern. Sprachportale werden von Telefonie-Endgeräten, wie z.B. Mobiltelefon oder Festnetztelefon, genutzt. Sie können entweder über eine definierte sprachliche Eingabe oder über die Eingabe von Ziffern über die numerische Tastatur des Endgeräts gesteuert werden. Eingaben über die Telefontastatur erzeugen dabei standardisierte DTMF-Töne, die auf der Seite des Portals in die gewählten Ziffern zurückverwandelt werden. Hierüber lassen sich numerische Passwörter (PIN) eingeben und die Auswahl von Navigationselementen steuern.

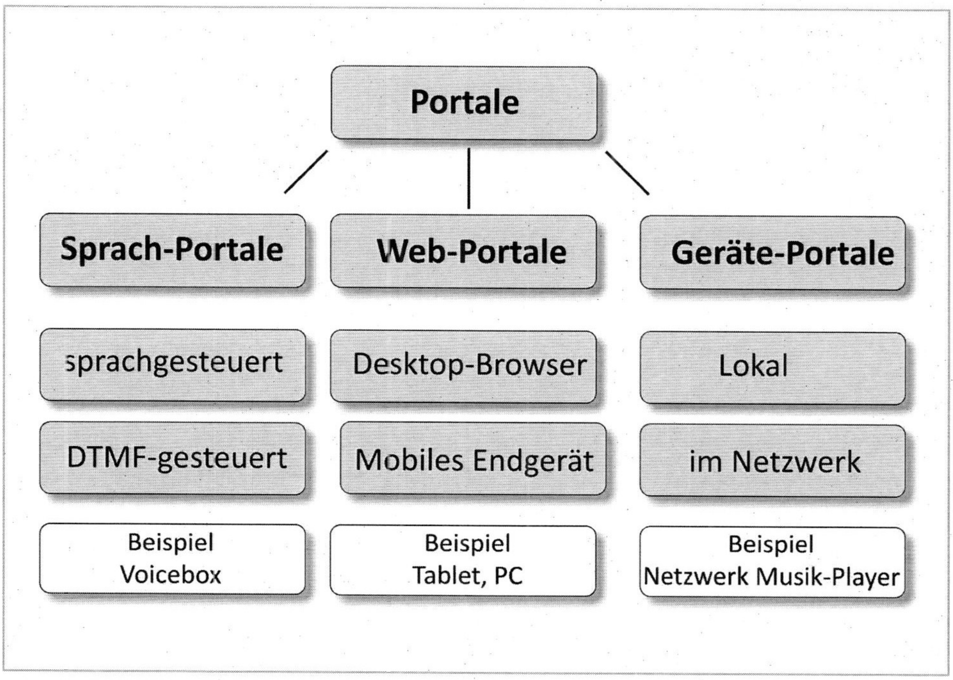

Abbildung 5 Klassifizierung von Portalen nach Zugangstechnologie

Moderne Systeme setzen auf die Erkennung der gesprochenen Sprache. Zumeist handelt es sich um die Erkennung einfacher vordefinierter Auswahlmöglichkeiten, wie „ja“/“nein“ oder „technische Frage“/ „kaufmännische Frage“, die der Nutzer natürlichsprachlich übermitteln kann. Die Ausgabe der Inhalte erfolgt dabei ebenfalls durch Sprache. Diese kann aus abgespielten vorher aufgenommenen Phrasen oder Sätzen bestehen. Hierbei werden alle möglichen Dialogschritte vorab von einem Sprecher eingesprochen und aufgenommen. Dies bietet eine hervorragende sprachliche Qualität. Damit sind jedoch nur bedingt dynamische Inhalte vermittelbar. Zahlen können noch aus eingesprochenen Fragmenten synthetisiert werden. Komplexe Namen sind jedoch nicht mehr vordefinierbar.

Als weitere Möglichkeit kann hierfür die Sprachausgabe aus den Daten synthetisiert werden, was die Ausgabe von nicht vordefinierten Inhalten erlaubt. Für kommerzielle Plattformen sind Softwareprodukte verfügbar, die die Realisierung von Sprachportalen ermöglichen. Es lassen sich Portal-Anwendungen und ganze Portale erstellen, die sowohl visuell über ein Web-Browser als auch über Sprache und Telefon bedienbar sind.

Geräte-Portale

Geräte-Portale sind Web-basierte Anwendungen, die in Geräten direkt verbaut sind und z.B. die Steuerung des Gerätes erlauben. In diese Kategorie fallen der Medienplayer für das Heimnetz oder auch der Router. Die Web-basierte Oberfläche der Geräte kann über einen Browser aufgerufen und das Gerät damit bedient oder konfiguriert werden.

3.3.1.2 Klassifizierung nach inhaltlicher Ausrichtung

Portale lassen sich auch nach der inhaltlichen Ausrichtung klassifizieren. Hierbei besteht die Möglichkeit, dass ein Portal ein breites Themen-, Branchen- oder Produktspektrum abdeckt. In diesem Fall wird von einem *horizontalen Portal* gesprochen. Fokussiert ein Portal ein spezielles Thema, eine Branche oder ein Produktfeld und geht dabei detailliert in die Tiefe, so wird dieses als *vertikales Portal* bezeichnet. Ein Portal zum Thema Nanobeschichtungen für Glas wäre ein spezielles vertikales Portal. Ein Portal mit Informationen über Reinigungsverfahren verschiedenster Art für diverse industrielle Zweige und Anwendungsgebiete wäre der Klasse der horizontalen Portale zuzuordnen.

Eine Sonderform stellen *Elektronische Marktplätze* dar, die als Mittler zwischen Nachfrager und Anbieter von Waren und Dienstleistungen dienen. Das derzeit bekannteste Beispiel in diesem Bereich ist Alibaba.com, welches sich für die asiatischen Märkte als Business-to-Business-Plattform etabliert hat. In Deutschland haben sich die Marktplätze nach einer Boom-Phase stark konsolidiert.

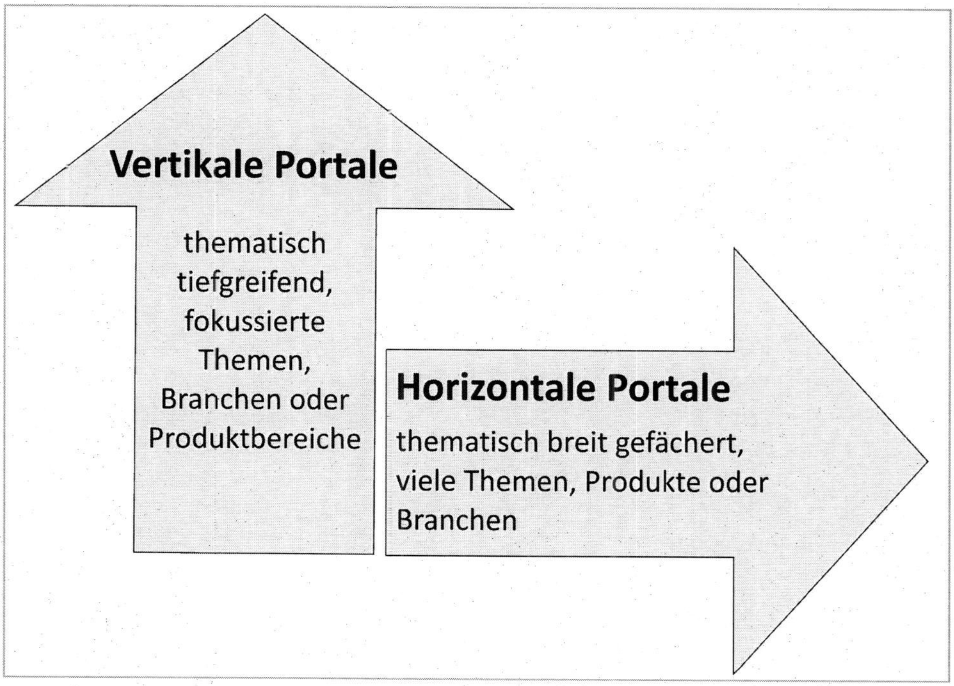

Abbildung 6 Klassifizierung von Portalen: Vertikal und horizontal

3.3.1.3 Synonyme und ähnliche Begriffe

In der Praxis haben sich viele Begrifflichkeiten verbreitet, die teilweise aus dem angelsächsischen Sprachraum abstammen. Die Begriffe weisen starke begriffliche Überschneidungen auf, die in der Tabelle 1 dargestellt sind.

Definition	Synonyme Begriffe, Englische Begriffe
Unternehmens-portal	Corporate Portal, Enterprise Portal
Mitarbeiterportal	Employee Portal, HR Portal, Corporate Portal, Enterprise Portal, Intranet, Intranet-Portal, Business-to-Employee-Portal
Kundenportal	Customer Portal, Business-to-Business-Portal
Endkundenportal	Consumer Portal, Business-to-Consumer-Portal
Lieferantenportal	Supplier Portal, Business-to-Business-Portal
Partnerportal	Partner Portal, Extranet, Business-to-Business-Portal

Tabelle 1 Portal-Begriff: Synonyme und Übersetzungen

3.3.2 Personalisierung vs. Individualisierung

Ein weiterer Bereich, in dem häufig Begriffsverwirrungen auf der Tagesordnung stehen, ist der der Personalisierung und Individualisierung. Eine Personalisierung richtet sich grundsätzlich an eine Zielgruppe, wie zum Beispiel *Manager* oder *Vertriebsmitarbeiter*. Ein Nutzer kann dabei mehreren Zielgruppen angehören. In diesem Beispiel erhält er als Mitglied der Gruppe *Manager* ein Management Cockpit und als Mitglied der Zielgruppe *Vertriebsmitarbeiter* Zugang zu den vertrieblichen Anwendungen im Portal.

Was? / Wer?	Personalisierung	Individualisierung
Betreiber	**Zielgruppenpersonalisierung** Zuordnung des Nutzers zu Zielgruppe(n) und Bereitstellung zielgruppenspezifischer Inhalte und Anwendungen	**Datenindividualisierung** Bereitstellung nutzerindividueller Daten und Informationen, wie z.B. Gehaltsmitteilung, verbleibende Urlaubstage oder persönliche Ansprache
Nutzer	**Eigenpersonalisierung** Selbstzuordnung zu Zielgruppe durch Auswahl oder Konfiguration und Nutzung zielgruppenspezifischer Inhalte und Anwendungen	**Nutzerindividualisierung** Auswahl der dargestellten Informationen und Anwendungen, Anpassung von Layout und Farben

Tabelle 2 Personalisierung und Individualisierung

Diese Personalisierung erfolgt durch den Betreiber. Eine Personalisierung ist aber auch durch den Nutzer selbst möglich, indem er sich einer Zielgruppe selbst zuordnet (Eigenpersonalisierung). Sofern der Betreiber des Portals dies zulässt, kann ein Nutzer Darstellungen und Elemente selbst für sich individualisieren. Eine Individualisierung durch den Betreiber erfolgt insbesondere bei der Bereitstellung nutzerindividueller Daten, wie zum Beispiel der Gehaltsabrechnung (Tabelle 2).

In Kapitel 5.3.6.2 wird auf die Herausforderungen bei der Umsetzung sowie die besonderen Probleme der Individualisierung in Portalen eingegangen.

3.4 Portale und Geschäftsprozesse

In der Definition des Portal-Begriffs stellen die Prozesse einen zentralen Unterschied zu den klassischen Content-orientierten Intranets dar. Tatsächlich sind sie ein zentraler Evolutionsschritt in der Entwicklung der internen Plattformen in Unternehmen. Nicht ausschließlich Informationen und Anwendungen werden für die Nutzer bereitgestellt, sondern durchgängige Geschäftsprozesse. Die Idee dahinter ist einfach: Die Nutzer sollen ihre Arbeiten nicht in verschiedenen Systemen durchführen. Statt Zeit mit dem Wechsel der Anwendungen oder der Suche danach zu verbringen, sollen sie sich produktiv mit ihren fachlichen Aufgaben befassen. Für neue Mitarbeiter stellt ein prozessorientiertes Arbeiten über ein zentrales Portal eine deutliche Erleichterung des Einstiegs in das neue Unternehmen dar.

Case Study: Von Anwendungen zu integrierten Prozessen

In einem Unternehmen der IT-Beratung werden von den Sekretariaten häufig Besprechungen organisiert. Die Organisation besteht aus der Terminabstimmung, der Raumbuchung, das Bestellen des Caterings, der Anmeldung am Empfang mit Ausstellung der Gastausweise und Reservierung der Gästeparkplätze. Im Rahmen der Analyse wurde festgestellt, dass der Prozess als fehleranfällig und komplex beschrieben wird. Jeder Arbeitsschritt erfordert eine eigene Anwendung: Vom Gruppenkalender über das Raumbuchungssystem bis zur Parkplatzreservierung. Damit nicht genug – war der Termin abgestimmt und das Catering bestellt wurde oft festgestellt, dass nicht ausreichend Parkplätze zur Verfügung stehen. Damit begann die Terminplanung erneut.

Im Rahmen der Portaleinführung wurden die Systeme in einer Portal-Anwendung integriert. Ein Organisator von Besprechungen kann nun die freien Zeiten der internen Teilnehmer sehen und erhält gleichzeitig die Information, ob die Ressourcen Raum und Parkplatz verfügbar sind. So kann in einem Schritt die Besprechung geplant werden.

3.4.1 Was ist ein Geschäftsprozess?

Es existieren in der Literatur verschiedene Definitionen dieses Begriffs. Als Beispiel wird die Definition von Thomas Allweyer herangezogen. Er definiert Geschäftsprozesse als „die zur Erstellung von Produkten und Leistungen erforderlichen betrieblichen Abläufe" (Allweyer, 2005). Geschäftsprozesse untergliedern sich allgemein in Kern- und Unterstützungsprozesse. Die direkte Produkt- und Leistungserstellung erfolgt durch die Kernprozesse des Unternehmens. Unterstützungsprozesse werden primär intern genutzt und unterstützen die Kernprozesse (vgl. (Allweyer, 2005)). Ein Beispiel für unterstützende Prozesse sind Personalprozesse, wie z.B. Recruiting oder Lohnabrechnung.

Tipp

Geschäftsprozesse reflektieren direkt die Unternehmensstrategie. Jeder Prozess, der nicht mindestens ein strategisches Ziel unterstützt, muss in seiner Sinnhaftigkeit hinterfragt werden.

Die durchgängige Prozessorientierung mit einem Portal unterscheidet sich gravierend von einem Intranet mit eingebundenen Anwendungen, die zwar von dort aufrufbar, aber nicht integriert sind. Tabelle 3 stellt beide Ansätze gegenüber. Ein Portal-basiertes prozessorientiertes Unternehmen wird in Abbildung 7 visualisiert. Im Kern steht das Unternehmen mit seinen betrieblichen Abläufen und Informationssystemen. Außen um diesen Kern befinden sich Kunden, Lieferanten und Mitarbeiter. Um den Bedürfnissen der Zielgruppen gerecht zu werden, werden ihnen zielgruppenspezifische Prozesse angeboten.

Prozessorientierung	Anwendungsorientierung
durchgehend	Wechsel zwischen Anwendungen
integriert	Medienbrüche zwischen Anwendungen
nutzerorientiert	funktionsorientiert
personalisiert	allgemein verfügbar
ein Prozess für eine Aufgabe	mehrere Systeme für eine Aufgabe
Daten: Single Point of Truth	ggf. Datenredundanz

Tabelle 3 Prozessorientierung vs. Anwendungsorientierung

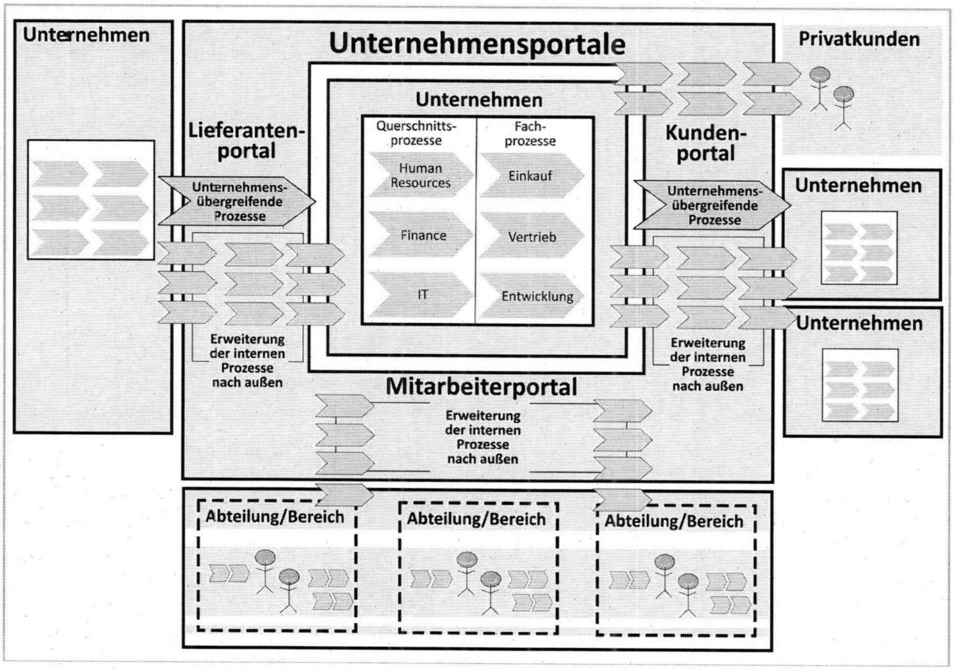

Abbildung 7 Portale und Prozesse: Integration von Prozessen im Unternehmensumfeld

Diese basieren auf den betrieblichen Informationssystemen und werden entsprechend der Zielgruppe gestaltet und im Portal bereitgestellt. Auf diese Weise lassen sich in einem Kundenportal landesspezifische Bestellprozesse realisieren.

Auch in Richtung Lieferanten werden die Geschäftsprozesse über ein Portal erweitert. In Richtung der eigenen Mitarbeiter ist das Mitarbeiterportal die Schnittstelle zu den Prozessen. Auch diese Prozesse werden für verschiedene Bereiche, wie z.B. Vertrieb, Einkauf, Personal und für verschiedene Funktionen, wie Sachbearbeiter, Management, ausgestaltet.

3.4.2 Prozesse vs. Workflows

Der Begriff des Workflows wird häufig mit Geschäftsprozessen verwechselt. Workflows bilden Arbeitsschritte ab und unterstützen diese elektronisch durch ein Workflow Management System (WFMS). Workflows definieren menschliche und durch Maschinen auszuführende Arbeitsschritte. Bei der Ausführung eines Workflows wird der schrittweise Arbeits- und Informationsfluss zwischen den

Beteiligten von einem WFMS kontrolliert und gesteuert. Workflows können linear vordefiniert sein oder vordefinierte dynamische Verzweigungen beinhalten, die Entscheidungen über das weitere Vorgehen während der Ausführung erlauben. Die Arbeitsschritte eines Workflows, bzw. der Workflow selbst, sind Teil eines Geschäftsprozesses.

3.4.3 Ein Portal als Element einer SOA-Strategie

Eine Service Orientierte Architektur (SOA) erlaubt aus einzelnen gekapselten Services, die von Systemen bereitgestellt werden, komplexe Prozesse auf einfachem, schnellem und gegebenenfalls visuellem Weg neu zu erstellen. SOA ist ein technischer Ansatz, der sich auf die Backend-Systeme und weitere betriebliche Informationssysteme bezieht. Die mittels einer SOA erstellten durchgehenden Prozesse benötigen ein Front-End, wenn sie mit Menschen interagieren sollen.

Portale sind als Frontend-Plattform für eine SOA-Architektur hervorragend geeignet. Das schon alleine aus dem Grund, dass sich Portale genau der integrierten Sichtweise verschreiben, die auch das Ziel einer SOA ist. Oder anders formuliert: SOA und Portale sind eine gute Kombination. Auf der anderen Seite lassen sich aber auch integrierte Portale ohne die Unterstützung einer SOA realisieren.

3.5 Portal-Software

Portal-Software wurde Ende der neunziger Jahre zu einem Begriff und erlebte danach einen regelrechten Hype, der stark Technologie-fokussiert war. Standen zuvor Content Management Systeme für Intranets im Blickpunkt, bildete sich innerhalb einer kurzen Zeit ein Markt mit zahlreichen Portal-Produkten (vgl. (Vlachakis, et al., 2005)).

Nach 2006 setzte einerseits eine Konsolidierung des Marktes ein. Auf der anderen Seite war eine Technologiekonvergenz zwischen Portal-Software und Content Management Systemen zu beobachten: Content Management Systeme wurden „Portal-fähig“ und Portal-Software-Produkte erhielten Content Management Funktionalität. Dieses Kapitel geht auf den Aufbau einer typischen Portal-Software und dem damit verbundenen Begriff des Portlet ein.

3.5.1 Referenzarchitektur für Portal-Software

Portal-Software verschiedener Anbieter ist bedingt durch ihre Funktionalität ähnlich aufgebaut. Es bietet sich an, Portal-Software im Rahmen eines im breiten Rahmen allgemeingültigen Referenzmodells näher zu betrachten (Abbildung 8). Das nachfolgend vorgestellte Modell in der Version 2013 geht auf Vorarbeiten von (Gurzki & Hinderer, 2003) und (Gurzki & Vlachakis, 2005) zurück. Nicht jede Portal-Software folgt diesem Referenzmodell. Einige der im Modell genannten Komponenten sind in manchen Portal-Software-Produkten nicht oder nicht explizit vorhanden. Portal-Software erfordert in der Regel eine Laufzeitumgebung in Form eines Application Servers, wie z.B. einem Java Application Server, der grundlegende Funktionen bereitstellt. Im Kontext von Portalen muss dieser Application Server nicht zwingend ein Java Server sein. Es existiert auch Portal-Software auf anderer technischer Basis, wie z.B. PHP. Da die Begriffswelt jedoch stark auf Java ausgerichtet ist, beziehen wir uns in diesem Buch weitgehend hierauf. Auf das Portal wird in der Regel mit einem Browser von einem PC oder Smartphone zugegriffen. Bei einigen Portal-Software-Produkten bestehen weitere Möglichkeiten, wie z.B. der Zugriff mittels einer App des Herstellers oder der sprachbasierte Zugang über Telefon. Die barrierefreie Darstellung wird für Personen mit visuellen oder anderen spezifischen Einschränkungen benötigt. Der Zugang zu den Inhalten für Browser-basierte Clients erfolgt auf Basis von HTML. Für mobile Apps können XML-basierte Schnittstellen vorhanden sein. Für den Zugang über Sprache ist eine Voice-Schnittstelle mit Spracherkennung und Sprachausgabe erforderlich. Aufseiten der Portalanwendungsdarstellung müssen diese Ausgabekanäle mit einer Darstellung versehen werden. Für eine Sprachausgabe müssen die Inhalte in eine sinnvolle Reihung gebracht werden. An dem Beispiel Sprachausgabe lässt sich aber auch festmachen, dass ohne individuelle Anpassungen nicht alle Inhalte für alle Ausgabearten dargestellt werden können. Zum Beispiel lassen sich die Bilder einer Bilddatenbank nicht über die Sprachschnittstelle darstellen. Dafür wäre aber eine automatisierte Krankmeldung umsetzbar. Auf die visuelle Darstellung der Anwendungen mit JSR-168 und JSR-286 wird in einem der nachfolgenden Abschnitte näher eingegangen, auf WSRP in Kapitel 5.4.7.1. Es handelt sich hierbei einerseits um eine Software-Schnittstelle von Software zum Portal und andererseits umgangssprachlich um die Darstellung der in das Portal integrierten Anwendung. Im Folgenden werden die Komponenten typischer Portal-Software im Detail beschrieben.

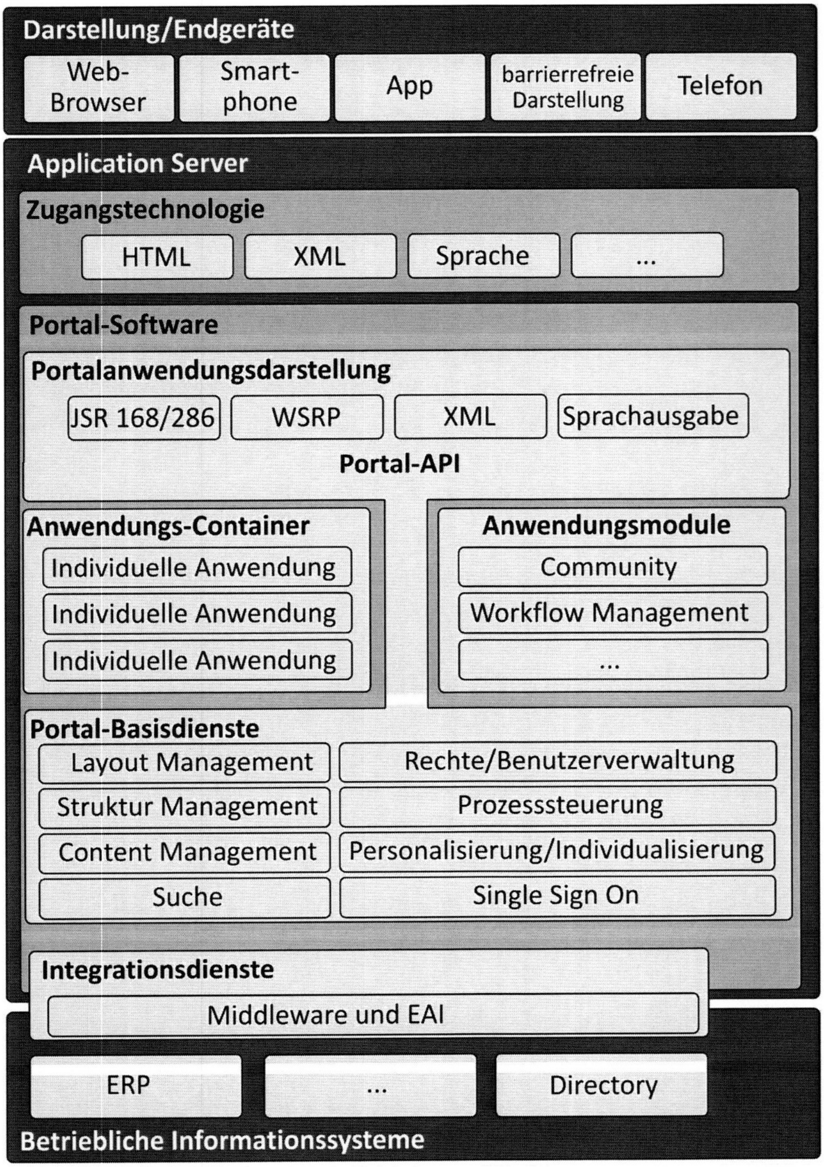

Abbildung 8 Referenzarchitektur Portal-Software 2013, basierend auf (Gurzki & Hinderer, 2003) und (Gurzki & Vlachakis, 2005)

Portal-Basisdienste

Die Portal-Basisdienste stellen grundlegende Funktionalitäten bereit, die für den Betrieb des Portals erforderlich sind. Sie sind Bestandteil der Portal-Software.

Layout Management

Das Layout-Management ist für die Darstellung der Portlets und damit der Inhalte auf den Seiten verantwortlich. Das Layout-Management bestimmt die Design-Aspekte, wie Farben und Größen. Darüber hinaus wird durch das Layout Management die Aufteilung der Seiten, z.B. durch die Definition von Inhaltsblöcken in Vorlagen (Templates), bestimmt.

Struktur-Management

Das Struktur-Management verwaltet den Seiten- und Navigationsbaum des Portals und damit die einzelnen Seiten. Zum Management gehört auch die Zuordnung von Portlets zu den jeweiligen Portal-Seiten.

Content Management

Neben Anwendungen, die im Portal dargestellt werden, müssen auch Inhalte verwaltet werden. Hierfür enthält die Portal-Software Content Management-Funktionen, die das Anlegen und Bearbeiten von Inhalten auf Portal-Seiten erlauben. Die Content Management Funktion ist in der Regel mit dem Struktur-Management eng verbunden, sodass Portal-Seiten und Inhalte in gleichen Arbeitsschritten angelegt werden können. In Bezug auf ein Portal kann Content Management einen Sonderfall darstellen, bei dem ein externes System verwendet wird (vgl. Kapitel 3.5.3).

Single Sign On

Das Single Sign On ermöglicht eine Nutzung des Portals mit einer einmaligen Anmeldung. Der Nutzer wird automatisch an allen in das Portal integrierten Anwendungen, die er aufruft, angemeldet. Dies geschieht in der Regel transparent, sodass der Nutzer diese Authentifizierungen nicht bemerkt.

Rechte- und Benutzerverwaltung

Anwendungen, Inhalte und Seiten werden in der Regel mit Zugriffsbeschränkungen in Form einer Rechtevergabe versehen. Die Rechte und die Benutzer, die diese Rechte erhalten, müssen entsprechend verwaltet werden. Dies ist die Aufgabe dieser Komponente. Die Benutzer und ihre Rechte können im Portal verwaltet werden oder extern aus dem oftmals bereits vorhandenen unternehmensweiten Benutzerverzeichnis (Directory) bezogen werden. In diesem Fall sorgt die Komponente Rechte- und Benutzerverwaltung für den Zugriff auf diese Verzeichnisdaten, die Authentifizierung des Nutzers und die Autorisierung bei einem Zugriff auf eine Seite.

Suche

Die Suche ermöglicht ein Auffinden von Inhalten und Anwendungen im Portal. Durch den Integrationsaspekt des Portals ist der Umfang der Suche klar zu definieren: Bezieht sich die Suche nur auf den Content oder auch auf Inhalte der im Portal integrierten betrieblichen Informationssysteme oder einen festgelegten Teil hiervon?

Prozesssteuerung

Portal-Software kann eine Komponente zur Prozessumsetzung und -steuerung enthalten. Mithilfe dieser Komponente können Prozesse für Nutzer definiert, die Daten über Schnittstellen aus verschiedenen Systemen und Datenquellen gelesen und ggf. wieder in Systeme zurückgeschrieben werden. Mittels einer Prozessteuerung können schnell neue Anwendungen für Nutzer entwickelt werden, die Geschäftsprozesse abbilden.

Anwendungs-Container und -Module

Im Anwendungs-Container laufen die unternehmensindividuellen Anwendungen des Unternehmens bzw. die jeweilige Logik für die Darstellung der in das Portal integrierten betrieblichen Anwendungen ab. Die Anwendungsmodule sind optionale Erweiterungen der Portal-Software-Basis, die das System um Funktionen, wie Community, Workflow Management, Dokumenten Management usw., ergänzen.

Personalisierung/Individualisierung

Die Basiskomponente setzt die in Kapitel 3.3.2 beschriebenen Funktionen der Personalisierung und Individualisierung von Seiten, Anwendungen, Inhalt und Layout um.

3.5.2 Portlet

Die visuelle Darstellung von Anwendungen und Content in einem Portal wird landläufig als Portlet bezeichnet. Streng genommen ist ein Portlet eine Präsentationsschicht, die Darstellungen nachgelagerter Informationssysteme anzeigt (vgl. (Abdelnur & Hepper, 2003)). Dabei wird die Darstellung einer in das Portal integrierten Anwendung in einem in HTML nachgebildeten Fenster angezeigt. Diese virtuellen Fenster können gegebenenfalls individuell vom Anwender geschlossen oder auch maximiert werden.

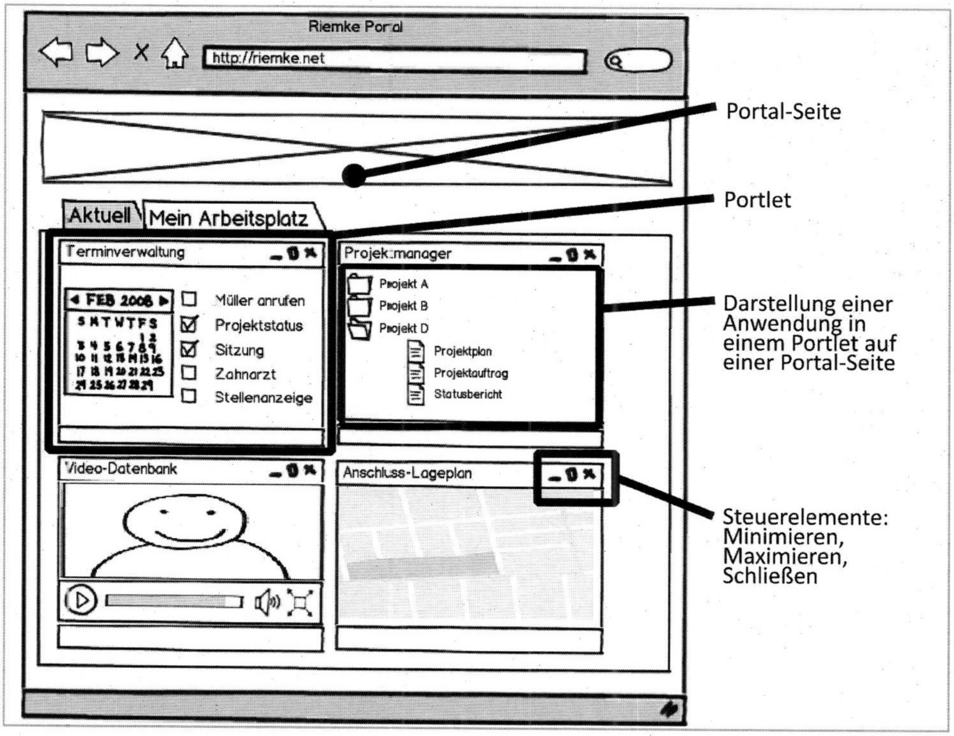

Abbildung 9 Portalseite mit vier Portlets

Die Fenster können in der Browser-Darstellung auch verschoben werden. In den meisten heute verwendeten Portalen wird auf die Metapher der „virtuellen Fenster" verzichtet und der Inhalt mit Rand oder anderweitig abgegrenzten Bereichen angezeigt. Das Verschieben und andere Individualisierungen haben in der Regel keine oder nur eine geringe Bedeutung, da sie in der Unternehmenspraxis zu Problemen führen (vgl. Kapitel 5.3.6.2). Abbildung 9 zeigt eine Portal-Seite mit vier Portlets und der Metapher der virtuellen Fenster. Sichtbar sind auch die Steuerelemente der virtuellen Fenster. Diese zeigen Darstellungen der Anwendungen „Terminverwaltung", „Projektmanager", „Video-Datenbank" und „Anschluss-Lageplan" an. Diese Anwendungen laufen selbst nicht im Portal ab, sondern sind eigenständige Informationssysteme, deren Darstellung an der Stelle der Portlets eingeblendet wird.

Portlets im eigentlichen Sinne sind Software-Komponenten, die

- eine Logik enthalten, um die anzuzeigende Darstellung direkt von einer Anwendung außerhalb des Portals zu beziehen bzw.
- die Daten einer externen Anwendung beziehen und diese im Portlet in eine Visualisierung überführen, oder
- die direkt eine vollständige Anwendung sind.

Die Integration von externen Inhalten ist bereits in Abbildung 3 dargestellt worden. Möglich ist statt dem Zugriff auf externe Systeme auch die Realisierung von Funktionalitäten im Portlet. Dies wirkt sich jedoch nachteilig auf die Leistung des Portal-Servers aus, der durch die Anwendungslogik zusätzlich belastet wird. Der Name „Portlet" legt eine Verwandtschaft zum Java „Servlet" nahe, die auch tatsächlich existiert. Für jede in das Portal zu integrierende Anwendung muss jeweils ein spezielles Portlet entwickelt werden. Es existieren auch vorgefertigte Portlets, die mit Einschränkungen bestehende Web-Seiten und Anwendungen automatisch einbinden können. Zur Anfangszeit der Entwicklung von Portalen gab es keinen Standard für die Anwendungen und die Schnittstelle zur Portal-Software. Jedes Software-Produkt hatte eigene Programmierschnittstellen, die eine Anpassung des Codes an die jeweilige Portal-Software erforderlich machten. Aus diesem Grund entschlossen sich verschiedene Organisationen aus dem Bereich Software, wie z.B. die Apache Software Foundation, SAP, CoreMedia,

Oracle aber auch Anwender wie (damals) DaimlerChrysler oder Boeing dazu einen interoperablen Standard für Portlets zu schaffen, der es erlaubt einmal entwickelte Portlets in jede beliebige Portal-Software zu importieren und dort auszuführen. Heute würde man diese als „Apps" bezeichnen, die einfach installiert und ausgeführt werden. Die Spezifikation JSR-168 wurde im Rahmen des Java Community Process (JCP) 2003 unter der Leitung von IBM finalisiert (vgl. (Abdelnur & Hepper, 2003)). Abbildung 10 zeigt den strukturellen technischen Aufbau: Die Portal-Software enthält einen Portlet Container, in dem die Portlets ausgeführt werden. Die Portlets werden im Container ausgeführt und von diesem über die Portlet API angesprochen. Der erste Entwurf mit JSR-168 setzte nur grundlegende Funktionen um. Die weit mächtigeren proprietären Schnittstellen der Portal-Software-Produkte sorgten dafür, dass Software in vielen Fällen nur hierfür entwickelt wurde.

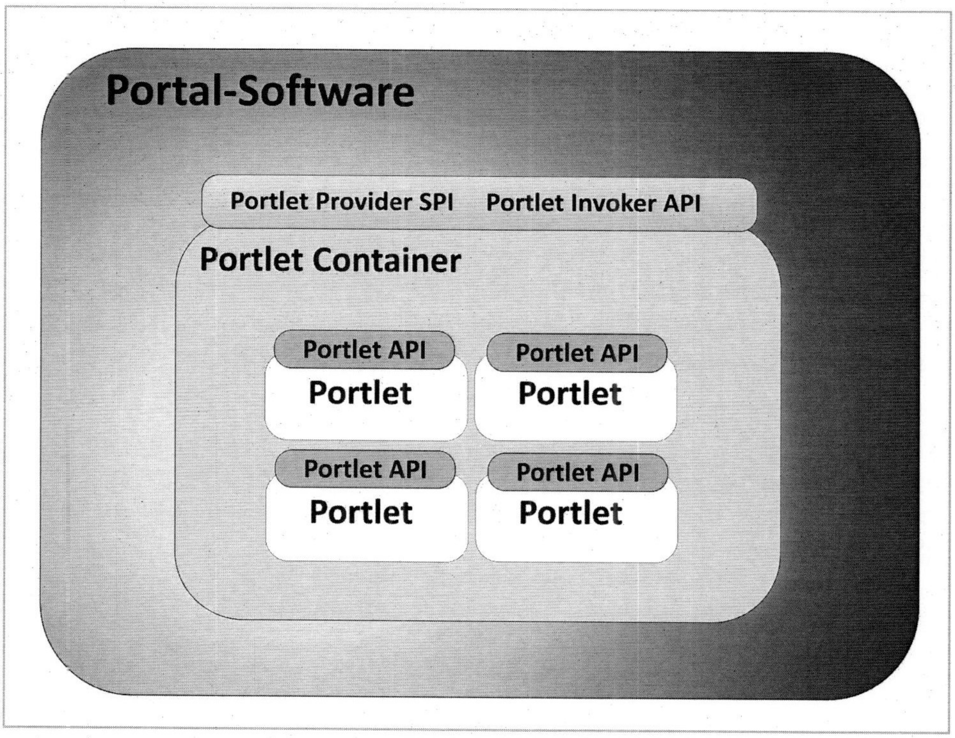

Abbildung 10 Portal-Software, Portlet-Container und Portlets (basierend auf (Hepper & Hesmer, 2003))

JSR-168 blieb daher der kleinste gemeinsame Nenner für Portal-Anwendungen. Mit der im Jahr 2008 finalisierten JSR-286 Spezifikation wurde versucht, grundlegende Anforderungen an Portlets und ihrer Schnittstelle zum Portal zu adressieren. Wesentlicher Fortschritt ist die in der Spezifikation vorgesehene Kommunikation zwischen Portlets (siehe auch (Hepper & Köth, 2008)). Zu den bekannten Portlet-Pendants, die nicht aus der Java-Welt entstammen, gehören zum Beispiel Web Parts, die im Kontext von Microsoft Sharepoint eine ähnliche Aufgabe wie Portlets übernehmen.

3.5.3 Zusammenspiel CMS und Portal-Software

In der Anfangszeit von Portal-Software brachten die meisten Produkte keine oder nur sehr rudimentäre Content Management Funktionalität mit. Es war daher in vielen Fällen unumgänglich ein Content Management System gemeinsam oder integriert mit der Portal-Software zu nutzen.

Nach dem heutigen Stand bringen viele Produkte umfangreiche Content Management Funktionen mit und sind zudem mit CMS Produkten interoperabel. Werden zwei Produkte in Kombination genutzt, so ist die nahtlose Integration wichtig: Portal-Seiten mit Anwendungen und Content-Seiten sowie die Portal-Struktur müssen in einer einheitlichen Oberfläche mit einer einheitlichen Bedienung verwaltet werden können. Aktuelle Portal-Software-Produkte bringen je nach Produkt Schnittstellen hierfür mit.

Auf der anderen Seite können auch Content Management Systeme als Portal-Software eingesetzt werden. Einige CMS bringen bereits Portlet-Container mit. Aber auch ohne diese Funktionalität können je nach CMS-Produkt Anwendungen integriert und Prozesse bereitgestellt werden. Eine individuelle Einbindung von Anwendungen in ein spezielles CMS kann eine alternative Betrachtung zum Einsatz einer Portal-Software wert sein. In einem Projekt sollte dies gegebenenfalls geprüft werden.

4 Vorgehensmodell für die Realisierung von Portalen

Das Vorgehensmodell verbindet die Einzelthemen eines Portals zu einem Projekt. Bevor in Kapitel 4.2.2 das Schritt-für-Schritt-Vorgehen für ein Portal-Projekt vorgestellt wird, werden in den Kapiteln 4.1 bis 4.2.1 einleitend typische Probleme, Stolperfallen sowie grundlegende Projektarten dargestellt.

4.1 Warum Portal-Projekte oft scheitern

Portal-Projekte sind komplexere Projekte als es auf den ersten Blick erscheint. In der Vergangenheit ist der Autor wiederholt zu problematischen Projekten hinzugezogen worden. Auffällig sind dabei die ähnlichen Fehler, die die Projekte in diese Lage brachten. Und vor allem waren sie vermeidbar. Diese werden in dem Vorgehensmodell berücksichtigt und zunächst vorab eingehender betrachtet.

Fehler 1: Stakeholder nicht involviert

Portal-Projekte sind grundlegende Infrastrukturprojekte im Unternehmen. Entsprechend groß ist die Zahl der Projekt-Stakeholder, die entweder in das Vorhaben eingebunden oder zumindest informiert werden müssen. Völlig falsch ist ein Ansatz, bei dem eine einzelne Abteilung, wie Unternehmenskommunikation oder Informationstechnik, ein solches Projekt alleine und isoliert durchführt. Die Herausforderung liegt in der Integration des Contents und der Anwendung aller oder zumindest der relevanten Unternehmensbereiche.

Dies kann nur gelingen, wenn die Bereiche auch in das Projekt involviert werden. Die Stakeholder werden in der Regel völlig verschiedene Ziele haben: Für die einen wird das Portal eine Plattform für die zukünftige Anwendungsentwicklung werden, für den nächsten die Prozessplattform und für den Dritten eine zentrale Kostensenkungsmaßnahme für die kommenden Berichtsjahre.

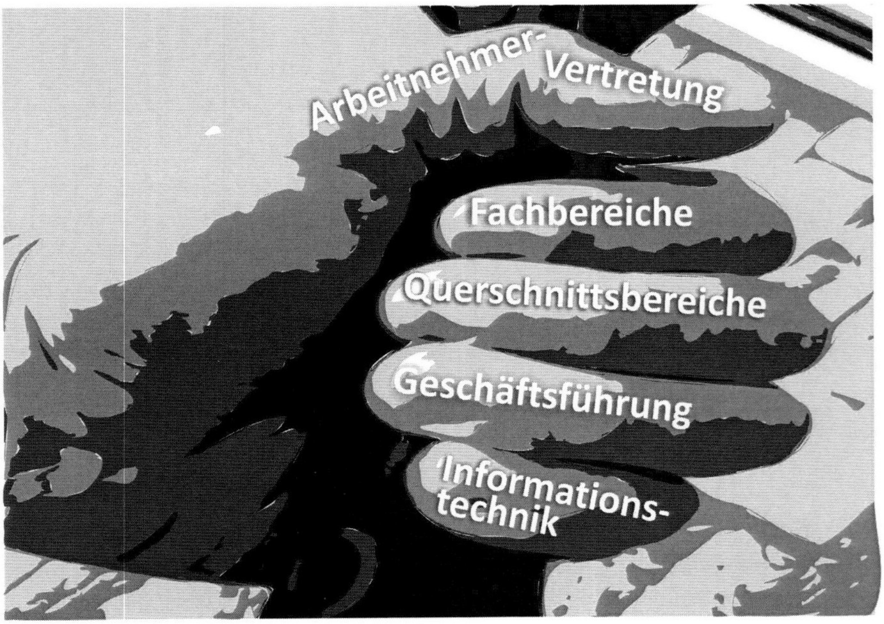

Abbildung 11 Typische Stakeholder eines Portal-Projekts

Erfahrungsgemäß sind in einem Projekt die folgenden Bereiche involviert:

- Geschäftsleitung
- Fachbereiche/Fachabteilungen
- Querschnittsbereiche/Querschnittsabteilungen
- Informationstechnik
- Arbeitnehmervertretung
- Beauftragte, insbesondere für Schwerbehinderte und Gleichberechtigung

Querschnittsabteilungen erbringen unterstützende Leistungen für den Betrieb des Unternehmens. Sie bieten anderen Abteilungen Dienstleistungen (Services) im Rahmen von Unterstützungsprozessen an. Zu den Querschnittsabteilungen gehören zum Beispiel die Personalabteilung/HR und die Informationstechnik. Zu den Fachabteilungen zählen alle Bereiche, die spezialisiert direkt an der Wertschöpfung beteiligt sind und damit keine oder nur in geringem Umfang unterstützende Services für andere Abteilungen anbieten.

Fehler 2: Nutzer nicht eingebunden

Was wollen die Nutzer tatsächlich? Was sind die Anforderungen? Gibt es bestehende Lösungsansätze oder Ideen der Nutzer, die übernommen werden sollten? Wo drückt der Schuh bei den Nutzern? Werden diese und weitere Fragen nicht durch die Nutzer beantwortet, wird das Portal kaum den Nutzeranforderungen gerecht werden.

Fehler 3: Projektkommunikation ohne Roll-Out Planung

Ein einfaches technisches „Einschalten“ oder „Umschalten“ vom alten Intranet reicht nicht. Portal-Projekte müssen im Unternehmen kommuniziert werden. Dies geht eng mit der Adressierung der Stakeholder einher. Aber auch allen anderen Nutzern im Unternehmen muss das Portal bekannt gemacht und mit seinen Vorteilen für die eigene persönliche Arbeit kommuniziert werden. Aber auch an zu viel Kommunikation können Portal-Projekte scheitern. Werden durch zu frühe und exzessive Kommunikation Erwartungen geweckt, die nicht oder nicht so schnell erfüllt werden können, wenden sich Nutzer aus Enttäuschung schnell von diesem Projekt ab. Damit wird das ungenutzte Portal schnell zu einer Investitionsruine.

Fehler 4: Technologie statt Prozesse und Inhalte

Für die Umsetzung von Portalen existieren moderne und verlockende Technologien. Ein Portal kann jedoch kein reines Technologieprojekt sein: Was ist ein Portal ohne Inhalte – und ohne Nutzer? Es ist immer ein Projekt zur Geschäftsprozessoptimierung und zur Verbesserung des Informationsmanagements. Selbstverständlich ist es *auch* ein IT-Projekt, denn Content und Prozesse ohne eine adäquate technische Umsetzung und ohne technischen Support sind wertlos.

Fehler 5: Interdisziplinarität und „Sprachbarrieren" nicht berücksichtigt

Alleine durch die Zusammenarbeit der Stakeholder ergibt sich ein wahres babylonisches Gewirr von Fachsprachen: Von Interface bis ROI ist alles zu finden. Die Herausforderung für das Projektmanagement ist die Übersetzung und Vereinheitlichung des Sprachgebrauchs - soweit wie sie möglich ist. Das beginnt bereits bei der *unternehmensindividuellen* Definition des Portalbegriffs. Hier empfiehlt sich das Führen eines Glossars, auf den verwiesen und zurückgegriffen werden kann. Problematisch wird die Situation, wenn aufgrund von fachlichen Missverständnissen Projektbeteiligte falsch kommunizieren oder gar eigene Ziele und Vorstellungen nicht umgesetzt sehen. Hat sich hier einmal eine Kommunikationspanne eingeschlichen ist es oftmals sehr schwer das Projekt wieder auf die richtige Schiene zu setzen. Auch die technische Umsetzung kann durch Probleme der Interdisziplinarität gefährdet werden. Entsprechend muss eine Brücke zwischen den Nutzern, ihren Anforderungen und der EDV-technischen Sicht gebaut werden.

Eine kleine Anekdote zu Begrifflichkeiten

Während der Entstehung dieses Buches ist der Autor umgezogen. Am neuen Wohnort bestand die Herausforderung, dass Lieferanten die Wohnung schwer fanden, da das Straßenschild in der Vergangenheit offenbar durch die Renovierung eines Hauses abmontiert wurde und verloren ging. Da dies nun nicht nur ein Ärgernis für Lieferanten ist, sondern im Brandfall auch für Rettungskräfte problematisch werden kann, wurde dies der zuständigen Stelle der Stadt weitergegeben: Ein Straßenschild fehle in der Straße. Der freundliche Mitarbeiter fragte gleich zurück, um welches Straßenschild es sich denn handelt. Was für eine Frage - logisch: Das mit dem Namen darauf. Lachend wies der Mitarbeiter darauf hin, dass es sich bei dem gesuchten Straßenschild wohl um ein Straßenbenennungsschild handeln muss – denn Straßenschilder sind schließlich alle Schilder, die sich im öffentlichen Bereich befinden. Ein schönes Beispiel für Fachtermini, die bei Anfängern in Sachen Straßenbau zu Verwirrungen führen können.

Fehler 6: Keine Prozessoptimierung, kein ROI

Ein Portal-Projekt verursacht Kosten. Diese Kosten können gerade in Konzernstrukturen nicht unerheblich ausfallen. Der finanzielle Einsatz muss sich für ein Unternehmen oder eine öffentliche Einrichtung lohnen. Ein Return-on-Investment ist nur dann möglich, wenn im Rahmen des Portal-Projekts Prozesse optimiert und damit laufende Kosten gesenkt werden. Eine Betrachtung ist daher zwingend. Es gibt auf der anderen Seite auch Einzelfälle, in denen das Portal-Projekt als betriebsnotwendige Infrastruktur angesehen werden kann. Dies sind jedoch wirkliche Ausnahmen.

Fehler 7: Verantwortlichkeit für das Portal

Direkt aus Fehler 6 folgt Fehler 7: Wenn es denn um Prozesse, Content und IT geht – wer ist dann für das Projekt verantwortlich? Falsch wäre hier die Verantwortlichkeit für das Projekt völlig abgegrenzt einem Bereich zuzuordnen, sei es der Unternehmenskommunikation oder der IT. Möglich ist dies allenfalls, wenn der Verantwortliche die Interdisziplinarität und den bereichsübergreifenden Charakter des Projekts kennt und aktiv adressieren kann. Geschieht dies nicht, ziehen sich Bereiche zurück und die Chance für zahlreiche unabhängige Portal-Projekte in diversen Bereichssilos vergrößert sich. Das gilt es in jedem Fall zu vermeiden.

Fehler 8: Thinking Big – Too Big

Portal-Projekte als große Infrastrukturprojekte unternehmensweit mit einem „Big Bang“-Ansatz einzuführen ist in vielen Fällen, insbesondere in komplexen Szenarien in Konzernen, zu groß gedacht. Die Folge: Der Roll-Out hakt, funktionale Probleme, kurz: Alles, was bei einem Großprojekt nicht schnell zu beseitigen ist. Es gilt daher, das große Infrastrukturprojekt in geeignete Teile zu fassen und diese sukzessive umzusetzen.

4.2 Wie macht man es besser?

Die einfache Antwort wäre: Eben genau diese Fehler nicht machen. Dies ist jedoch nur die halbe Wahrheit. Infrastrukturprojekte und damit auch Portal-Projekte, sind grundsätzlich keine einfachen Projekte. Sie müssen gut geplant, kompetent und stringent durchgeführt werden. Und selbst hier bleiben „Restrisiken" und seien sie auch nur politisch im Unternehmen begründet. Es gibt Unternehmen, die aufgrund ihrer Unternehmenskultur und Entscheidungswege das Thema Portal mit Leichtigkeit nehmen. Für andere ist es ein Aufwand. Bei einigen Unternehmen treten größere, kulturell bedingte Probleme auf. Ein guter Weg ist die Festlegung des Vorgehens mit einem individuellen Modell, das auf dem hier vorgestellten Modell beruhen kann. Das Vorgehen sollte in keinem Fall als fix nach dem Motto „Augen zu und durch" angesehen werden. Es muss bei auftretenden Problemen flexibel der Situation und dem jeweiligen Unternehmen angepasst werden.

4.2.1 Projektarten

Ein Portal-Projekt ist nicht gleich ein Portal-Projekt. Ein Extrem ist vollständig von Null anzufangen. Auf der anderen Seite der Skala stehen leichte Änderungen der Struktur und der Oberfläche. Beides sind Portal-Projekte, aber mit völlig verschiedener Fragestellung. Abbildung 12 zeigt ausgewählte Projektarten in der Übersicht.

Im Zentrum der Abbildung steht die *Neuentwicklung*, die die Informationstechnik, visuelle Gestaltung und die Informationsarchitektur mit Content und Seitenstruktur von Grund auf neu entwickelt.

Der *Relaunch* entwickelt mit (meist) gleichbleibender Technologie eine neue visuelle und inhaltliche Gestaltung. Bleibt die Gestaltung gleich, so spricht man von einer *Restrukturierung*.

Eine *Konsolidierung* fasst bestehende, ggf. auf unterschiedlichen Technologien aufsetzende, Portale zu einem Portal zusammen. Die visuelle Gestaltung wird im Rahmen eines *Redesigns* verändert, die zugrunde liegende Technik mit einem *Systemwechsel*. Werden sowohl die visuelle Gestaltung als auch die Technik verändert, so ist dies eine Modernisierung.

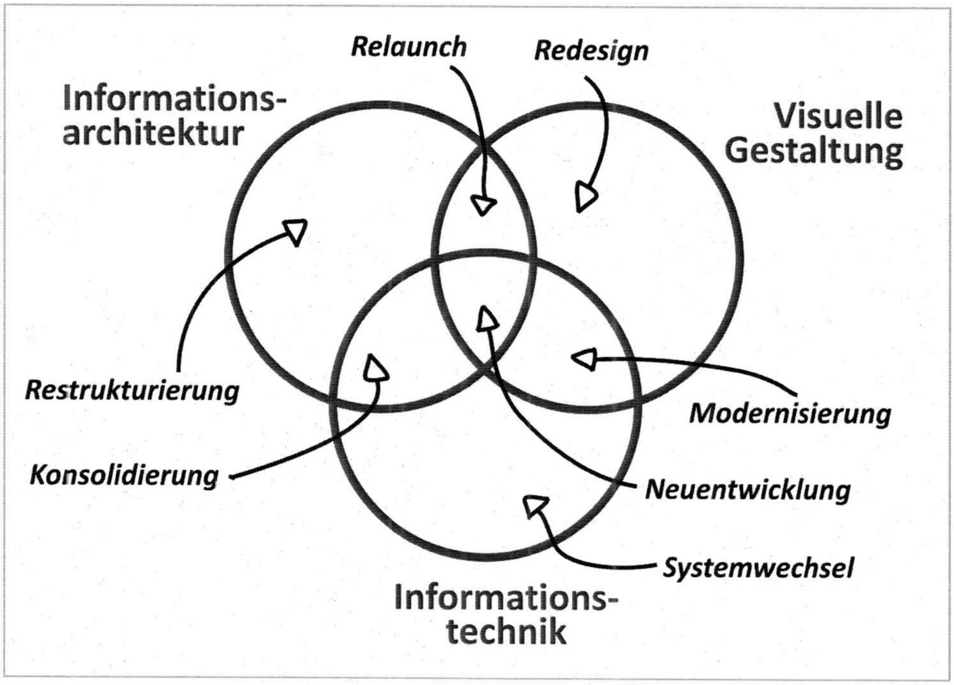

Abbildung 12 Projektarten – von Redesign bis Neuentwicklung

4.2.2 Übersicht über das Vorgehensmodell

In diesem Abschnitt wird ein Vorgehensmodell für die Konzeption, Umsetzung und Einführung von Portalen vorgestellt. Das Vorgehensmodell sollte in keinem Fall als ein statisches Rezept gesehen werden, sondern als eine Blaupause auf deren Basis ein eigenes, individuelles Vorgehen entwickelt werden kann, welches Unternehmensspezifika berücksichtigt.

Das Vorgehensmodell geht von dem „Maximum" einer Neuentwicklung aus, kann aber auch in Teilen und mit Anpassungen für einen Relaunch oder Systemwechsel verwendet werden.

Abbildung 13 zeigt das Vorgehensmodell mit Arbeitspaketen in einer Einteilung in vier Zeitabschnitte. Die Länge der Zeitabschnitte kann nach Größe des Projekts individuell skaliert werden.

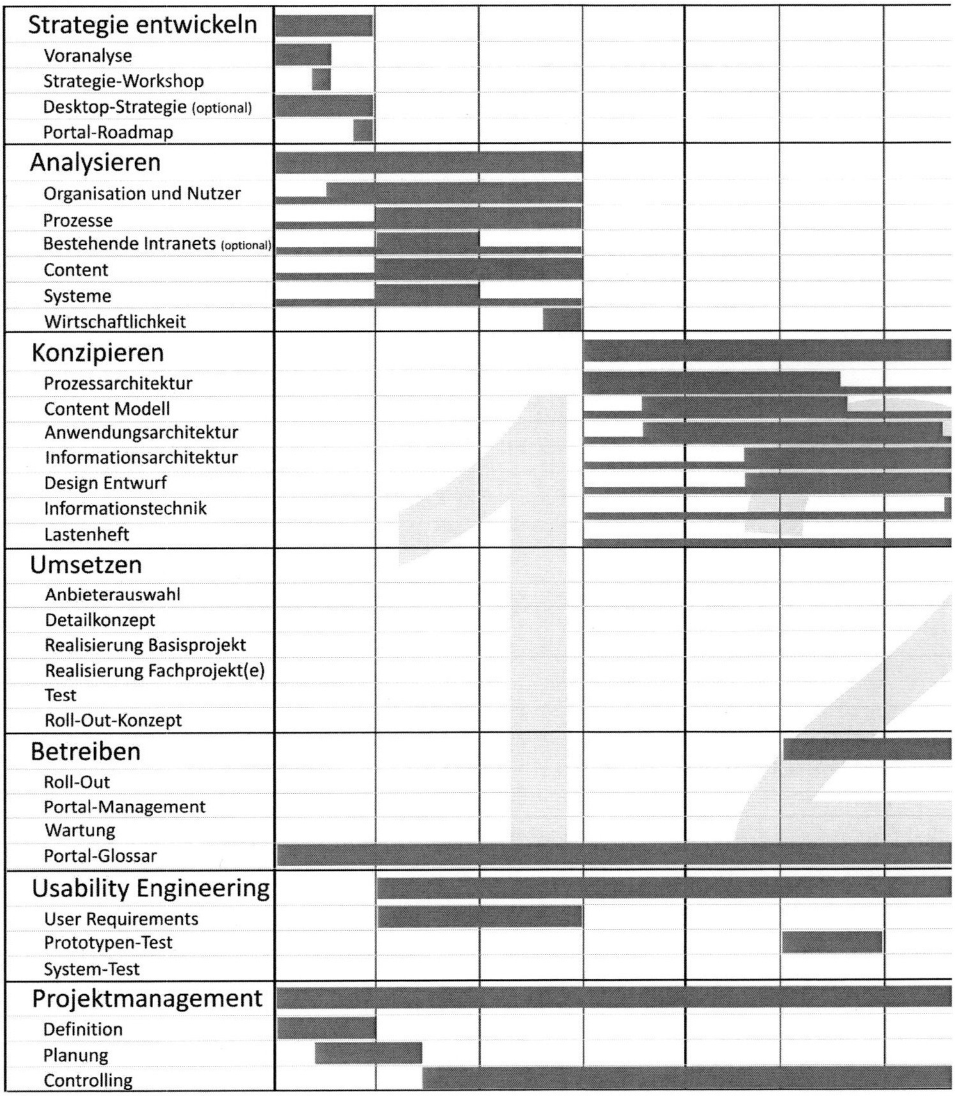

Abbildung 13 Vorgehensmodell

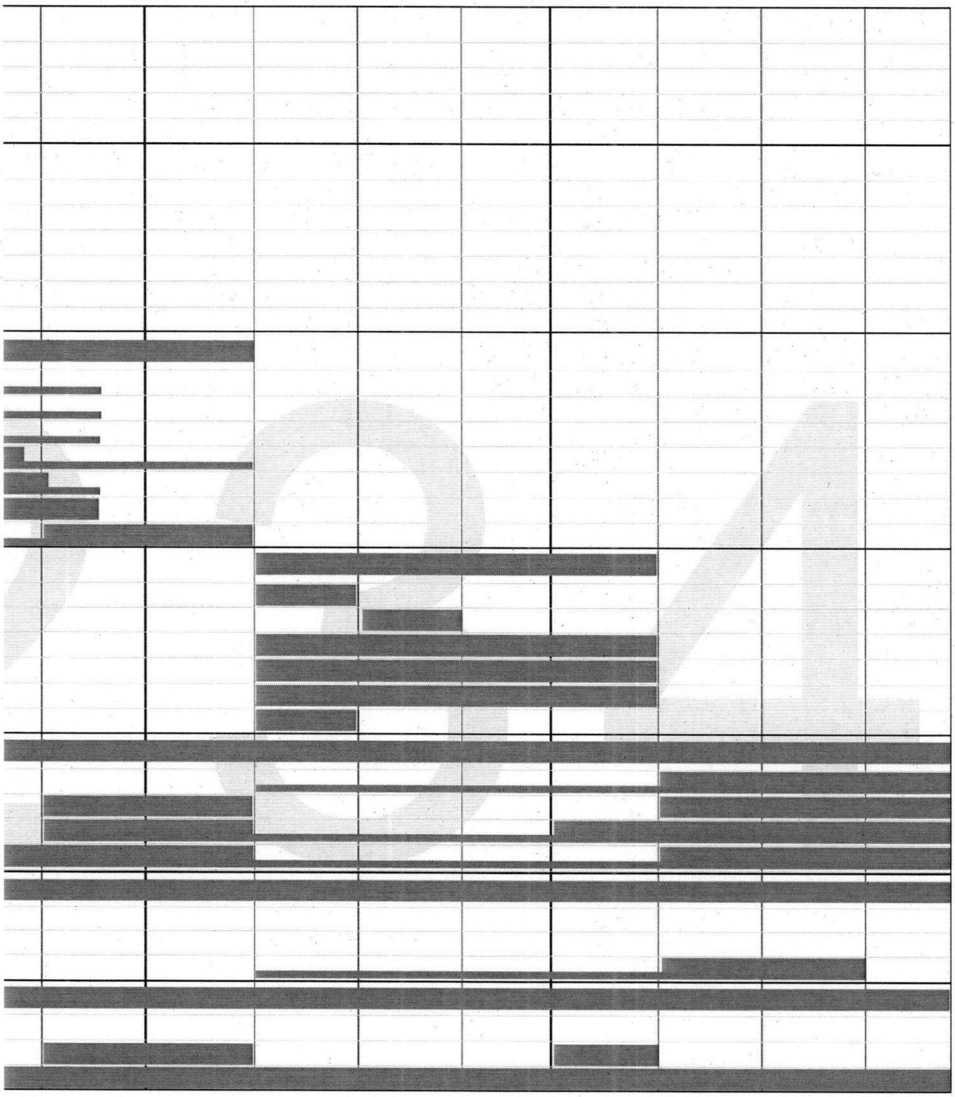

4.2.3 Projektvorgehen

Das Projektvorgehen des Modells teilt sich in fünf Phasen auf:

1. Strategie entwickeln
2. Analysieren
3. Konzipieren
4. Umsetzen
5. Betreiben

Zunächst wird im Rahmen des Vorgehens eine grundlegende Portal-*Strategie* entwickelt, die auch den konkreten Betrachtungsrahmen für die Analyse festlegt. Die Phase *Analyse* untersucht unter anderem Organisation, Content und Systeme als Grundlage für die Konzeption des Portals mit seinen Inhalten und Prozessen.

In der Phase *Konzipieren* erfolgt die Gestaltung des neuen Portals, die umfangreiche Arbeiten von der Prozesskonzeption über die Informationsarchitektur bis hin zur Informationstechnik enthält.

In der *Umsetzungs*phase werden geeignete Anbieter für die Realisierung des Konzepts ausgewählt und das Portal umgesetzt. Nach den abschließenden Tests geht das Projekt in die Phase *Betreiben* über, in der Portal Management und Wartung durchgeführt werden. Begleitet wird das Vorgehen durch Usability Engineering und das Projektmanagement.

4.2.4 Zuschnitt in Basisprojekt und Fachprojekte

In Kapitel 4.1 wurde bereits der „Big Bang"-Ansatz bei Portalen kritisch betrachtet. Es ist insbesondere in größeren Unternehmensstrukturen und bei Portalen mit umfangreicher Funktionalität oder umfangreichem Content sinnvoll, eine Portaleinführung in kleinere, übersichtliche Projekte aufzuteilen. Vorteilhaft ist der Zuschnitt in ein Basisprojekt und mehrere Fachprojekte. Das Basisprojekt legt die technischen Grundlagen und führt die Portal-Software ein. Die Einführung eines leeren Portals alleine macht keinen Sinn. Wichtiger Bestandteile des

Basisprojekts sind daher die Umsetzung von Kernfunktionalitäten und die Bereitstellung von wichtigem Content. Hierzu werden ausgewählte (Fach-) Bereiche, deren Anwendungen und Funktionalitäten für das Unternehmen eine große Bedeutung haben, in das Basisprojekt integriert. Dies werden in vielen Fällen Querschnittsbereiche, wie zum Beispiel die HR-Abteilung, sein.

Die Kunst besteht in der Balance aus Übersichtlichkeit (und damit Machbarkeit sowie Handhabbarkeit) des Basisprojekts und der minimal erforderlichen Funktionalität, die die Akzeptanz bei den Nutzern sichert. Aufbauend auf dem Basisprojekt werden schrittweise weitere, gekapselte Fachprojekte für Fach- und Querschnittsbereiche geplant und umgesetzt. Die Fachprojekte lassen sich je nach Größe und Umfang auch auf größere Strukturen, wie z.B. Unternehmensbereiche, übertragen. Fachprojekte fokussieren die jeweiligen fachlichen Anwendungen und Inhalte. Grundlegende Aspekte wie Design und Layout sowie die Informationstechnik des Portals sind keine Bestandteile der Fachprojekte.

Im Bereich der Informationstechnik besteht jedoch eine Ausnahme: In den Fachprojekten können auch neue Anwendungen für das Portal umgesetzt werden. In diesem Fall ist die fachspezifische Informationstechnik, die außerhalb des Portals liegt, Bestandteil des Teilprojekts. Das **Know-how-Kapitel 5.1.4.3** enthält einen Vorschlag für die stufenweise Projektierung von Projekten.

4.2.5 Strategie entwickeln

Die Phase Strategie ist ein wichtiges Fundament für gegebenenfalls darauf aufbauende Projekte. Der Verzicht auf diese Vorarbeit wurde bereits in Kapitel 4.1 als eine wesentliche Fehlerquelle in Portal-Projekten besprochen. Dabei schaffen gerade die Entwicklung einer kurz- bis mittelfristigen Strategie und die Ableitung konkreter Projekte und Handlungen die Grundlage für erfolgreiche und wirtschaftliche (Portal-) Projekte. Es ist sinnvoll die Phase Strategie ergebnisoffen zu beginnen (Abbildung 14). Erfahrungsgemäß muss nicht zwingend anschließend ein Projekt aus dieser Phase folgen. Das Ergebnis kann ebenso die Beibehaltung des Status Quo oder die Initiierung von kleineren Verbesserungen sein, die an sich noch kein Projekt darstellen. In den folgenden Erläuterungen der fünf wesentlichen Phasenziele wird dennoch der Terminus Projekt verwendet um diesen Fall entsprechend abzubilden.

Abbildung 14 Ziele der Phase Strategie

Analyse der strategischen Ziele/Ableitung Portal-Strategie

Kern der Strategiephase ist die Analyse der Unternehmensziele sowie der lokalen strategischen Zielsetzungen der Unternehmensbereiche bzw. Abteilungen. Aus den gesammelten Zielen werden die relevanten strategischen Ziele für das Portal abgeleitet und formuliert. Zur Ableitung der Ziele gehört als essentieller Bestandteil die explizite Definition von Nicht-Zielen, die nicht Bestandteil bzw. Ziel des Portal-Projekts sind.

Erste Identifikation von verbundenen Projekten und Projektvoraussetzungen

Im Rahmen der Strategie ist die Identifikation von Projekten erforderlich, die entweder als parallele Projekte oder Konkurrenzprojekte bereits existieren bzw. als technische oder organisatorische Voraussetzung vor dem Portal-Projekt beendet sein müssen.

Ableitung einer zeitlichen Roadmap

Ein wichtiges Ziel der Phase ist die Entwicklung einer Roadmap. Aus den strategischen Zielsetzungen werden hierbei Handlungsalternativen für ein Portal-Projekt abgeleitet und mit konkreten Zeiträumen und Terminen versehen.

Einbindung wichtiger Stakeholder

Die Phase Strategie umfasst neben der Ableitung der Ziele auch projektstrategische Elemente: Bereits in dieser frühen Phase werden wichtige Stakeholder involviert und mit den Projektzielen vertraut gemacht.

Information über das Projekt

Eng verknüpft mit der Einbindung wichtiger Stakeholder ist die Information von Führungskräften im Unternehmen über das anstehende Vorhaben im Bereich Portal. Die Information erfolgt vorwiegend über die Stakeholder als Multiplikatoren. Ziel hierbei ist neue Parallelprojekte oder neue, zum zentralen Portal konkurrierende Vorhaben zu vermeiden.

4.2.6 Vorgehen

Das Vorgehen in der Phase Strategie teilt sich in vier Prozessschritte auf, die in Abbildung 15 dargestellt werden. Nach einer vorbereitenden Analyse wird ein Strategieworkshop durchgeführt. In diesem werden die strategischen Ziele erfasst und eine Portal-Strategie abgeleitet. Teil der Portal-Strategie ist die Desktop-Strategie, die aus den strategischen Zielen entwickelt wird. Aufbauend auf diesen Informationen wird eine Portal-Roadmap entworfen. Die einzelnen Schritte können individuell angepasst werden und ggf. in Teilen auch parallel durchgeführt werden.

Voranalyse

Die Voranalyse untersucht die Rahmenbedingungen für die weiteren Arbeiten im Unternehmen. Sie ist insbesondere für externe Berater wichtig. Aber auch interne Projektleiter profitieren von einer Aufstellung der Ausgangslage. Die Voranalyse untersucht die Organisation mit ihren Arbeitsweisen, die Fachbereiche, die für ein Portal-Projekt relevant sind (Stakeholder), existierende Lösungen sowie aktuelle und geplante Projekte im Unternehmen. Zu den existierenden Lösungen zählt insbesondere die Erfassung und Bewertung von gegebenenfalls bestehenden Portalen bzw. Intranets. Ergebnis der Analyse ist ein Übersichtsdokument, das auch als Grundlage für die Entscheidung dient, welche Personen und Bereiche an der Strategieentwicklung zwingend zu beteiligen sind. Das erforderliche Wissen für das Vorgehen bei der Voranalyse ist in **Know-how-Kapitel 5.1.1** nachzulesen.

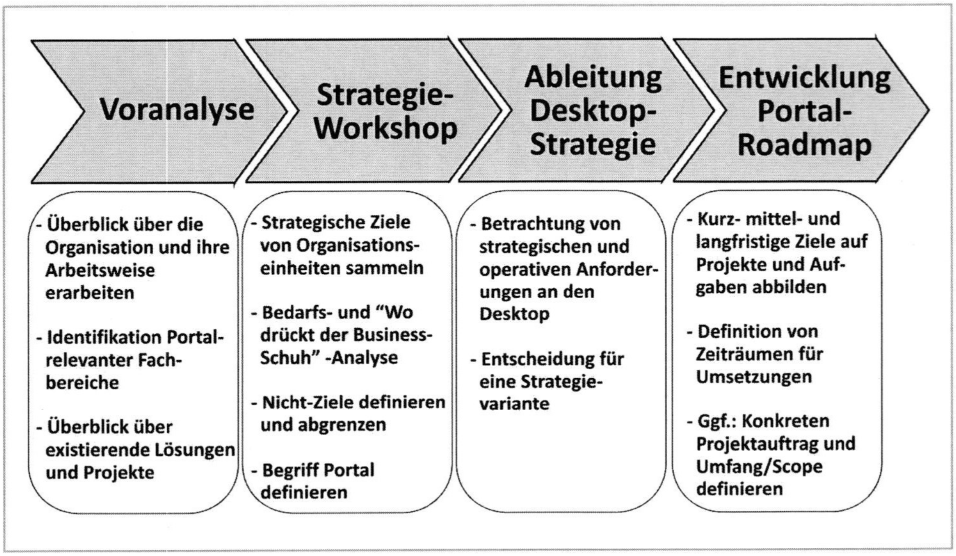

Abbildung 15 Vorgehen Phase Strategie

Strategie-Workshop

Der Strategie-Workshop dient der Strategiefindung für das Portal. Diese ist die Grundlage für die Festlegung einer Portal-Roadmap im Unternehmen sowie für die Definition von konkreten Projekten. Der Strategie-Workshop erfasst die strategischen Ziele mit Bezug auf das Portal auf den Ebenen

- Unternehmen/Geschäftsleitung
- Fach- und Querschnittsbereiche
- Informationstechnik

Der Strategie-Workshop wird mit Teilnehmern aus oben genannten Ebenen gemeinsam durchgeführt, um Synergien und Konflikte zu erkennen. Im Workshop werden die Ziele diskutiert und auf einem Flipchart zusammengefasst. Dabei werden ausdrücklich auch Nicht-Ziele für das Portal festgehalten.

Nach den Zielen bzw. Nicht-Zielen werden im Workshop auch Muss-, Wunsch- und Nicht-Funktionen bzw. -Prozesse für das Portal auf diesen Ebenen diskutiert und dokumentiert. In einem letzten Schritt werden in dem Workshop Risiken aus Sicht der drei Ebenen identifiziert.

Ausgehend von den Ergebnis-Flipcharts des Strategie-Workshops werden die Vorgaben in einer Dokumentation festgehalten. Hinweise und Vorlagen für die Durchführung eines Strategie-Workshops werden im Wissensteil im **Know-how-Kapitel 5.1.3** gegeben. Im Rahmen des Strategie-Workshops wird der Begriff des Portals unternehmensindividuell definiert. Dies ist auch gleichzeitig der Startpunkt für die Erstellung eines internen Glossars für die Begriffe rund um das Portal (**Know-how-Kapitel 5.5.5**).

Ableitung der Desktop-Strategie (optional)

In diesem optionalen Schritt der Phase Strategie wird ausgehend von den Ergebnissen des Strategie-Workshops eine Desktop-Strategie entwickelt. Sie hat grundlegenden Einfluss auf die Gestaltung eines Portals. Die Desktop-Strategie beschreibt den Umgang und die Ausgestaltung der Mitarbeiterarbeitsplätze in Bezug auf die Hard- und Softwareausstattung. Im Kontext der Portal-Strategie ist insbesondere die Frage nach Web-basierten Anwendungen relevant.

Ein Extrem stellt ein reiner System-Desktop dar, der durch ein Betriebssystem, wie zum Beispiel Linux, Windows oder MacOS, mit installierten Anwendungen realisiert wird. Auf der anderen Seite steht das Extrem der reinen Web-Orientierung. In diesem Ansatz wird dem Mitarbeiter ein PC bereitgestellt, auf dem ein Betriebssystem und als Software nur ein Browser installiert ist. Alle Anwendungen sind Web-basiert über den Browser zugänglich, was die Wartungskosten reduziert. Mit neueren Ansätzen ist sogar das direkte booten in einen Browser umsetzbar. Dazwischen existieren verschiedene Mischformen. Zunehmend stellen mobile Geräte das primäre Endgerät für viele Mitarbeiter dar, beflügelt auch von Ansätzen wie „Bring Your Own Device (BYOD)". Dies beschränkt sich zwischenzeitlich nicht mehr nur auf den typischen Außendienstmitarbeiter. In diesen Kontext muss das Portal in die Desktop-Strategie eingebunden werden.

Auf der einen Seite ist das Portal als Web-basierte Anwendung einfach mobil bereit zu stellen. Dem gegenüber steht das Problem der mangelhaften Offline-Fähigkeit. In diesem Spannungsfeld gilt es eine ausgewogene Strategie für Endgeräte und Desktops zu finden. Im Wissensteil in **Know-how-Kapitel 5.1.4** wird ein Vorschlag für ein Vorgehen zur Ableitung der Desktop-Strategie vorgestellt.

Entwicklung der Portal-Roadmap

Die Portal-Roadmap definiert einen kurz- bis mittelfristigen Zeitplan für Portal-Aktivitäten. Sie enthält wesentliche Ziele, die zum jeweils festgelegten Zeitpunkt erreicht sein sollen bzw. müssen, sowie die zugehörigen Aktivitäten, die zur Erreichung erforderlich sind. Im Kontext Portal ist dies die Planung der konkreten Ausbauschritte. Die Portal-Roadmap kann im Sinne einer Entscheidungsvorlage mit alternativen Vorgehensweisen ausgeführt werden, die nach erfolgter Entscheidung durch Verantwortliche oder Gremien in eine konkrete und verbindliche Roadmap überführt wird.

Die Portal-Roadmap wird aus den Ergebnissen der bisherigen Arbeiten abgeleitet, in dem die kurz-, mittel- und langfristigen strategischen (Nicht-) Ziele sowie die Funktionen bzw. Nicht-Funktionen in Verbindung mit der Risikobetrachtung zusammengeführt werden. Ergebnisse dieses Puzzles sind Pakete, die für die drei genannten Zeiträume Projekte und Aufgaben definieren und Meilensteine setzen. Neben Projekten und Aufgaben kann auch eine Entscheidung für ein Abwarten oder eine zeitlich festgelegte Wiedervorlage bzw. Neubewertung ein Bestandteil der Roadmap sein. Das **Know-how-Kapitel 5.1.5** enthält einen Vorschlag für die Darstellung einer Roadmap. Sofern bereits im Rahmen der Roadmap ein oder mehrere konkrete Projekte geplant und als Auftrag formuliert werden, muss die Art (Basisprojekt oder Fachprojekt) und bei einem Basisprojekt der Umfang festgelegt werden: Von einer Content-Integration, über die Integration von Anwendungen oder einer Prozessoptimierung sind bis zur Realisierung eines Web-Desktops alle Projektvarianten möglich. Ein Vorschlag für die stufenweise Projektierung und für Scopes findet sich im Wissensteil in **Know-how-Kapitel 5.1.4.3**.

Ergebnisse der Phase Strategie

Die Ergebnisse der Phase Strategie werden in einem Portal-Strategiepapier zusammengefasst. Dieses umfasst die Abschnitte

- **Voranalyse:** Organisation (insbesondere Identifikation relevanter Bereiche des Unternehmens), Stakeholder, existierende Lösungen, aktuelle und geplante Projekte.

- **Dokumentation des Strategie-Workshops**: Strategische Ziele, Nicht-Ziele, Funktionen und Nicht-Funktionen/-Prozesse, Risiken, Definition des Portal-Begriffs.

- **Desktop-Strategie (optional):** Umsetzung des Desktops für verschiedene Nutzergruppen und Endgeräte.

- **Portal-Roadmap:** Eine kurz-, mittel- und langfristige inhaltliche und Meilensteinplanung, gegebenenfalls mit der Definition von Projekten und Scope.

Die Phase Strategie kann mit weniger als einer Woche bis maximal zwei Wochen kurz gehalten werden. Ein straffer Zeitplan setzt allerdings voraus, dass die relevanten Entscheidungsträger (Geschäftsleitung, Fach-/Querschnitts- und/oder Bereichsleitungen) für den Workshop zeitlich verfügbar sind.

4.2.7 Analysieren

In der Phase Strategie wird ergebnisoffen gearbeitet und das Ergebnis kann auch eine Entscheidung gegen ein Portal sein. Die in Abbildung 16 dargestellte Analysephase markiert damit den eigentlichen Beginn eines konkreten Portal-Projekts. Die Phase beinhaltet die detaillierte Analyse der Organisation, die Analyse bestehender Intranets (sofern vorhanden), die Analyse der Prozesse in Verbindung mit Systemlandschaft, Content und den Nutzern sowie eine optionale abschließende Wirtschaftlichkeitsbetrachtung. In dieser Phase sollte den Anregungen und den Wünschen der Nutzer eine besondere Aufmerksamkeit zukommen. Die Nutzer kennen die Defizite der aktuellen Lösungen sowie die Anforderungen an die tägliche Arbeit am besten. Erfahrungsgemäß stammen viele interessante Ideen und Vorschläge für ein Portal direkt von den Nutzern.

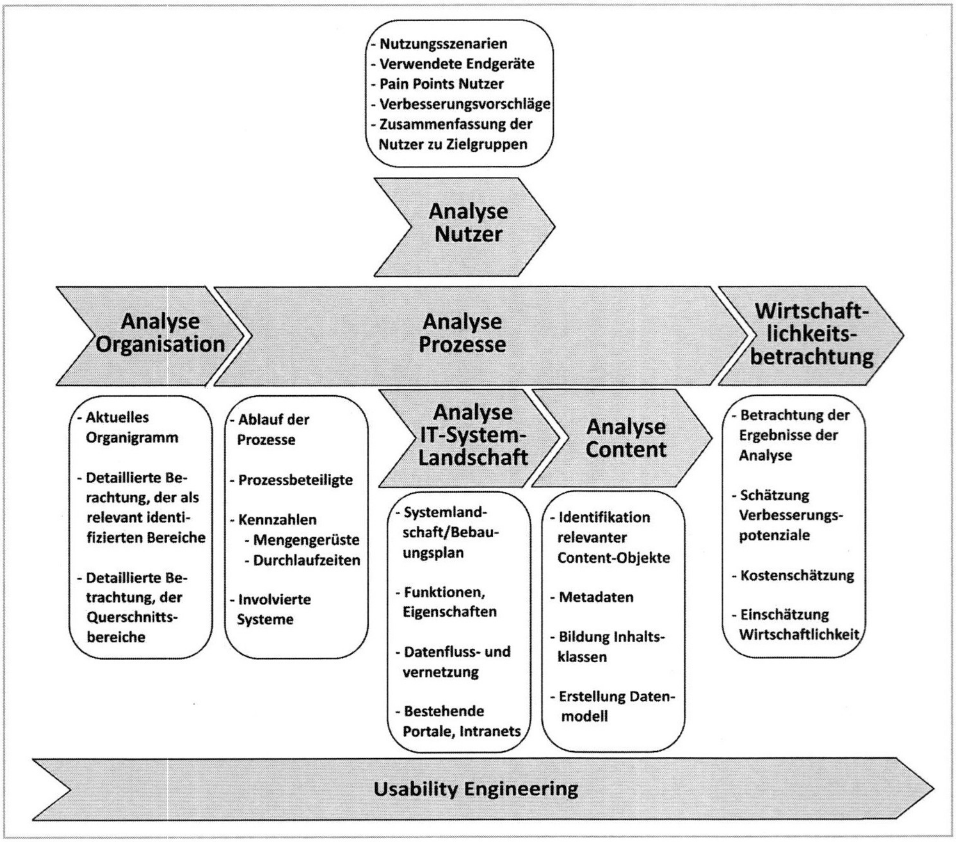

Abbildung 16 Vorgehen in der Phase Analyse

Abbildung 17 zeigt den Zusammenhang der Untersuchungsbereiche in dieser Phase. Diese Abhängigkeiten sollten bei der zeitlichen Planung der einzelnen Analyseschritte berücksichtigt werden.

Organisation

Ausgehend von der Phase Strategie wird in der Phase Analyse die Organisation nochmals ergänzend zu der bereits durchgeführten Voranalyse betrachtet. Die Voranalyse hat Bereiche des Unternehmens als besonders relevant identifiziert. Diese Bereiche werden nun eingehender betrachtet.

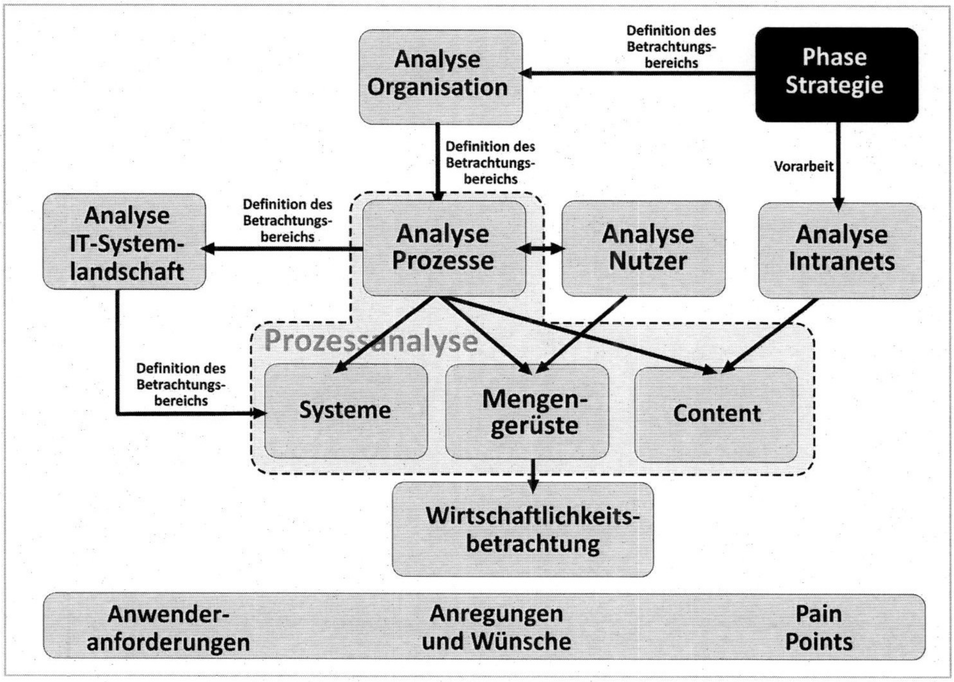

Abbildung 17 Zusammenhänge der Untersuchungsbereiche

Ein besonderes Augenmerk sollte an dieser Stelle ergänzend noch einmal auf die Querschnittsbereiche gelegt werden, auch wenn diese in der Strategieentwicklung nicht besonders hervorgehoben wurden. Querschnittsbereiche weisen in Bezug auf das Portal in der Regel einen hohen Wert auf.

Systeme und IT-Systemlandschaft

Die Betrachtung der Systeme innerhalb der IT-Infrastruktur dient der Übersicht über das Unternehmen und seine Funktion. Das Vorgehen geht von Prozessen aus, die aber wiederum naturgemäß in Systemen abgebildet sind. Neben den von den Prozessen des Betrachtungsrahmens tangierten Systemen muss aber auch die gesamte IT-Systemlandschaft mit ihrer Informations- und Datenvernetzung im Zusammenhang betrachtet werden. Falls nicht bereits in der Phase Strategie die Infrastruktur betrachtet wurde, ist der erste Schritt der Analyse der Infrastruktur die Beschaffung der IT-Architektur bzw. eines System-Bebauungsplans des Unternehmens. Darüber hinaus ist die Liste von gegebenenfalls bestehenden Portalen und Intranets aus der Strategiephase zu aktualisieren und zu detaillieren. Nicht nur die IT-Abteilung betreibt relevante informationstechnische Systeme. Die Zahl der „unter dem Tisch-Server" von Abteilungen, die nicht unter Kontrolle der Unternehmens-IT stehen, hat zwar in den letzten Jahren durch die Professionalisierung des IT-Infrastrukturmanagements stark abgenommen, aber völlig auszuschließen ist deren Existenz nicht. Ebenfalls kaum erfasst sind eigenentwickelte Werkzeuge von Abteilungen für den täglichen Bedarf. Diese werden oft in Office-Anwendungen, wie z.B. Tabellenkalkulationen oder Datenbankmanagementsystemen (z.B. Microsoft Access), angelegt. Genau diese täglichen Helfer in denen Unternehmens-Know-how steckt, sollten in einem Portal für alle Mitarbeiter zugänglich sein und entsprechend gepflegt werden. Eine Vorlage für die Systemaufnahme ist in **Know-how-Kapitel 5.2.3** zu finden.

Prozesse

Für die als relevant definierten Bereiche werden Prozesse und Systeme im Detail betrachtet. Hierzu gehören die Funktionalitäten der Systeme, der Content und die Mengengerüste. Die Mengengerüste beschreiben, wie oft ein Prozess von Nutzern verwendet wird. Hinzu kommen weitere Kennzahlen, wie zum Beispiel Durchlaufzeiten von Prozessen. Für die Erfassung der Daten sind grundsätzlich die Varianten Workshop in der Gruppe oder Einzelgespräche möglich. Dies ist individuell auf Basis der zur Verfügung stehenden Zeit sowie der Anzahl der erwarteten Prozesse und Mitarbeiter zu entscheiden.

Ist eine umfangreiche Prozessoptimierung als Bestandteil des Portal-Projekts vorgesehen, so müssen die Prozesse als Ausgangsbasis mit Werkzeugunterstützung detailliert modelliert werden. Hilfen zur Prozessaufnahme werden in **Know-how-Kapitel 5.2.1** gegeben.

Content

Der Content wird gemeinsam mit den Prozessen im gleichen Workshop betrachtet, da dieser im Allgemeinen in Prozessen Verwendung finden sollte. Sofern der Nutzerkreis sich nicht aus einem definierten Prozess ergibt, wie im Fall von

Unternehmensnachrichten, werden diese Fälle gesondert dokumentiert. Oft erfolgt eine Trennung zwischen den transaktions- und prozessorientierten betrieblichen Informationssystemen auf der einen und den Content-orientierten Systemen, wie zum Beispiel Web Content Management oder Dokumenten Management System, auf der anderen Seite. Zu dem Content werden die enthaltenen Elemente, wie zum Beispiel Überschrift, Inhalt sowie Metadaten wie Autor und Erstellungsdatum, miterfasst. Die erfassten Content-Objekte werden im Anschluss an den Workshop in verschiedene Inhaltsklassen (z.B. News, Personalinformation, Formular), unabhängig von ihrer Verortung, geclustert und mit dem Dokumenttyp attribuiert. In einem zweiten Schritt werden die datentechnischen Zusammenhänge ausmodelliert (**Know-how-Kapitel 5.2.2**). Die gesammelten Informationen werden in der Phase Konzipieren zur Modellierung des Contents des neuen Portals verwendet.

Nutzer

Parallel hierzu werden die Nutzer analysiert. Hierbei werden die Nutzungsszenarien, verwendete Endgeräte sowie Pain Points im Ist-Zustand betrachtet. Die Nutzer werden zu typisierten Zielgruppen zusammengefasst. Die Nutzer werden in diesem Rahmen auch nach Wünschen, Anregungen und nach Verbesserungsmöglichkeiten in Prozessen und Systemen befragt. Die Erfassung von funktionalen Anforderungen geschieht im Kontext des Prozesses. Eine Vorlage für die Informationserfassung liefert das **Know-how-Kapitel 5.2.4**.

Wirtschaftlichkeitsbetrachtung

Die zuvor erfassten Mengengerüste bilden die Grundlage für die Wirtschaftlichkeitsbetrachtung. Hierbei werden die Mengengerüste analysiert und in Bezug auf ihr Potenzial für eine Prozessverbesserung untersucht. Damit das Portal wirtschaftlich umzusetzen ist, müssen Verbesserungen in den Prozessen stattfinden, die die Kosten für das Portal und dessen fortlaufenden Betrieb amortisieren. Es können im Rahmen der Wirtschaftlichkeitsbetrachtung Umsetzungsvarianten mit verschiedenen Funktionen bewertet werden. Die Wirtschaftlichkeitsbetrachtung ist ein wesentlicher Meilenstein. An dieser Stelle kann ein Projekt noch aufgrund fehlender Wirtschaftlichkeit gestoppt oder auf inhaltlich-strategischer Ebene neu betrachtet werden. Die Wirtschaftlichkeitsbetrachtung sollte daher in keinem Vorgehen fehlen. Ein Verfahren zur Wirtschaftlichkeitsbetrachtung wird in **Know-how-Kapitel 5.2.5** vorgestellt.

Ergebnisse der Phase Analyse

Die Ergebnisse der Phase Analyse werden in einer Dokumentation der Analyse zusammengefasst. Diese umfasst die Abschnitte

- **Organisation:** Erweiterte, detaillierte Aufstellung der Organisationsstruktur, Identifikation Portal-relevanter Bereiche.
- **Prozesse:** Ablauf, Aufstellung von Systemen, Funktionen und Content, Mengengerüste/Kennzahlen (z.B. Nutzerzahlen, Häufigkeit, Dauer), ggf. Prozessmodelle.
- **Content:** Sammlung des bestehenden Content und Content Modell (z.B. mit UML).
- **Nutzer:** Ableitung von Zielgruppen mit Nutzungsszenarien, Endgeräten, Anforderungen sowie Pain Points und Verbesserungsmöglichkeiten.
- **IT-Systemlandschaft:** Übersicht über den Zusammenhang der Systeme im Rahmen der Systemlandschaft.
- **Wirtschaftlichkeitsbetrachtung:** Wirtschaftliche Bewertung der Prozessverbesserung und ggf. Umsetzungsvarianten.

Der Zeitaufwand für die Phase Analyse liegt je nach Umfang zwischen zwei und vier Wochen. Umfangreiche Szenarien erfordern gegebenenfalls eine längere Analysephase. Wird festgestellt, dass die Phase länger ausfällt, so sollte eine Verkleinerung des Basisprojekts erwogen werden.

4.2.8 Konzipieren

Die Phase Konzipieren hat die Aufgabe das Portal auszugestalten und detailliert zu spezifizieren. Die Phase besteht aus den Teilaufgaben Prozesskonzeption, Content-Modell, Informationsarchitektur, Design, Anwendungsarchitektur und Informationstechnik. Begleitet wird die Konzeption durch den Prozess des Usability Engineering.

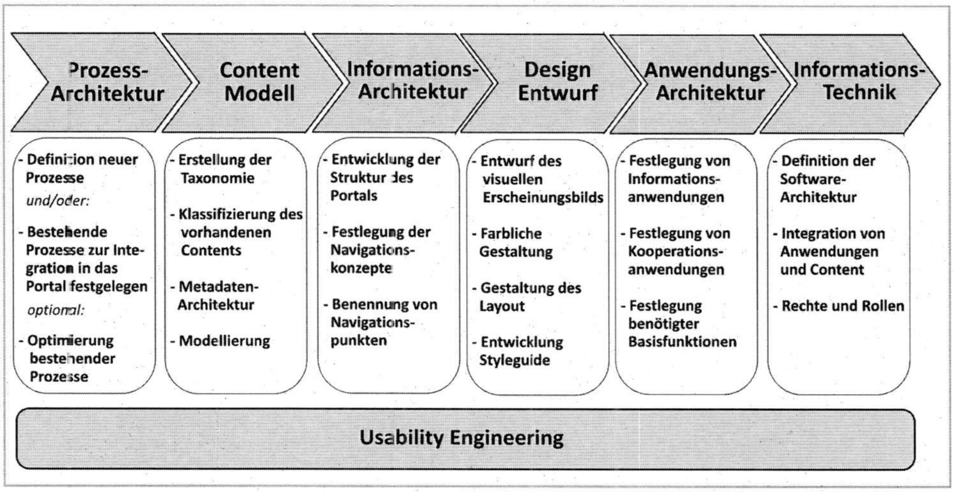

Abbildung 18 Vorgehen in der Phase Konzipieren

Das Vorgehen in Abbildung 18 ist linear dargestellt und kann als solches auch linear durchlaufen werden. In der Praxis, vor allem bei komplexen Projekten, bietet sich ein iteratives Vorgehen mit einem wiederholten Durchlaufen der Teilaufgaben an. Im Folgenden wird zur Vereinfachung von einem linearen Ablauf ausgegangen. Die Phase startet ausgehend von den gesammelten und erarbeiteten Informationen der vorhergehenden Phasen mit den Prozessen. Dabei werden je nach gewähltem Projekt-Scope

- neue Prozesse definiert und im Portal abgebildet und/oder
- bestehende Prozesse zur Integration in das Portal festgelegt
- und gegebenenfalls die bestehenden Prozesse optimiert.

Definition von neuen Prozessen

Die Definition von neuen Prozessen erfolgt zunächst auf abstrakter Ebene im Projektteam. Die Vorschläge für neue Prozesse werden mit den Mitarbeitern in Workshops diskutiert und verfeinert. Dabei wird auf das Wissen und die Erfahrung der Mitarbeiter zurückgegriffen. Die Prozesse werden dokumentiert und gehen in das Lastenheft ein. Zusätzliches Know-how hierzu ist in den **Know-how-Kapiteln 5.3.5 und 5.3.7** zu finden.

Bestehende Prozesse zur Integration in das Portal festlegen

Bestehende Prozesse werden basierend auf den Ergebnissen der Dokumentation der Phase Analyse und der dort durchgeführten Priorisierung für die Integration in das Portal festgelegt. Die Festlegung erfolgt (nach gegebenenfalls erfolgter Prozessoptimierung) durch eine Übernahme in das Lastenheft und damit in die fachliche Spezifikation des Portals.

Optimierung bestehender Prozesse

Optional können die zu integrierenden Prozesse optimiert werden. Optimierte Prozesse sind die Voraussetzung für die Wirtschaftlichkeit eines Portals. In diesem Fall werden die Prozesse in Workshops mit den betroffenen Mitarbeitern gemeinsam auf Verbesserungspotenziale hin analysiert. Die Mitarbeiter bringen in diesen Workshops Verbesserungsvorschläge ein. Darüber hinaus wird der Prozessablauf auf Expertenebene im Projektteam betrachtet und optimiert. Hinweise zur Optimierung sind in **Know-how-Kapitel 5.3.5** zu finden.

Content-Modell

Das Content-Modell ist eng verknüpft mit der Informationsarchitektur zu betrachten. Die in der Analyse identifizierten und klassifizierten Content-Objekte werden betrachtet und auf fehlende, in den Prozessen oder allgemein benötigte Content-Klassen hin untersucht. Gegebenenfalls werden die fehlenden Klassen zum Modell hinzugefügt. Die Klassen sind auf ihre Attribute hin zu untersuchen. Insbesondere stellt sich die Frage nach den Feldern der Metadaten und Erweiterungen der bestehenden Attribute. So ist es im Unternehmenskontext sinnvoll alle Artikel mit Kontaktinformationen des Ansprechpartners zu versehen (**Know-how-Kapitel 5.2.2**). Im Rahmen der Content-Klassifizierung wird eine Taxonomie entwickelt.

Anwendungsarchitektur

Der Wunsch nach einer prozessorientierten Betrachtungsweise lässt sich in den meisten Projekten nicht durchgehend in die Praxis umsetzen. Es bietet sich daher an, zusätzlich zu Prozessen, mögliche Anwendungen im Portal zu untersuchen. Anwendungen erfüllen dabei auch Funktionen, die in verschiedenen Prozessen genutzt werden können (z.B. Dokumenten Management) oder die keinen Prozessen zugeordnet sind (z.B. Foren, Teamrooms). Die Anwendungen sind als eigenständige Anwendung von Drittanbietern in das Portal zu integrieren oder als Modul für das Portal erhältlich. In **Know-how-Kapitel 4.3.4** werden potenzielle Anwendungen für ein Portal beschrieben. Diese Aufstellung kann zur Auswahl benötigter Anwendungen herangezogen werden.

Informationsarchitektur

Die Informationsarchitektur umfasst die inhaltliche Strukturierung des Portals, die Benennung der Navigationspunkte und die Auswahl geeigneter Navigationsmethoden. Zusätzliche Informationen zu den Aufgaben der Informationsarchitektur und der Navigation sind in **Know-how-Kapitel 5.3.2** zu finden. Dort werden auch die unterschiedlichen Navigationstypen und Strukturierungsmöglichkeiten vorgestellt. Kern dieses Schritts ist die Anordnung der Inhalte (Prozesse, Anwendungen und Content-Objekte/Klassen) in einer hierarchischen Baumstruktur, die dann die strukturelle Navigation des Portals in Form eines Menüs bildet. Hierzu müssen die Inhalte zu zusammengehörigen Themenfeldern zusammengefasst und aus diesen Themenfeldern übergeordnete Navigationspunkte generiert werden, die wiederum, falls erforderlich, weiter zusammengefasst werden. Im Rahmen dieses Vorgehens muss für die einzelnen Navigationspunkte ein für alle Mitarbeiter möglichst allgemein verständlicher Name gefunden werden. Diese Clusterung wird daher in Card Sorting Workshops mit den zukünftigen Nutzern gemeinsam erarbeitet. Ausgehend von der entstandenen Struktur werden im Projektteam die passenden Navigationstypen, wie zum Beispiel Reiter oder vertikale Navigation, ausgewählt. Die Ergebnisse werden in Form einer Sitemap und eines Navigationskonzepts dokumentiert. Das Navigationskonzept ist mit dem späteren Layout verknüpft und wird dort noch einmal betrachtet.

Design Entwurf

In diesem Schritt wird das visuelle Erscheinungsbild des Portals entwickelt. Hierzu gehören die farbliche Gestaltung und das Layout. Beides setzt in der Regel auf ein bestehendes Corporate Design auf. Das Layout umfasst die Anordnung der auf der Seite darzustellenden Elemente, wie Menüs oder Content, aber auch die Typografie, die zunehmend durch die Technologie der Web Fonts Einzug in das Web-Design hält. Im Rahmen der Arbeiten werden durch den Designer mehrere Entwürfe entwickelt, die im Rahmen des Projektteams diskutiert und ausgewählt werden.

Die Entwürfe können in Form von Mock-Up oder Papier-Prototypen (vgl. **Know-how-Kapitel 5.3.1.1**) für einen Usability-Test verwendet werden. Hinweise zum Thema visuelle Gestaltung sind in **Know-how-Kapitel 5.3.3** zu finden.

Informationstechnik

Nach der fachlichen Konzeption erfolgt die technische Planung. Ziel ist die Formulierung einer Gesamtarchitektur des Portals mit technischen Anforderungen sowie der Integration von bestehenden Anwendungen und Prozessen. Das „ideale" Portal aus IT-Sicht bewegt sich im Spannungsfeld von Content- und Dokumenten-Management sowie Prozess- und Workflow-Management.

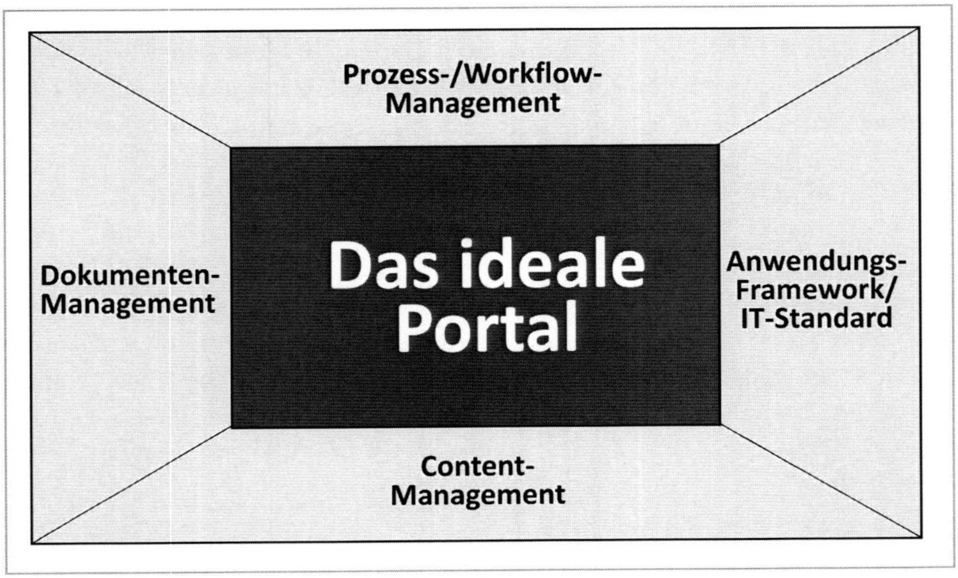

Abbildung 19 Das Leitbild des "Idealen Portals"

Das Portal ist für die IT-Abteilung in den meisten Fällen ein IT-Standard und Framework für die kosteneffiziente Entwicklung und Einführung neuer Anwendungen (Abbildung 19).

Die Gesamtarchitektur (**Know-how-Kapitel 5.3.6**) basiert auf den Anforderungen der Fachseite und berücksichtigt Rahmenbedingungen des Unternehmens, wie zum Beispiel Technologie, bevorzugte Lieferanten/Hersteller und die Kompetenz des Unternehmens im Umgang mit konkreten Technologien und Plattformen.

Ein weiterer Bestandteil ist die Ableitung eines sicheren und zuverlässigen Rechte- und Rollenkonzepts, welches auch in der bestehenden IT-Landschaft abbildbar ist (**Know-how-Kapitel 5.3.6.1**).

Das vollständige technische Konzept besteht aus

- Gesamtarchitektur (**Know-how-Kapitel 5.3.6**)
- Funktionale und nichtfunktionale Anforderungen (**Know-how-Kapitel 5.3.7**)
- Rechte und Rollen/Rollenkonzept (**Know-how-Kapitel 5.3.6.1**)
- Integrationskonzept von Anwendungen (**Know-how-Kapitel 5.4.7**)
- Portal als Mission Critical Application (**Know-how-Kapitel 5.4.4**)
- Sicherheits- und Notfallkonzept (**Know-how-Kapitel 5.4.3**)
- Content Management (**Know-how-Kapitel 5.5.3**)
- Technisches Betriebskonzept (Backup, Wartung, etc.) (**Know-how-Kapitel 5.5.6**)
- Hardware-Infrastruktur
- Entwicklungs- und Testumgebungen

Begleitendes Usability Engineering

Das begleitende Usability-Engineering zieht sich durch die einzelnen Schritte der Konzeption. Es wacht über die Einhaltung der Nutzeranforderungen. Die nutzergerechte Gestaltung wird durch Methoden, wie das Card Sorting bei der Erstellung der Informationsarchitektur oder der Durchführung eines Usability Tests bei der visuellen Gestaltung, sichergestellt (**Know-how-Kapitel 5.3.1**).

Ergebnisse der Phase Konzipieren

Ergebnis der Phase Konzipieren ist ein Lastenheft, welches das Portal spezifiziert. Eine Musterstruktur für ein Lastenheft wird in **Know-how-Kapitel 5.3.7** vorgestellt.

4.2.9 Umsetzen

In diesem Schritt geht es um die tatsächliche Realisierung des Portals auf Basis der formulierten Anforderungen und Konzepte. Grundsätzlich fällt an dieser Stelle die Entscheidung zu einem „Make", der Eigenentwicklung, oder einem „Buy", dem Zukauf von Software und Dienstleistungen. Bei Portalen bestehen auch bei einem „Buy"-Ansatz in der Regel Anpassungs- und individueller Entwicklungsbedarf (vgl. **Know-how-Kapitel 5.4.1**).

Grundlage für die Umsetzung ist die Spezifikation in Form des Lastenhefts, welches im Rahmen einer Anbieterauswahl ausgeschrieben oder intern zur Umsetzung weiterdelegiert wird. Im Rahmen der Anbieterauswahl werden die jeweils angebotenen Portal-Software-Produkte zunächst auf ihre grobe Eignung hin bewertet. Den geeignetsten drei bis fünf Anbietern wird das Lastenheft mit der Bitte um Angebotsabgabe und Erstellung eines Pflichtenhefts zugesandt. In Sonderfällen, je nach erwartetem Umfang des Portal-Projekts, kann die Erstellung eines Pflichtenhefts auch im Rahmen eines kostenpflichtigen Projekts erfolgen. Die Pflichtenhefte werden nach intern festgelegten Kriterien bewertet. Eine Hilfe zur Aufstellung von Kriterien ist in **Know-how-Kapitel 5.3.7.2** zu finden. Die besten Anbieter werden zur Vorstellung der Umsetzungsideen und zur Klärung von Fragen eingeladen. Die Ergebnisse fließen in die Bewertung ein. Besteht eine umfangreichere technische Problematik in Bezug auf die generelle, unternehmens- oder produktbezogene Umsetzbarkeit, kann ein Proof-of-Concept durchgeführt werden. Die hierfür ausgewählten Anbieter lösen prototypisch mit den zur Verfügung stehenden Mitteln die problematische Fragestellung. Die Lösungen und die Lösungsqualität der Anbieter werden verglichen und bewertet. Der Proof-of-Concept ist den Dienstleistern in der Regel zu vergüten, kann aber im Gegenzug eine teure Fehlentscheidung vermeiden (**Know-how-Kapitel 5.3.7.4**). Nach der Entscheidung für einen Anbieter und Vertragsschluss wird mit diesem auf Basis des Pflichtenhefts eine Verfeinerung zu einem Feinkonzept durchgeführt. Ist aufgrund der technischen Komplexität des Portals die Einbeziehung verschiedener Unternehmen (z.B. für Portal, Content Management, Dokumenten Management) erforderlich, kann nach Möglichkeit ein Generalunternehmer bestimmt werden. Die Umsetzung selbst kann linear auf Basis des Feinkonzepts erfolgen oder iterativ mit Einbezug des Auftraggebers und gegebenenfalls der Nutzer im Rahmen von Feedback oder Usability-Tests. Durch ein iteratives Vorgehen können Fehler früh erkannt, die Spezifikation geändert und in der Iteration behoben werden. Nach Ende der Entwicklungsarbeiten werden technische Tests sowie Tests mit ausgewählten Nutzern durchgeführt, um die Qualität sicherzustellen. Auf Basis der Testergebnisse erfolgt die Abnahme der Entwicklungs- und Anpassungsarbeiten.

4.2.10 Betreiben

Die Einführung eines Portals kann in Form eines „Big Bang“-Ansatzes in einem Schritt oder aber sukzessive in kleineren Schritten erfolgen. Das hier vorgestellte Vorgehen verwendet ein Basisprojekt mit mehreren aufbauenden Fachprojekten und ist damit bereits sukzessiv. Die schrittweise Einführung ist ein weniger risikoreicher Ansatz. Dies gilt vor allem bei Infrastrukturkomponenten. Die Einführung ist aus dem technischen Blickwinkel mit dem Betriebsübergang zwischen Systemen (Cut Over) und aus dem organisatorischen Roll-Out heraus zu betrachten.

Für die technische Einführung ist ein Konzept zu erstellen, welches die Punkte

- Migration von Daten
- Durchführung des Cut Over (ggf. im laufenden Betrieb)

betrachtet. Die Migration und der tatsächliche Cut Over müssen an Testsystemen vorab auf ihre Funktion geprüft werden.

Ein wichtiges Thema des Betriebs ist das Portal Management, welches die Organisation der Portal-Pflege festlegt (**Know-how-Kapitel 5.5.1**). In diesem Rahmen definiert der Portal Manager die Portal-Governance. Das Portal Management wacht über die unternehmensweite Einheitlichkeit des Portals. Zu seinen weiteren Aufgaben gehört u. a. die Fortschreibung der Roadmap für die Weiterentwicklung des Portals (**Know-how-Kapitel 5.5.2**). Die Prozesse und Organisation der Content-Erstellung und -Pflege werden im Betrieb weiterentwickelt und angepasst (**Know-how-Kapitel 5.5.3**).

Die Mitarbeiter müssen informiert und für die neue Lösung begeistert werden. Dies kann z.B. durch Flyer, Broschüren, E-Mails oder Videos geschehen. Auf organisatorischer Seite müssen die neuen Nutzer des Portals geschult werden. Die Mitarbeiter werden zielgruppengerecht und für die jeweilige Nutzung geschult: Je nach Zielgruppe für die Portal-Basis und die individuellen Fachanwendungen. Dies ist auf verschiedene Arten möglich, zum Beispiel durch die Schulung von Multiplikatoren, E-Learning oder die direkte Schulung der Endanwender. Die Schulung der Mitarbeiter ist ein wichtiger Erfolgsfaktor. Nur ein aktives genutztes Portal kann sein Potenzial auch entfalten (**Know-how-Kapitel 5.5.7**).

Die technische Basis, wie z.B. Server und Betriebssystem, aber auch die Portal-Software selbst, muss im laufenden Betrieb gewartet werden. Die Wartung erstreckt sich auch auf die im Portal angebotenen Anwendungen. Insbesondere muss aus organisatorischer Sicht die Verantwortung für die Wartung definiert sein (**Know-how-Kapitel 5.5.6**).

Durch Merger oder Akquisitionen (M&A) kann im Portal-Betrieb eine Notwendigkeit für eine Konsolidierung entstehen. Dabei wird in der Regel ein führendes Portal definiert, in welches die Inhalte und Anwendungen der anderen Portale integriert werden. Dieser Vorgang ist komplex, da im Portal die Geschäftsprozesse abgebildet werden. Und gerade diese werden im Rahmen von Mergern vereinheitlicht bzw. angepasst.

5 Know-how für Portal-Projekte

Der Know-how-Teil dieses Buches befasst sich mit speziellen Einzelthemen, die im Rahmen des Projektvorgehens benötigt werden. Diese werden aus dem Vorgehensmodell jeweils referenziert. Dieser Teil kann aber auch unabhängig als Nachschlagewerk eingesetzt werden. Kapitel 5.1 befasst sich mit dem Know-how zur Strategieentwicklung. Aufbauend stellt Kapitel 5.2 Methoden für die Analyse vor. Kapitel 5.3 widmet sich ausgewählten Fragestellungen der Konzeption eines Portals. Auf Themen der Umsetzung wird in Kapitel 5.4 eingegangen. Wissen über den Betrieb eines Portals vermittelt das Kapitel 5.5.

5.1 Know-how zur Strategieentwicklung

Die Entwicklung der Portal-Strategie legt einen wichtigen Grundstein für ein erfolgreiches Projekt. In diesem Abschnitt werden die Voranalyse, der Strategieworkshop, die Ableitung der Desktop-Strategie und der Roadmap eingehender betrachtet.

5.1.1 Voranalyse durchführen

Die Voranalyse ermittelt die wesentlichen Basisinformationen für die Strategiephase. Es gilt die Rahmenbedingungen für die Arbeit im Unternehmen und mit der konkreten Aufgabenstellung *Portal* kennenzulernen. Hierzu gehört ein Überblick über die Organisation und ihre Arbeitsweisen, aber auch über die Fach- und Querschnittsbereiche, die für ein Portal-Projekt relevant sind, sowie über existierende Lösungen und Projekte im Unternehmen. Dieser Schritt wird in der Regel für interne Projektleiter in kleinen Unternehmen aufgrund der persönlichen Kenntnisse der Situation kurz und knapp ausfallen. Schwieriger gestaltet sich dies in größeren Unternehmensstrukturen oder für einen externen Berater, der im Rahmen der Strategiefindung den ersten inhaltlichen Kontakt zum Unternehmen aufnimmt. Aus diesem Grund sind die folgenden Schritte nur für diesen Anwenderkreis von besonderer Bedeutung. Grundlage für den Einstieg in die Organisation bildet das Organigramm des Unternehmens. Dieses sollte mit einem

Verantwortlichen im Unternehmen diskutiert werden, um relevante Bereiche und Personen zu identifizieren. Die für das Projekt als relevante Stakeholder identifizierten Personen und Gruppen werden in der Portal-Stakeholder-Analyse näher betrachtet.

5.1.1.1 Portal-Stakeholder Analyse

Die Stakeholder-Analyse ist eine vielfach verwendete Standard-Methode im Projektmanagement (vgl. (Schelle, et al., 2005)). An dieser Stelle wird eine leichte Modifikation verwendet. Die Portal-Stakeholder Analyse erstellt eine vollständige Liste projektrelevanter Personen und Gruppen, die die Faktoren *Einstellung zum Projekt* und *potenzieller Einfluss (positiv und negativ)* in einer Tabelle zusammenfasst. Hierzu gehört auch die Information, ob der Stakeholder (bzw. sein Unternehmensbereich) ein Kernanwender des Portal sein wird. Kernanwender sind auf das Portal als Arbeitsinstrument entweder als Nutzer/Konsument oder als Anbieter angewiesen. Die *persönlichen Ziele* werden in diesem Schritt noch nicht erfasst. Sie sind Bestandteil der Diskussion des Strategie-Workshops und werden in der Liste ggf. nachgetragen. Ausgangspunkt der Betrachtungen ist die zuvor genannte Diskussion des Organigramms, in der bereits wichtige Personen und Gruppen besprochen wurden. Ein Beispiel für ein Analyseergebnis wird als Ausschnitt in der Tabelle 4 dargestellt, bei dem auf die Gewichtung verzichtet wird.

Name	Funktion	Einstellung zum Projekt	Kernanwender	Einfluss positiv/ negativ	Pers. Ziele
Anwender HR	Personal-Sachbearbeiter	+	Ja	+ verbesserte Arbeitsumgebung	
W. Mayer	Vertrieb	-	Ja	- Entwickelt eigene Plattform für Vertrieb	
P. Leada	Geschäftsführer	+	Nein	+ Portal als strategisches Projekt gewünscht	
Y. Ytmann	Leiter IT	+	Ja	+ Portal als Infrastrukturkomponente - Fehlende Finanzierung	

Tabelle 4 Ausschnitt aus einem Beispiel für eine Portal-Stakeholder-Analyse

5.1.2 Projektlandkarte

Parallel zur Portal-Stakeholder Analyse werden die existierenden Lösungen und Projekte des Unternehmens gesammelt. Die Sammlung erfolgt in einer tabellarischen Projektlandkarte. Ein guter Startpunkt für die Erstellung der Übersicht und Projekte ist die IT-Abteilung. Dort ist man in der Regel gut über existierende Lösungen und laufende sowie geplante Projekte informiert. Grundsätzlich lassen sich dabei die folgenden Projektarten unterscheiden:

- **Konkurrenzprojekte**, die ganz oder teilweise identische Aufgabenstellungen eines potenziellen Portal-Projekts aufweisen. Beispiel: Aufbau eines abteilungseigenen Intranet.

- **Synergetische Projekte**, die einerseits in einem Portal-Projekt berücksichtigt werden müssen, aber auch umgekehrt das Portal berücksichtigen müssen. Eine besondere Herausforderung besteht, wenn ein potenziell synergetisches Projekt bereits aktiv ist aber das Portal nicht berücksichtigen konnte. Beispiel: Einführung eines HR Self Service Systems mit eigenem Web-basierten Zugang.

- **Voraussetzungsprojekte**, die eine grundlegende Voraussetzung für das Portal-Projekt darstellen. Beispiel: Einführung eines rollenbasierten, zentralen Benutzerverzeichnisses.

- **Kontextlose Projekte**, die inhaltlich keinen Kontakt zum Portal haben und damit nicht relevant sind.

Die ermittelten Projekte werden entsprechend in diese Kategorien eingeteilt. Im weiteren Vorgehen werden Konkurrenz- und Voraussetzungsprojekte sowie synergetische Projekte in jedem Fall adressiert. Kontextlose Projekte werden nicht weiter betrachtet. Die ideale Lösung für konkurrierende Projekte ist eine Zusammenlegung bzw. Integration der Aktivitäten. Konflikte müssen gegebenenfalls über die Hierarchie gelöst werden. Tabelle 5 zeigt die Struktur einer Projektlandkarte, mit der die Projekte aufgenommen und analysiert werden können. In der Darstellung werden die einzelnen Felder in ihrer Bedeutung erläutert. Voraussetzungsprojekte sollten vor oder im Projektzeitraum des Portal-Projekts abgeschlossen werden.

Bereich	Feld	Beschreibung
Inhalt	**Projektname**	Name des Projekts
	Beschreibung Ziel und Inhalt	Kurze Beschreibung der Projektinhalte und -ziele
	Projektart	Beschreibung der Art des Projekts: Infrastrukturprojekt, fachliches Projekt (Projekt einer Fachabteilung), betriebswirtschaftliches Projekt, IT-Projekt oder anderes Projekt
	Zielgruppe Nutzer	Identifikation der Kernnutzer der Projektergebnisse (z.B. Bereiche, einzelne Mitarbeiter)
	Eingesetzte Technologien	Beschreibung der für das Projekt charakterisierenden Technologie(n) bzw. Plattform (Beispiel: SAP ABAP, Microsoft Sharepoint)
	Beziehung zum Portal	Voraussetzung, synergetisch, Konkurrenz, neutral
Projektstatus	**Stand**	Aktueller Stand: Vorüberlegung, in Planung, laufend (nach Beginn/vor Ende), abgeschlossen bzw. unbekannt
	Projektstart	Datum des Projektstarts
	Projektende	Datum des Projektendes
Verantwortlichkeiten	**Bereich**	Verantwortlicher Bereich/Abteilung
	Mitarbeiter	Für das Projekt verantwortlicher Mitarbeiter
	Externe Partner	Externe Partner und ihre Funktion z. B. Dienstleister, Berater
Bemerkungen		Freifeld für Bemerkungen

Tabelle 5 Inhalte der Projektlandkarte

Bei laufenden Projekten ist eine intensive Zusammenarbeit erforderlich, um die Erfüllung der Voraussetzungen zu gewährleisten. Vorausgesetzte Projekte variieren je nach Unternehmen und können je nach Anforderungen und Organisation von einfachen Grundvoraussetzungen, wie das Vorhandensein eines zentralen Benutzerverzeichnisses bis hin zu komplexen Szenarien, wie der Einführung von Clusterlösungen im Unternehmen, reichen. Beispielhafte Voraussetzungen für ein Portal sind in Tabelle 6 aufgeführt.

Voraussetzung	Beschreibung und Auswirkung auf ein Projekt
Benutzerverzeichnis (LDAP)	Rollen bzw. Rechte können direkt für das Portal übernommen bzw. auf die Portal-Anwendungen abgebildet werden.
Prozessdokumentation	Die Geschäftsprozesse sind dokumentiert und erlauben eine Abbildung im Portal ohne größeren Analyseaufwand.
Strukturelle Reorganisation	Nach Abschluss der Umbildung der Organisation sind die Aufgaben und Verantwortlichkeiten eindeutig festgelegt und können im Portal abgebildet werden.

Tabelle 6 Beispielhafte Voraussetzungen bzw. Voraussetzungsprojekte für ein Portal

Die IT-Abteilung ist der Ansprechpartner für den Überblick über die IT-Systemlandschaft. In der Phase Strategie ist der Bebauungsplan, bzw. eine Übersicht über die IT-Infrastruktur des Unternehmens, für die Diskussion hilfreich. Für die Phase Strategie genügt eine einfache Übersicht als Startpunkt für die Diskussion und das Verständnis.

Sollte diese Übersicht nicht verfügbar sein, kann entweder darauf verzichtet oder ein Teil der Analyse an diese Stelle vorgezogen werden. Detailliert wird die Infrastruktur erst in der Phase Analyse (Kapitel 5.2.3) untersucht.

5.1.3 Strategie-Workshop durchführen

Bevor mit der Planung und Durchführung des Workshops begonnen wird, ist eine genauere Untersuchung der Zielhierarchie des Unternehmens erforderlich. Die Ziele eines Unternehmens bilden eine Zielhierarchie, die von der Geschäftsleitung bis zur Infrastruktur reicht.

Die oberste Ebene bildet die Unternehmensstrategie. Aus der Strategie des Unternehmens ergeben sich die Zielvorgaben für die Fachbereiche und die Informationstechnik. Darüber hinaus beeinflussen die Fachbereiche in vielen Unternehmen mit Zielvorgaben die IT-Strategie. Am Ende der Kette steht das Strategiekonzept für das Portal (Abbildung 20). Auf der andern Seite lässt sich die Hierarchie auch umkehren: Alle Punkte des Strategiekonzepts für das Portal müssen die Unternehmensstrategie unterstützen. Dies lässt sich noch weiter fassen: Nicht nur die Portal-Strategie, sondern auch die spätere Planung der Funktionalitäten sollte auf die Unterstützung der Unternehmensstrategie und der unternehmerischen Ziele geprüft werden. Es macht schließlich keinen Sinn, Funktionalitäten zu implementieren, die der Unternehmensstrategie widersprechen oder zumindest diese nicht fördern. Neben der Vorgabe von Zielen für das Portal ist es ebenso wichtig zu definieren welches keine Ziele für das Portal sind bzw. sein sollen. Die Ableitung erfolgt analog zu den Zielen (Abbildung 20).

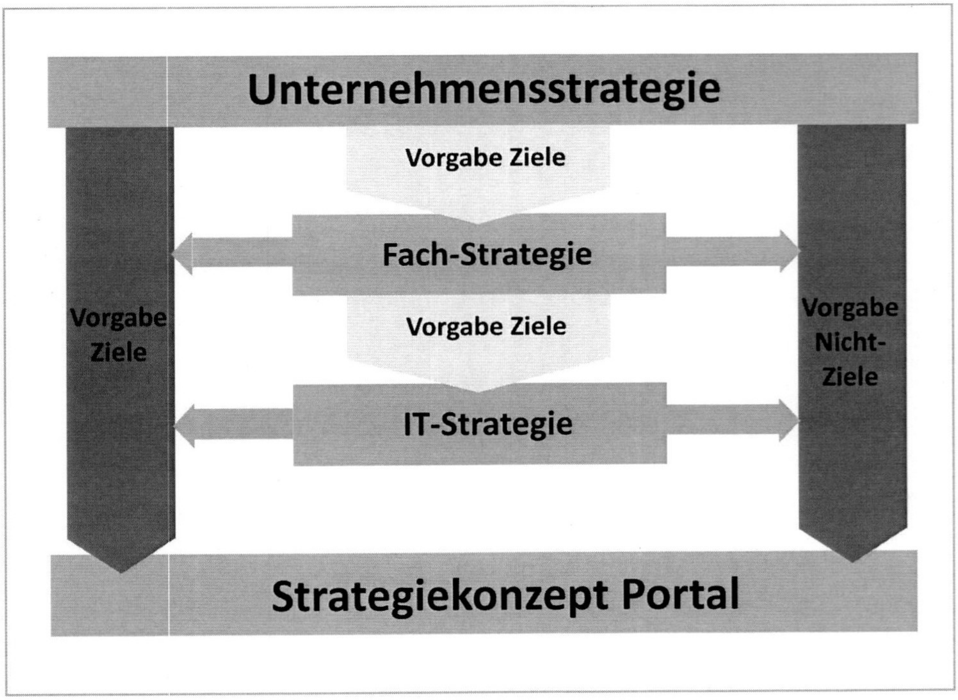

Abbildung 20 Vorgabehierarchie unternehmerischer Ziele

Portal-Projekte sind Infrastrukturprojekte, die sehr breit ausgelegt werden können. Die Nicht-Ziele sind daher für das klare Verständnis des Rahmens und die Abgrenzung gegenüber anderen Vorhaben wichtig.

In einem fiktiven Projekt könnten die im Rahmen der Strategie erarbeiteten Nicht-Ziele beispielsweise sein

- Dokumente werden im zentralen Dokumenten Management System gehalten. Dies geschieht nicht im Portal.
- Das Portal soll keine Freizeitplattform darstellen. Einige Funktionen, wie z.B. ein Schwarzes Brett für Mitarbeiter, sind daher kein Bestandteil.
- Die Systeme der Produktion sind nicht über das Portal zugänglich.

Nicht zu verschweigen ist, dass, neben unternehmerisch definierten oder abgeleiteten Zielen, oftmals auch persönliche Ziele von Beteiligten in Projekten eine Rolle spielen. Hiermit muss im Rahmen des Projekts auf persönlicher Ebene umgegangen werden. Dies fordert entsprechend das persönliche Geschick und die Erfahrung des Projektleiters.

Das Ergebnis der Stakeholder-Analyse ist Ausgangspunkt für die Einladung wichtiger Personen zum Workshop zur Entwicklung einer Portal-Strategie. Da die Liste in der Regel einen größeren Umfang haben wird, muss sie für diesen Zweck gewichtet werden. Kernanwender sollten auf jeden Fall am Strategie-Workshop teilnehmen. Alle weiteren Teilnehmer müssen nach subjektiver Beurteilung eingeladen werden. Entscheidende Fragen hierfür können sein:

- Wie wichtig ist dieser Teilnehmer für das Portal?
- Wie wichtig ist der Teilnehmer aus strategischer Sicht?
- Welcher Teilnehmer kennt sich am besten aus?
- Welcher Teilnehmer liefert guten Input für einen Workshop?

Neben den abgeleiteten Stakeholdern sollten die folgenden Personen im Strategie-Workshop in jedem Fall teilnehmen

- Mitglied(er) der Geschäftsleitung
- Verantwortlicher Bereich interne Unternehmenskommunikation
- Verantwortlicher Bereich Personalwesen

- Verantwortlicher Bereich Informationstechnik und/oder Informationsmanagement
- Mitglied der Personalvertretung des Unternehmens und Beauftragte (z.B. für Schwerbehinderte)
- Verantwortliche der direkt am Projekt beteiligten Abteilungen bzw. Bereiche.

Es existieren für die Beteiligung der Personalvertretung in Vorhaben im Bereich Informationstechnik gesetzliche Vorgaben z.B. aus dem Betriebsverfassungsgesetz. Entsprechend ist im Zweifelsfall eine rechtliche Beratung sinnvoll. Über den gesetzlichen Rahmen hinaus sollte eine frühe und umfassende Einbindung der Personalvertretung des Unternehmens selbstverständlich sein. An dieser Stelle sei noch einmal darauf verwiesen, dass Portale, die keine Prozesse verbessern, keinen Vorteil für das Unternehmen bieten. Es gilt also, pragmatische Lösungen für Verbesserungen zu finden. Dies funktioniert am besten Hand in Hand mit den Stakeholdern. Neben der Beteiligung als Interessenvertreter nimmt die Personalvertretung auch die Rolle eines Inhaltsanbieters wahr, da die Informationen aus diesem Bereich auch im Portal zu finden sein werden. Der Strategie-Workshop sollte nicht mehr als 15 Teilnehmer umfassen.

Die Teilnehmer werden mit der Einladung über den Ablauf und das Ziel des Workshops informiert. Im Rahmen des Workshops werden auch potenzielle Funktionen bzw. Geschäftsprozesse und Nicht-Funktionen/Prozesse, die nicht vom Portal angeboten werden sollten, erfasst. Die Erhebung von Funktionen und Prozessen erfolgt an dieser Stelle des Projekts sehr früh. Aus der praktischen Workshop-Erfahrung kann jedoch zum einen davon ausgegangen werden, dass häufiger strategische Ziele mit Funktionen oder ganzen Geschäftsprozessen verwechselt werden. Auf der anderen Seite können bereits erste, für die Umsetzung der Strategie zwingend erforderliche und als wertig erkannte Funktionalitäten und Prozesse aus den strategischen Zielen abgeleitet werden.

Für die Durchführung sollte ein Zeitrahmen von drei bis sechs Stunden eingeplant werden. Es sollte bei der Planung berücksichtigt werden, dass in vielen Fällen der Vertreter der Geschäftsleitung nicht oder nicht die ganze Zeit anwesend sein kann.

Tipp: Was tun bei zu vielen Teilnehmern?

In größeren Unternehmen kann der Fall eintreten, dass eine sehr große Zahl von Projekt-Stakeholdern identifiziert wird und nach der Filterung nach Wichtigkeit mehr als 15 Teilnehmer verbleiben. Zunächst sollte versucht werden aus jedem Bereich von Kernanwendern nur einen Vertreter einzuladen. Eine zusätzliche Einschränkung wäre, bei Kernanwendern mit voraussichtlich ähnlichen Anforderungen lediglich einzelne Teilnehmer auszuwählen. Ist die Gruppe dennoch zu groß, bleiben drei Lösungsmöglichkeiten.

Aufsplittung in mehrere Workshops: Aus der Menge der Stakeholder werden sinnvolle Zusammenstellungen gebildet mit denen mehrere Workshops mit geringerer Teilnehmerzahl durchgeführt werden. Problematisch hierbei ist, dass ein Austausch von Informationen unter den Teilnehmern verschiedener Workshops unterbleibt. Damit geht der wesentliche Vorteil der Methode, die Anregung und Information der Teilnehmer untereinander, verloren.

Bewusster Verzicht auf eigentlich erforderliche Teilnehmer: Dieser Ansatz birgt erhebliche Gefahren: Nicht nur, dass das Ergebnis möglicherweise auf unvollständigem Input beruht, sondern auch dass enttäuschte Nichtteilnehmer und Bereiche zurückbleiben, die einem späteren Projekt negativ gegenüberstehen.

„Großworkshop": Eine weitere Variante ist, den Workshop einfach im großen Rahmen auszuführen. Problematisch hierbei ist, dass sehr wahrscheinlich nicht alle Teilnehmer im erforderlichen Umfang zu Wort kommen und das Workshop-Ergebnis in der Regel von den Teilnehmern nicht positiv gesehen wird. Der Zeitaufwand für diese Form ist deutlich höher und die Durchführung erfordert mehrere Moderatoren.

Die Lösung hängt auch hier von den konkreten Umständen ab. Die besten Erfahrungen hat der Autor mit der ersten Lösung gemacht. Aber egal zu welcher Lösung gegriffen wird – der Krux bleibt: Eine große Zahl von Teilnehmern ist immer nachteilig für die Entwicklung einer Portal-Strategie.

Im letzteren Fall sollte die Geschäftsleitung direkt zu Beginn zu Wort kommen. Der Workshop wird mit der Vorstellung der Person des Moderators und dem Ablauf des Workshops gestartet, der wie folgt aussieht:

1. Vorstellung des Projekts und eines Arbeitsbegriffs des Portals.
2. Vorstellung der Ziele des Workshops.
3. Kurze Vorstellungsrunde der Teilnehmer mit Bereich (<10 min.).
4. Unternehmensindividuelle Definition des Portal-Begriffs.
5. Entwicklung der strategischen Ziele und Nicht-Ziele.
6. Sammlung von Muss- und Wunsch-Funktionen.
7. Sammlung potenzieller Risiken.

Die Arbeit in der Gruppe soll möglichst dynamisch im Austausch der Teilnehmer untereinander erfolgen. Neben der Entwicklung der Strategie ist ein Ziel des Workshops, den Teilnehmern gegenseitig verschiedene Sichtweisen und Notwendigkeiten in Sachen Portal zu vermitteln. Und dies obwohl sie verschiedene fachliche Sprachen sprechen und auf Grund ihrer Positionen verschieden – von überwiegend strategisch bis überwiegend operativ – denken. Den Teilnehmern soll dabei Freiraum für kleinere Erläuterungen, Nachfragen und Diskussionen gelassen werden. Die Einhaltung folgender Grundregeln für den Workshop ist daher wichtig:

- Jeder kommt zu Wort.
- Jeder äußert seine Meinung frei.
- Gedankenspiele sind erwünscht, jedoch kein Wunschkonzert von fiktionalen Funktionen des Portals.
- Sorgen Sie dafür, dass niemand in seiner Meinung kritisiert wird. Eine Diskussion widersprüchlicher Punkte ist natürlich möglich und erwünscht.

- Nicht zielführende Diskussionen werden durch den Moderator unterbrochen.

Gerade bei diesen recht weiten Freiheitsgraden sollte dennoch auf die relativ kurze Zeit, die für den Workshop zur Verfügung steht, geachtet werden. Bevor die eigentliche Strategieentwicklung begonnen wird, wird der Begriff des Portals und, falls erforderlich, eine Abgrenzung zum Intranet definiert. Insbesondere sollte festgelegt werden wie das Ziel benannt wird. Dabei ist es nebensächlich welche Begrifflichkeit (z.B. Portal, Intranet, Mitarbeiterportal) sich durchsetzt – sie muss nur dauerhaft und einheitlich verwendet werden. Als Ausgangspunkt für die Diskussion kann die allgemeine Definition aus Kapitel 3.2.1 herangezogen und unternehmensspezifisch angepasst werden. Die Definition ist dann der Startpunkt für das spätere Portal-Glossar (vgl. Kapitel 5.5.5). Die Entwicklung der strategischen Ziele für das Portal erfolgt auf den Ebenen Unternehmen, Fachabteilung und Informationstechnik. Zu beachten ist, dass nicht die Ziele der Beteiligten im Allgemeinen, sondern die Ziele, die mit dem Portal unterstützt oder umgesetzt werden sollen, erfasst werden. Im Workshop ist es sinnvoll mit den Unternehmenszielen zu beginnen, die durch die Geschäftsleitung vertreten werden. Im nächsten Schritt werden die strategischen (Nicht-) Ziele der einzelnen Fach- bzw. Querschnittsbereiche betrachtet und im Anschluss die Ziele der Informationstechnik. Dies muss nicht zwingend abgegrenzt erfolgen. Es können auch zwischenzeitlich Ziele aus den anderen Bereichen genannt werden. So kann auch eine Fachabteilung IT-strategische Ziele haben.

Abbildung 21 zeigt die vorbereiteten Flipcharts zur Strategieentwicklung. Begonnen wird mit dem Flipchart 1. Die beiden anderen werden für die Teilnehmer sichtbar gelassen. Es wird aber nur bei Bedarf auf diese eingegangen, z.B. wenn im Rahmen der Diskussion der strategischen Ziele am Rande auch Risiken aufgegriffen werden. Die Ziele der Bereiche werden in den zugehörigen Feldern „Unternehmen“, „Fachabteilung“ oder „Informationstechnik“ aufgenommen. Die Ziele werden als kurz- mittel- oder langfristig mittels Buchstaben (K,M,L) markiert. Tabelle 7 stellt typische Referenzziele dar, die auch eingestreut werden können, wenn die Teilnehmer Probleme mit der Fragestellung haben. Nach Abschluss der Zielableitung für das Portal müssen die Ziele priorisiert werden. Die Priorisierung kann bei einer gut zusammen arbeitenden Gruppe im Rahmen einer Diskussion erfolgen.

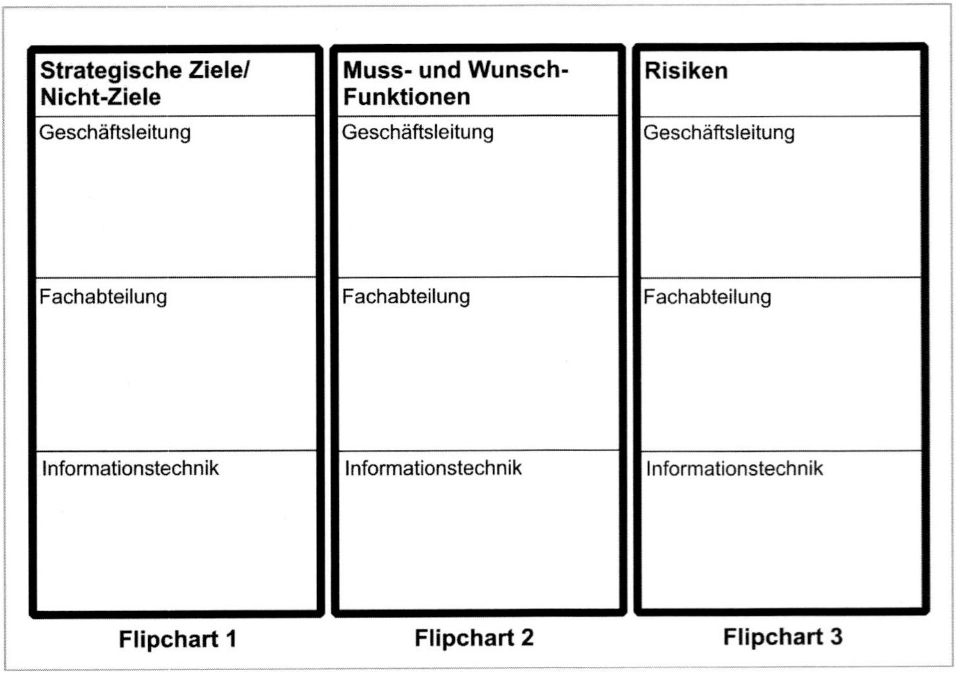

Abbildung 21 Flipcharts zur Strategieentwicklung

Alternativ besteht die Möglichkeit, an die Teilnehmer jeweils drei Klebepunkte in drei verschiedenen Farben für die jeweilige Strategieebene zu verteilen. Die Teilnehmer können mit insgesamt neun Punkten die Ziele gewichten. Dabei sollen ausschließlich die Ziele gewichtet werden. Die Nicht-Ziele werden direkt alle übernommen.

Im Anschluss an den ersten Schritt wird das Flipchart 2 neben dem weiterhin sichtbaren Flipchart 1 bearbeitet. Jetzt lassen sich aus den zu erreichenden Zielen Muss- und Wunschfunktionen bzw. Prozesse ableiten, die das Portal anbieten sollte. Hier werden im Rahmen des Workshops auch „Nicht-Funktionen" bzw. „Nicht-Prozesse" festgelegt, die das Portal nicht aufweisen sollte bzw. darf. Da an dieser Stelle nicht bereits das Portal ohne weitere Vorarbeiten entworfen werden soll, sollte dieser Teil nur die wichtigsten und unstrittigen Erfordernisse und Ausschlüsse sowie wichtige Wünsche einzelner Teilnehmer erfassen.

Bereich	Referenzziel
Unternehmen	Erhöhung der Servicequalität
	Kostenreduktion (Personal, Software etc.)
	Verbesserung der internen (Unternehmens-) Kommunikation
	Stärkung der Wettbewerbsposition
	Erhöhung des Automatisierungsgrades im Unternehmen
	Technologieführerschaft
	Erhöhung der Mitarbeiterzufriedenheit und Motivation
	Unterstützung der Marktstrategie (z.B. Internationalisierung, Expansion, Preisführerschaft)
	Förderung von Innovationen
	Vernetzung von Wissen und Fähigkeiten im Unternehmen
Fachabteilung	Verkürzung der Durchlaufzeiten von Prozessen
	Verbesserung der Prozessqualität/Verminderung von Fehlern
	Kostenreduktion
	Reduzierung bzw. Eliminierung von Medienbrüchen
	Stärkung der Employee Self Services
	Schnelle Realisierung von Fachanwendungen
	Bessere Informationsversorgung der Mitarbeiter (Aktualität, Menge, Qualität etc.)
	Webbasierter Desktop für Mitarbeiter
	Mobilisierung der Fachanwendungen (z.B. Home Office)
	Verbesserung der Zusammenarbeit (intern/extern)
	Schnelle Prozessanpassungen/Veränderungen
	Verbesserung des Wissensaustauschs/Wissensmanagement
Informationstechnik	Plattformstrategie/Einheitliche Plattform für Web-Anwendungen
	Inhouse Entwicklung/Einheitliche Technologien für Entwickler
	Kostenreduktion Helpdesk/Support
	Kostenreduktion IT-Betrieb
	Konsolidierung von IT-Systemen
	Umsetzung einer Plattformstrategie
	Umsetzung einer Desktop-Strategie
	Endgerätestrategie (z.B. Mobile Endgeräte, Thin Client, Bring Your Own Device (BYOD))

Tabelle 7 Referenzziele für den Strategie-Workshop als Basis der Diskussion

Bereich	Kurzfristig	Mittel	Lang
Unternehmen	• Eigenverantwortlichkeit der Mitarbeiter erhöhen	• Erhöhung Mitarbeitermotivation	• Erhalt und Stärkung der Wettbewerbsfähigkeit • Fähigkeit zur internationalen Zusammenarbeit (Expansion!)
Fachabteilung	• Verkürzung Auftragsbearbeitungszeit	• Reorgansation Vertrieb	• Neue internationale Vertriebsniederlassungen
Informationstechnik	• Schaffen einer Plattform für Web-Anwendungen	• Reduzierung Kosten Support/ Help-Desk	• Verlagerung Anwendungsentwicklung aus ERP in Web-Technologie

Tabelle 8 Ergebniszusammenfassung Strategie am Beispiel (verkürzt)

Bereich	Muss-	Wunsch-	Nicht-Funktionen
Unternehmen	• Reporting für das mittlere Management und die Geschäftsleitung	--	• Kein interner Marktplatz/ Schwarzes Brett gewünscht
Fachabteilung	• Abwesenheitsmitteilung digital • Zentrale Workflow Inbox	• Zentrales Telefonbuch	• Kein Nutzer-Tracking • Alt-Verfahren „CustomerSN“ soll abgelöst werden
Informationstechnik	• Online-Helpdesk	• Reduzierung Kosten Support/ Help-Desk	--

Tabelle 9 Ergebniszusammenfassung Funktionen am Beispiel (verkürzt)

Bereich	Risiken
Unternehmen	• Potenziell Merger mit Mitbewerber möglich • Verfügbarkeit von Anwendungen muss gewährleistet sein
Fachabteilung	• Einige Anwendungen müssen Offline verfügbar sein (Außendienst!) • Neue HR-Software bringt bereits eine Web-Umgebung mit
Informationstechnik	• Geringe Kompetenz der internen Entwickler im Bereich JAVA Fortbildungsbedarf • Kosten einer 24/7 Verfügbarkeit

Tabelle 10 Ergebniszusammenfassung Risiken am Beispiel (verkürzt)

Diese sollten sich nur direkt aus den strategischen Zielen ergeben oder direkt ableitbar sein. Optional können die Punkte auch wie bei den strategischen Zielen gewichtet und mit einer Priorität versehen werden. Im letzten Schritt des Workshops werden Risiken gesammelt. Hierzu wird auf dem Flipchart 3 gearbeitet. Die Teilnehmer nennen die aus ihrer Sicht relevanten Risiken für das Projekt.

Im Rahmen des Workshops werden vermutlich bestehende oder geplante Projekte aus dem „Nichts" auftauchen, die zuvor nicht in der Analyse sichtbar wurden. Dies stellt kein Problem dar. Die Unterlagen sollten jedoch entsprechend ergänzt werden. Mit der Betrachtung der Risiken ist der Workshop abgeschlossen. Den Teilnehmern sollten, sofern der Projektrahmen dies zulässt, die Ergebnisse des Workshops im Anschluss zur Verfügung gestellt werden. Die Verwendung von Flipcharts schafft im Vergleich zur Verwendung eines Laptops zur Darstellung der Bögen eine bessere Arbeitsatmosphäre und Zusammenarbeit im Workshop. Auch wenn es in der Auswertung mehr Arbeit macht – es lohnt den Mehraufwand. Die aufgenommenen Strategien, Funktionen und Risiken werden in einer Dokumentation zusammengefasst. Die Tabellen 8 bis 10 zeigen einen Ausschnitt der Ergebnisse eines beispielhaften Workshops. In der Praxis sind die Anzahl der Einträge und der Umfang der Dokumentation weitaus größer.

Das Mindestergebnis der Phase Strategie ist ein Enddokument bestehend aus der soeben beschriebenen Strategie, der unternehmensindividuellen Definition des Portalbegriffs, der nachfolgend beschriebenen Desktop-Strategie sowie der Portal-Roadmap.

5.1.4 Vorgehen zur Entwicklung der Desktop-Strategie

Bevor die Details der Entwicklung der Desktop-Strategie beschrieben werden, soll zunächst die grundsätzliche Problematik des Desktops und dessen möglichen Ausprägungen betrachtet werden. Der klassische System-Desktop in Unternehmen besteht aus einem handelsüblichen Personal Computer mit Betriebssystem, wie z.B. Linux, Windows oder MacOS mit lokal installierten Anwendungen. Ein Nachteil dieses Modells ist die Wartung der lokalen Softwareausstattung. Diese muss nicht nur auf die aktuelle Betriebssystemversion abgestimmt werden, sondern auch auf die Hardware und die Anforderungen des jeweiligen Nutzers. Entsprechend sind die Rechner mit der jeweils dem Anforderungs- bzw. Aufgabenprofil des Nutzers korrespondierenden Software auszustatten. Die Ausstattung wird in der Regel aus Gründen der Lizenzkosten minimal gehalten. Die Idealvorstellung aus Sicht der Informationstechnik ist, dass jeder Mitarbeiter nur die Software erhält, die er auch wirklich nutzt. Auf der Kostenseite sind die Wartungskosten zu verbuchen, die durch die Wartung verschiedener Endgeräte (und Endgerätegenerationen) sowie durch die Bündelung und Verteilung der Software selbst entstehen. Die Verteilung und Wartung beschränkt sich bei reinen Web-Anwendungen auf der Client-Seite auf das Betriebssystem und den Web-Browser. Portale können damit die Wartungsproblematik des klassischen Desktops damit teilweise entschärfen. Neuere Web-Technologien mit HTML5, JavaScript und CSS erlauben die Umsetzung von Anwendungen, die eine ähnliche Bedienung und einen ähnlichen Komfort wie lokal installierte Applikationen aufweisen. Mittels HTML5 lassen sich zwischenzeitlich auch Offline-fähige Anwendungen für den mobilen Einsatz entwickeln.

Besteht eine Online-Verbindung, wie dies intern im Unternehmen der Fall ist, spielt die Offline-Fähigkeit nur eine untergeordnete Rolle. Standard-Anwendungen, wie der Mail-Zugang oder eine Textverarbeitung für die Gelegenheitsnutzung, sind Web-basiert einfach umzusetzen. Lizenzkosten für Software werden verringert und die Wartungskosten der Rechner reduziert. Web-basierte Lösungen sind durch die auf dem Server liegende Logik einfach und kostengünstig zu warten. Gleichzeitig sind die Hardware-Anforderungen an den Arbeitsplatzrechner deutlich geringer und es kann bei Bedarf auch ältere Hardware eingesetzt bzw. bestehende Hardware länger genutzt werden.

Aus strategischer Sicht lassen sich mit diesen beiden gegensätzlichen Ansätzen „klassischer System-Desktop" und „Web-Desktop" vier Modelle für den unternehmensspezifischen Umgang mit dem Desktop ableiten. Die Modelle sind in Abbildung 22 gegenübergestellt. Die Grundvarianten System-Desktop und Web-Desktop wurden bereits eingeführt. Eine Mischform aus beiden Ansätzen ist der kombinierte Web-/System-Desktop. Bei einem kombinierten Web-/System-Desktop besteht die Arbeitsumgebung eines Mitarbeiters sowohl aus Anwendungen, die nativ auf dem System-Desktop laufen, als auch aus Web-basierten Anwendungen, die im Browser über das Portal aufgerufen werden. Diese Mischung erlaubt geeignete Anwendungen als Web-Anwendungen zu entwickeln bzw. weiterhin lokale Anwendungen zu nutzen.

Abbildung 22 Desktop-Strategien im Vergleich

In diesen Bereich fällt auch die Strategie Anwendungen gleichzeitig als native Anwendung und als Web-basierte Lösung zugänglich zu machen. Gelegenheitsnutzer verwenden das gleiche Mail-System über den Mail-Client und eine Web-Oberfläche. Diese Strategie ist auch dann sinnvoll, wenn Fach- oder Querschnittsanwendungen von einzelnen Nutzern intensiv genutzt werden. Ein Beispiel hierfür ist eine Raumreservierung mit Bewirtungsbestellung. Für den Standardnutzer wird die Anwendung Web-basiert bereitgestellt. Für Sekretariate, die diese Anwendung häufig und im Kontext von Besprechungseinladungen nutzen, kann die Anwendung in den Kalender bzw. die Groupware integriert werden, damit die Organisation der Besprechung in einem Werkzeug ohne Medienbruch erfolgt. Der Nutzergruppen-orientierte Desktop verfeinert diesen Ansatz. In diesem Modell wird je nach Nutzergruppe und Anforderungen entweder ein System- oder Web-Desktop, bzw. ein kombinierter Desktop, zur Verfügung gestellt. Die Nutzung der jeweiligen Desktops variiert innerhalb der Nutzergruppen in Unternehmen in der Regel stark.

	Blaumann	Sachbearbeiter	Informationsarbeiter
Engl. Bez.	Blue Collar Worker	Task Worker	Information Worker
Charakteristika	• Gelegentliche PC-Nutzung zur Durchführung von arbeitsbegleitenden Aufgaben. • Arbeitsfokus auf manueller Arbeit bzw. Arbeit mit Nicht-IT-Systemen.	• Wiederkehrende Aufgaben im meist gleichen Arbeitsgebiet. • Umgang mit strukturieren und teilweise unstrukturierten Daten.	• Intensivnutzung von IT-Systemen. • Bearbeitung von verschiedenen Aufgabenstellungen. • Umgang mit vorwiegend unstrukturierten Daten.

Tabelle 11 Grobklassifikation Nutzer

Dies gilt nicht nur, aber insbesondere, für produzierende Unternehmen. Es lassen sich aus Sicht der Arbeitsaufgaben grob drei Klassen von Nutzern unterscheiden: Blue Collar Worker, Sachbearbeiter und Informationsarbeiter. Tabelle 11 zeigt eine Gegenüberstellung der Nutzer.

Für die Blue Collar Worker, die im täglichen Arbeitsablauf keinen dezidierten Desktop benötigen und nur für die allgemeine Informationsbeschaffung und Personalprozesse auf PCs zurückgreifen, kann die zur Verfügung gestellte erforderliche Arbeitsumgebung kostengünstig Web-basiert realisiert werden. Ein Zugang zu dieser Arbeitsumgebung wird nomadisch an öffentlichen Terminals im Unternehmen oder an Gruppen-PCs in Teams bereitgestellt. Bei einer nomadischen Nutzung muss jedoch sicher gestellt sein, dass getätigte Ausdrucke, vor allem besonders schützenswerte aus den Bereichen Personal und vertrauliche Firmenunterlagen, am Ort des Ausdrucks vor dem Zugriff durch Dritte geschützt sind. Dies ist durch ein Terminal mit integriertem Drucker oder durch Zentraldrucker mit Passwortschutz realisierbar. Typisierend für Task Worker ist der wiederkehrende Umgang mit den gleichen Anwendungen und die damit direkte verbundene begrenzte Anzahl der Kontaktpunkte zu verschiedenen Geschäftsprozessen. Typisch für diese Gruppe ist ein Nutzergruppen-orientierter Desktop. Wird für die Sachbearbeitung spezielle Software verwendet, so ist zumindest die Kombination aus Web- und System-Desktop möglich: Die Desktop-Anwendung für die Fachaufgaben und Web-basierte Anwendungen zum Beispiel für Querschnittsprozesse, wie Personalprozesse. Generell lassen sich auch die anderen Desktop Modelle anwenden. Hier kommt es auf eine genaue Analyse der Aufgabengebiete und Anwendungen an.

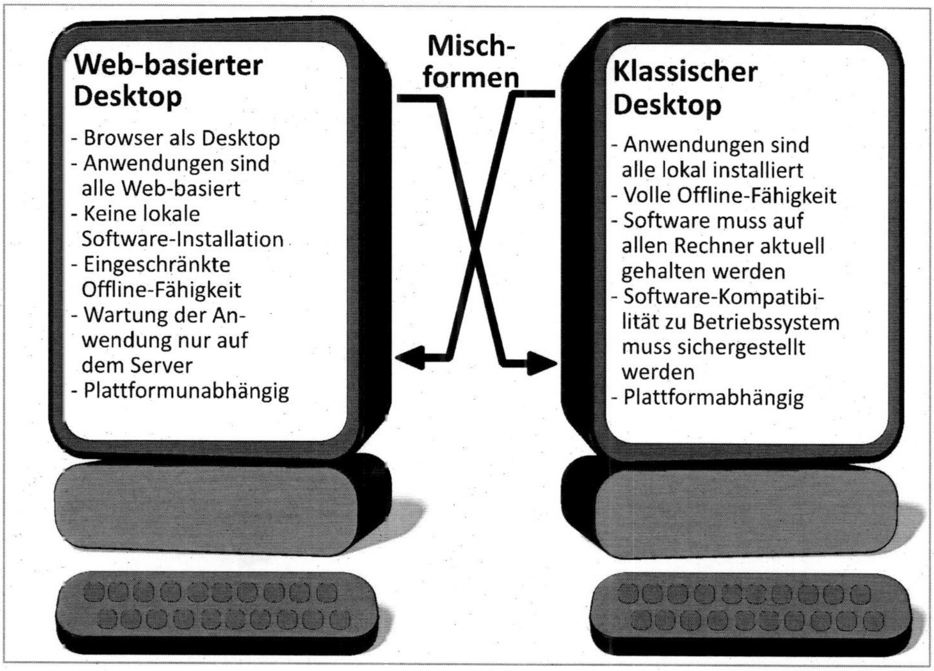

Abbildung 23 Vorteile von Web und klassischem Desktop

Der Information Worker ist ein typischer Projektarbeiter mit wechselnden Aufgabenstellungen. Er hat einen hohen Informationsbedarf und verwendet sowohl spezielle aufgabenbezogene Software als auch Standardsoftware. Insbesondere sind Informationsarbeiter in der Regel Intensivnutzer von Office-Anwendungen, die auch Offline genutzt werden. Es besteht daher ein großer Bedarf an Desktop-Software, wie z.B. Office oder auch CAD-Software. Es muss darauf hingewiesen werden, dass die Typisierung nicht zwingend auf alle Mitarbeiter und jedes Unternehmen zutreffend ist und darüber hinaus noch feinere Unterscheidungen getroffen werden können. Auch hier gilt es individuelle Modelle für das eigene Unternehmen zu erarbeiten (Abbildung 23). Die Entscheidung für einen reinen, weitgehenden oder gar vollständigen Web-Desktop kann letztendlich an fehlenden Umsetzungsmöglichkeiten scheitern: Dies ist vor allem dann der Fall, wenn eine bestehende Desktop-Anwendung nicht Web-basiert angeboten werden kann. Dies muss jedoch nicht zwingend ein Ausschlusskriterium darstellen. Die nativen Anwendungen können auf einem (Terminal-) Server zentral ausgeführt und über ein Remote Desktop Plug-In im Portal im Browser dargestellt werden. Dieses Vorgehen bildet eine technische Brücke zwischen dem klassischen Desktop und Web-Technologien. Es ist gleichzeitig auch ein Migrationspfad. Nachteile dieses Vorgehens sind der Verlust der Plattformneutralität durch die Abhängigkeit vom verwendeten Plug-In sowie Verlust der Mobilität.

Einen wartungsarmen Ansatz für Desktop-Rechner stellt Google mit seinem ChromeOS vor. ChromeOS ist ein Betriebssystem, dessen Benutzungsoberfläche schlicht nur ein Browser ist. Mit diesem Ansatz sind schlanke Desktop-Rechner möglich, deren Wartung automatisiert erfolgen kann. Google bietet selbst ein ChromeBook mit ChromeOS an. Eine interessante Idee für Unternehmen. Bei ChromeOS ist zu beachten, dass es mit den Google Diensten eng verzahnt ist.

5.1.4.1 Mobile Endgeräte

Unternehmensanwendungen müssen nicht mehr nur auf dem Desktop, sondern auch auf mobilen Endgeräten verfügbar sein. Unter den Begriff Mobile Endgeräte fallen Note- und Netbooks, Smartphones und Tablets. Die Bandbreite der zu unterstützenden Geräte ist damit relativ groß und in der Funktionalität heterogen. Darüber hinaus ist der Markt der Systemplattformen, wie z.B. Apple iOS, Google Android oder Windows Phone, fragmentiert. Für die jeweilige Plattform nativ entwickelte Apps lassen sich nicht oder nur sehr bedingt auf andere Plattformen portieren.

Eine alternative Möglichkeit ist die Verwendung der Unternehmensanwendungen über das Portal in einer mobilen Version (vgl. Abbildung 24). Wie bereits eingangs erläutert ergibt sich hierbei jedoch das Problem der Offline-Fähigkeit. Dies lässt sich durch speziell optimierte Anwendungen mit HTML5 und AJAX-Technologien umgehen. Diese Alternative ist derzeit zumeist jedoch noch auf Eigenentwicklungen beschränkt. Mittels Werkzeugen, wie z.B. PhoneGap, lassen sich Web-basierte native Anwendungen für verschiedene Plattformen realisieren. Für die Desktop-Strategie im Unternehmen heißt dies in der Gesamtbetrachtung, dass die Zahl der nativ zu unterstützenden Systemplattformen derzeit noch zu begrenzen ist – idealerweise auf eine. Zumindest aber auf eine geringe Zahl. Neben den eigenen Anwendungen spielen die Anwendungen von externen Anbietern eine Rolle.

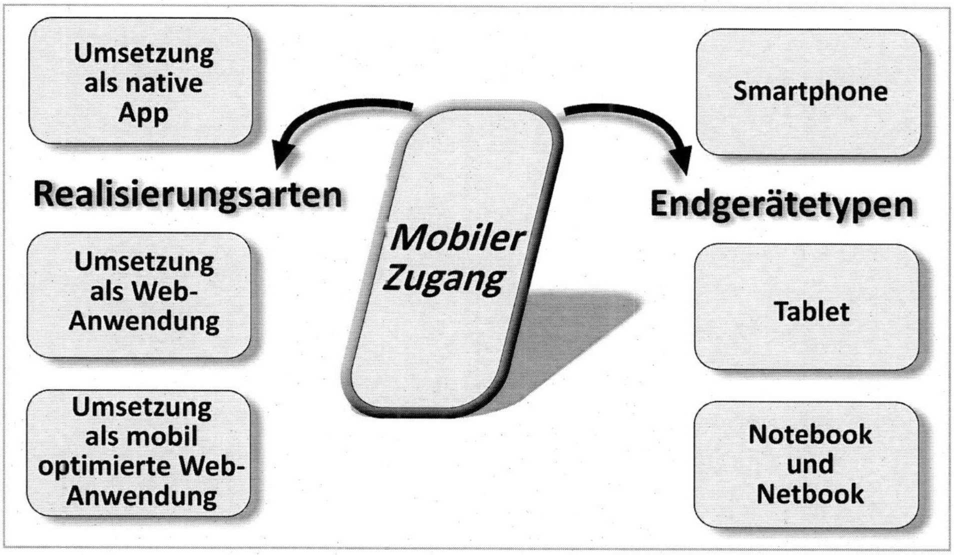

Abbildung 24 Mobiler Desktop - Realisierungsarten und Endgerätetypen

Die Hersteller betrieblicher Standard-Software bieten zwischenzeitlich für ihre Systeme spezifische Apps an, die den mobilen Zugriff der Mitarbeiter auf die Systeme erlauben. Diese Enterprise Apps genannten Anwendungen sind auf die jeweilige Software spezialisiert, sodass der Nutzer gegebenenfalls mehrere Anwendungen auf seinem Smartphone installieren muss. Die Anwendungen erlauben zum Teil eine Offline-Fähigkeit, die bei einer reinen Web-basierten Lösung zurzeit noch selten gegeben ist.

5.1.4.2 Entwicklung der Desktop-Strategie

Für die Entwicklung der Desktop-Strategie wird auf die Ergebnisse des Strategie-Workshops zurückgegriffen. Es werden die Ziele auf allen Ebenen der Strategie betrachtet. Dabei kann ein Sonderfall auftreten: Auf der Ebene der IT-Ziele kann die Desktop-Strategie bereits notiert und diskutiert worden sein. In diesem Fall können die Vorarbeiten direkt in die Gesamtstrategie einfließen. Die Entwicklung der Desktop-Strategie leitet sich aus den übergeordneten strategischen Zielen ab. Hierzu gehören Ziele wie z.B. das IT-Ziel „Web-basierter Desktop" oder das Ziel „Mobiler Zugriff". Das erstere Ziel steht klar für einen Web-basierten Desktop.

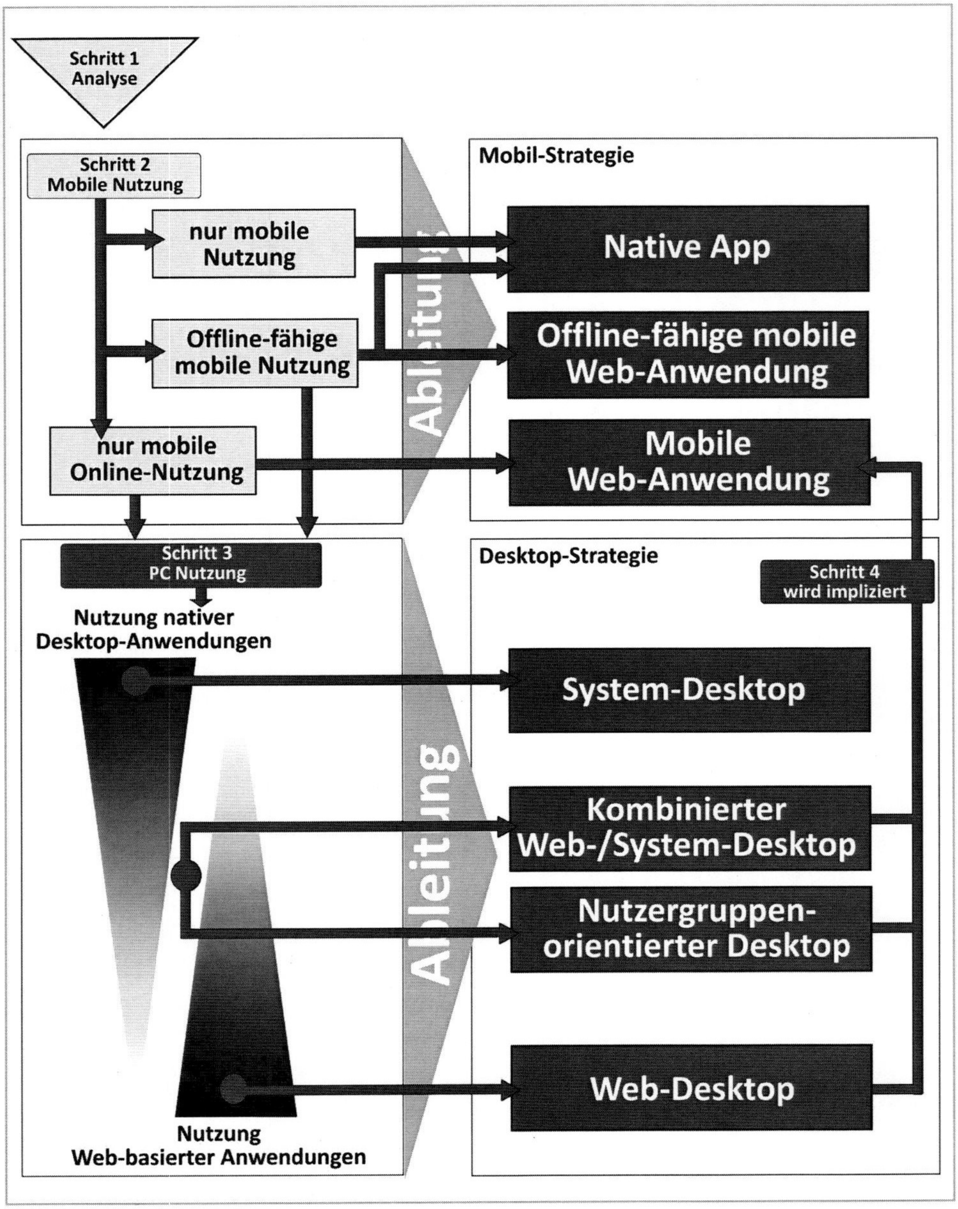

Abbildung 25 Entscheidungshilfe zur Ableitung der Desktop-Strategie

Das zweite Ziel kann (muss aber im konkreten Einzelfall nicht) auf eine Umgebung mit mobilen Anwendungen („App“) hinauslaufen, die nicht Web-basiert realisiert sind. Abbildung 25 zeigt das Vorgehen für die Ableitung einer Desktop-Strategie in vier Schritten in einer Übersicht. Die einzelnen Schritte werden im Folgenden näher erläutert.

Schritt 1: Analyse

Im ersten Schritt der Desktop-Strategieentwicklung steht die Betrachtung der grundlegenden Anforderungen und Anwendungen der verschiedenen Nutzergruppen im Unternehmen. Diese werden tabellarisch in den bereits vorgestellten Kategorien Information Worker, Task Worker und Blue Collar zusammengefasst. Die Informationen zu den von den Nutzern verwendeten Kernanwendungen werden in einem separaten Workshop mit den Mitarbeitern gesammelt. Tabelle 12 zeigt ein vereinfachtes Beispiel für eine Nutzergruppengrobanalyse. Eine feinere Analyse der Nutzergruppen wird im Rahmen der Analyse durchgeführt (siehe Kapitel 5.2.4). Die hier gewonnenen Ergebnisse lassen sich dort weiterverwenden. Bei Bedarf können weitere Nutzerkategorien hinzugefügt werden, die besondere Anforderungen an einen Desktop haben, wie zum Beispiel der Außendienst. Hierbei sollte beachtet werden, dass das Hinzufügen auf wirkliche Sonderfälle limitiert bleibt, da die Entwicklung der Strategie damit komplexer wird.

Schritt 2: Mobile Nutzung

In Schritt 2 wird für alle identifizierten Nutzerkategorien der Nutzergruppengrobanalyse aus Schritt 1 die mobile Nutzung hinterfragt. Hierbei existieren drei Ausgestaltungsvarianten: Die ausschließlich mobile Nutzung, die Offline-fähige mobile Nutzung und die reine Online-Nutzung. Gleich die erste Variante stellt einen Sonderfall dar: Aus einer ausschließlich mobilen Nutzung folgt direkt die Erstellung einer nativen App, bzw. die Nutzung mehrerer Enterprise Apps, für den Zugriff auf die betrieblichen Informationssysteme. In diesem seltenen Fall ist das Ergebnis der Desktop-Strategie, dass kein Portal für das mobile Szenario erforderlich ist. Die Offline-fähige mobile Nutzung kann entweder durch Offline-fähige Web-basierte Anwendungen oder durch native Apps umgesetzt werden. Eine Mischung aus Apps und Web-basierten, offline-fähigen Anwendungen ist möglich. Aus der Anforderung einer mobilen Online-Nutzung ohne lokale Datenspeicherung folgt die Umsetzung der Anwendungen mit Web-Technologien. Für die mobile Nutzung können optimierte Darstellungsformen genutzt werden. Einige Portal-Software Produkte bringen hierfür Funktionen bereits mit.

Schritt 3: PC Nutzung

Im Schritt 3 der Entwicklung der Desktop-Strategie steht die Betrachtung der Nutzung von nativen Desktop-Anwendungen im Vergleich zu Web-basierten Anwendungen im Fokus. Es ist in diesem Schritt unternehmensindividuell abzuwägen welche Nutzungsarten überwiegen und welche Strategievariante hierzu passt. Neben der Nutzergruppengrobanalyse, die Anhaltspunkte über die Nutzung und Anforderungen der Mitarbeiter liefert, sind die Ergebnisse des Strategieworkshops mit den erhobenen Zielen auf allen Strategieebenen zu berücksichtigen. Mögliche Kriterien sind neben der rein funktionalen Anforderung die Nutzungsform (Kern- oder Nebennutzung), Nutzungshäufigkeit (Gelegenheits- bzw. “Heavy“-User) sowie der erforderliche Grad der Interaktivität.

Zum Abschluss des Rezepts dürfen noch zwei wichtige Hinweise nicht fehlen:

- Entscheidend für die Desktop-Strategie sind nicht nur die direkten Anforderungen, sondern auch die mittel- bis langfristige Zielsetzung. Die Betrachtungen sollten daher für diese Zeiträume durchgeführt werden.

- Die erstellte Strategie muss lebbar sein. Es sollten daher auch Ausnahmen z.B. für einzelne spezielle Bereiche zugelassen werden können. Diese können und müssen in der Desktop-Strategie auch explizit benannt werden.

Die Desktop-Strategie geht klar über den Fokus eines Portals hinaus. Entsprechend sollten die Zeit und die Ressourcen investiert werden, um die Strategie zu formulieren. Optional kann im Rahmen der Desktop-Strategie ein zeitlicher Rahmen mit Stufen definiert werden, um zukünftige Entwicklungen im Unternehmen abzubilden. Dies sollte zum Beispiel bei der Einführung von Smartphones im gesamten Unternehmen über mehrere Jahre der Fall sein.

Kategorie	Gruppe	Anforderungen	Kernanwendungen
Information Worker	Mitglieder der Geschäftsleitung	• Umgang mit Entscheidungsvorlagen und Berichten • Mobile Nutzung	• Mail • Office • Management Self Service
	Projektleiter	• Zugriff auf alle Projektdaten von allen Geräten • Mobilität • Hohe Performance • Offline-Fähigkeit	• Mail • Office • Projektmanagement • Teamrooms • Kennzahlen und Berichte • Employee Self Services • Online-Speicher • DMS
Task Worker	Buchhaltung	• Reaktionsfähigkeit GUIs • Autokorrekturen	• Mail • ERP/Buchhaltung • Employee Self Services
	Sekretariate	• Nutzung vieler verschiedener Anwendungen parallel • Parallele Nutzung von Anwendungen • Lange Login-Zeiten ohne Aktivitäten	• Mail • Office • Raumreservierungssystem • Gästeverwaltung • Parkplatzreservierung • Schadensmeldung • Employee Self Service • DMS
Blue Collar	Mitarbeiter Endmontage	• Gelegentlicher, sicherer Zugriff auf Employee Self Service	• Mail (Gelegenheitsnutzer) • Employee Self Service
	Mitarbeiter Facility Services	• Im Haus: Mobile Nutzung • Einbindung Inventar-Scanner	• Mail • Schadensmeldung • Raumreservierungssystem • Inventarisierung • Employee Self Service

Tabelle 12 Beispiel für eine Nutzergruppengrobanalyse für die Desktop-Strategie (vereinfacht)

5.1.4.3 Stufenweise Projektierung

Ein Portal-Projekt umfasst viele oder alle Bereiche des Unternehmens. Ein derartiges Projekt lässt sich nicht erfolgreich mit einem „Big Bang“-Ansatz durchführen. Bewährt hat sich in den meisten Fällen die Durchführung in mehreren abgeschlossenen Teilprojekten, die in sinnvolle zeitliche und funktionale

Schritte eingeteilt werden. Die Teilprojekte gliedern sich in ein Portal-Basisprojekt und in der Regel mehrere Projekte eines Fach- und/oder Unternehmensbereichs.

Basisprojekt

Das Basisprojekt entwickelt die grundlegende Strategie und das Vorgehen sowie Rahmenvorgaben (z.B. Styleguide, Guidelines für die Anwendungsintegration) für alle weiteren Teilprojekte.

Integraler Bestandteil ist die Bereitstellung der technischen und organisatorischen Infrastruktur für das Portal. Insbesondere gehört zu einem Basisprojekt:

- **Informationsarchitektur:** Der Entwurf der grundsätzlichen Informationsarchitektur zu der u.a. die strukturelle Navigation (Menü) gehört. Bereichsspezifische Inhalte werden in diese allgemeine Informationsarchitektur eingegliedert.

- **Design und Layout:** Der Entwurf und die Umsetzung des Designs und Festlegung von Regeln für weitere Projekte durch einen Styleguide.

- **Informationstechnik:** Konzeption, Auswahl und Umsetzung der Informationstechnik des Portals.

- **Anwendungsintegration:** Integration von Anwendungen, die zur Grundausstattung des Portals gehören (z.B. Telefonbuch) und gegebenenfalls Bereitstellung grundlegender Integrationstechnologien (Middleware bzw. EAI).

- **Prozesse:** Im Rahmen des Basisprojekts werden bestehende Prozesse umgesetzt, gegebenenfalls optimiert und neue Prozesse implementiert.

- **Allgemeiner Content:** Entwurf und Umsetzung von allgemeinem Portal-Content, wie z.B. der Hilfe. Ein wichtiges Element ist der Inhalt der Startseite, der an dieser Stelle definiert werden muss.

- **Organisation der Pflege:** Das Basisprojekt definiert die Organisation der inhaltlichen und technischen Pflege des neu zu erstellenden Portals, d.h.

es werden auch Vorgaben für die Organisation der darauf aufbauenden (Fach-) Projekte gemacht.

- **Schulung- und Roll-Out:** Es wird ein Schulungs- und Roll-Out Konzept für das Portal erstellt und es werden im Rahmen des Projekts Schulungen der Mitarbeiter durchgeführt. Diese werden gegebenenfalls durch fachspezifische Schulungen oder Schulungsteile aufbauender Fachprojekte ergänzt.

Zu dem Basisprojekt gehört auch die Umsetzung von Anwendungen wichtiger Querschnittsbereiche und gegebenenfalls ausgewählter Fachbereiche im Rahmen einer Pilotierung. Letztere enthalten dann die Elemente, die im nachfolgenden Abschnitt als Projekt eines Bereichs beschrieben werden. Die Arbeiten werden jedoch als Teil (-projekt) des Basisprojekts durchgeführt, um ein nutzbares Portal zu erhalten. In jedem Fall muss ein reines Infrastrukturprojekt ohne Inhalte vermieden werden. Dieses würde sowohl für den Anwender als auch für potenzielle Informationsbereitsteller keinen Nutzen haben und rasch zu einer Nichtakzeptanz der Lösung führen. Basisprojekte werden auch nach dem Go-Live des Portals durchgeführt und zwar immer dann, wenn die Portal-Basis erweitert oder erneuert wird. So ist zum Beispiel die spätere Einführung einer Worklist, die eine Infrastrukturkomponente darstellt, ein Basisprojekt.

Projekt eines Fach- oder Unternehmensbereichs

Aufbauend auf den Arbeiten und der bereitgestellten Infrastruktur des Basisprojekts können Projekte weiterer Fach- und/oder Unternehmensbereiche durchgeführt werden. In der Regel werden diese Inhalte und Anwendungen von Fachbereichen für eine begrenzte Nutzerzahl bereitgestellt. Es können aber auch Querschnittsbereiche betroffen sein, die im Basisprojekt unberücksichtigt bleiben mussten und die ihren Content und ihre Anwendungen nun unternehmensweit für alle Mitarbeiter bereitstellen.

Diese aufbauenden Projekte fokussieren dann nicht mehr grundlegende Fragen eines Portals, sondern die fachlichen Spezifika des Bereichs, wie z.B. die Organisation des Contents, die Integration der Fachanwendungen und die Organisation der Pflege in diesem Fachbereich.

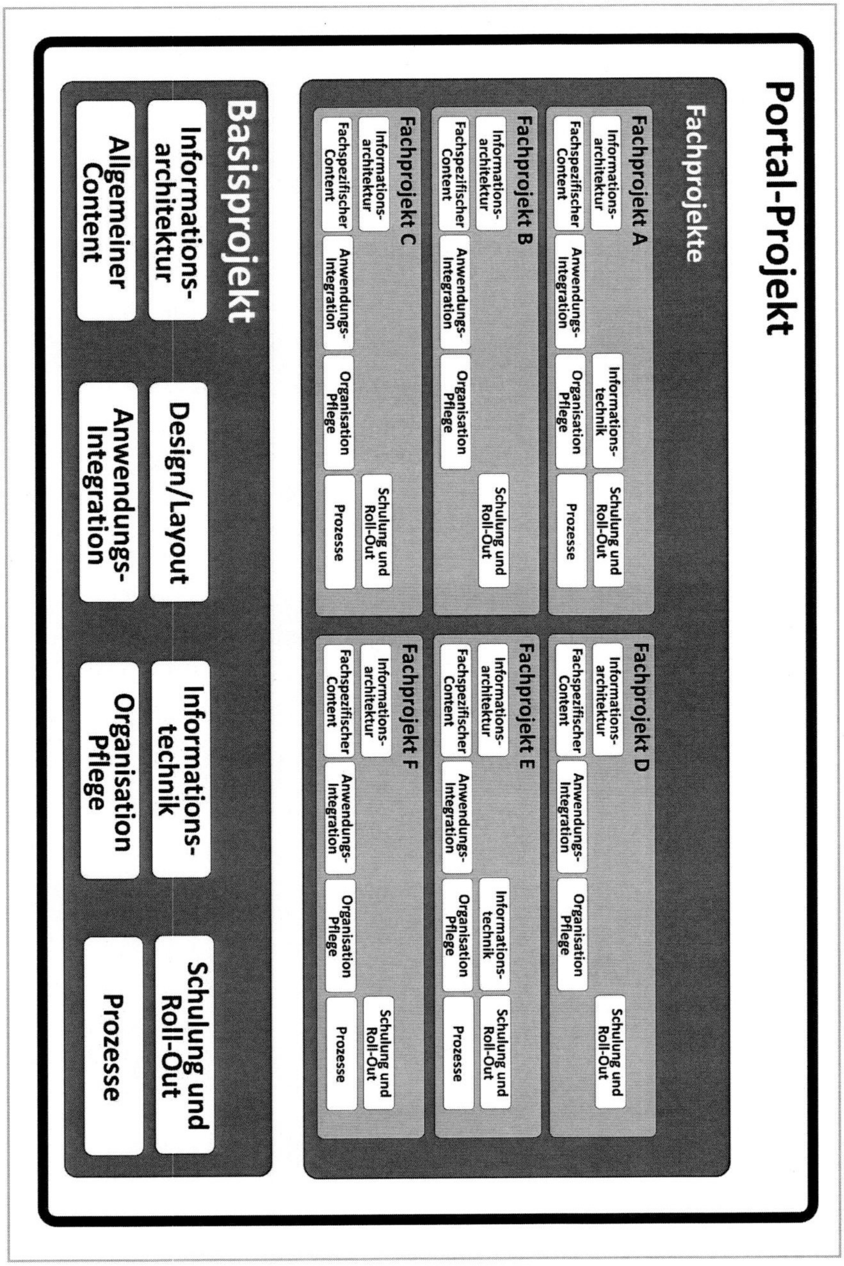

Abbildung 26 Stufenweise Projektierung mit Basisprojekt und Fachprojekten

Hierzu gehören insbesondere:

- **Lokale Informationsarchitektur**: Die lokale Informationsarchitektur des Bereichs richtet sich nach den Vorgaben der Basisarchitektur und verfeinert diese für den konkret zu planenden Teilbereich des Portals.

- **Anwendungsintegration:** Als Teilprojekt werden basierend auf den Vorgaben fachspezifische Anwendungen in das Portal integriert. Die Integration kann je nach Anpassbarkeit der Anwendung im Aufwand stark variieren und zu einem grundsätzlichen IT-Projekt werden.

- **Fachspezifischer Content:** Das Einpflegen des fachspezifischen Contents ist Projektbestandteil.

- **Organisation der Pflege der Fachinhalte:** Die Fachinhalte müssen aktuell gehalten und neue Inhalte eingepflegt werden. Als Bestandteil des Bereichsprojekts muss die lokale Pflege in Übereinstimmung mit den Vorgaben des Basisprojekts definiert werden.

- **Schulung- und Roll-out der Fachanwendungen:** Die Fachanwendungen müssen zielgruppengerecht geschult werden. Sollte es sich um einen Querschnittsbereich handeln, dann sollte die im Projekt entworfene Schulung in die Basis-Schulung integriert werden.

Bei der Planung der Projekte der Bereiche ist zu prüfen, ob inhaltliche Überschneidungen oder Abhängigkeiten bestehen. Fachprojekte können über die grundlegende Integration bestehender Inhalte hinaus in die Umsetzung neuer Prozesse und Anwendungen gehen. Abbildung 26 zeigt eine Projektzusammenstellung aus Basisprojekt und den Projekten der Fach- und/oder Unternehmensbereiche. Diese werden bei der Roadmap-Erstellung entsprechend in der Meilensteinplanung berücksichtigt. Das Basisprojekt umfasst die beschriebenen grundlegenden Elemente zum Aufbau eines Portals. Die einzelnen Fachprojekte haben verschiedene Scopes bzw. Umfänge. Fachprojekt A realisiert neue und optimierte Prozesse mit einer neuen Fachanwendung. Aus diesem Grund sind die Bausteine Informationstechnik und Prozesse in dem Projekt enthalten. Fachprojekt B befasst sich hingegen nur mit der Integration von bestehendem Content und Bestandsanwendungen in das Portal.

5.1.4.4 Beispiel-Scopes für das Projekt-Scoping

Bei der Definition von umfangreichen Projekten, wie z.B. der Neueinführung eines Portals oder einem vollständigen Relaunch, ist der Scope des Projekts zu bestimmen, bzw. zu definieren: Ist die Zielsetzung einfach nur Dokumente zentral bereit zu stellen oder integrierte Prozesse in einem Portal optimiert anzubieten? Neben dem inhaltlichen Umfang werden basierend auf den Ergebnissen des Strategie-Workshops auch die betroffenen Bereiche des Unternehmens festgelegt.

So könnte ein Portal beispielsweise zunächst nur für eine bestimmte Zielgruppe umgesetzt und in einem zweiten Schritt mit Erweiterungen für das ganze Unternehmen ausgerollt werden. Abbildung 27 zeigt die verschiedenen grundsätzlichen Projekt-Scopes und deren Abhängigkeiten. Die Scopes umfassen im Einzelnen:

- **Scope S1 Content integrieren:** Bei dieser grundlegenden Projektvariante wird bestehender Content in das bestehende oder zu erstellende Portal integriert.
- **Scope S2 Anwendungen integrieren:** Dieser Scope umfasst neben der Content-Integration nach S1 auch die Integration von Anwendung in einem Portal.
- **Scope S3 Prozesse in das Portal integrieren:** Ein fortgeschrittener Scope ist S3. Hier werden bestehende Prozesse in das Portal integriert und zukünftig dort zentral bereitgestellt.
- **Scope S4 Prozesse im Portal optimieren:** Der Scope S4 umfasst zusätzlich noch die Optimierung bestehender Prozesse und/oder die Erstellung von neuen durchgängigen Prozessen im Portal.
- **Scope S5 Web als Desktop:** Diese umfangreichste Projektstufe realisiert neben durchgängigen integrierten Prozessen und zentralem Content, eine Web-basierte Arbeitsumgebung für alle Mitarbeiter oder ausgewählte Zielgruppen, die den PC-Desktop ersetzt.

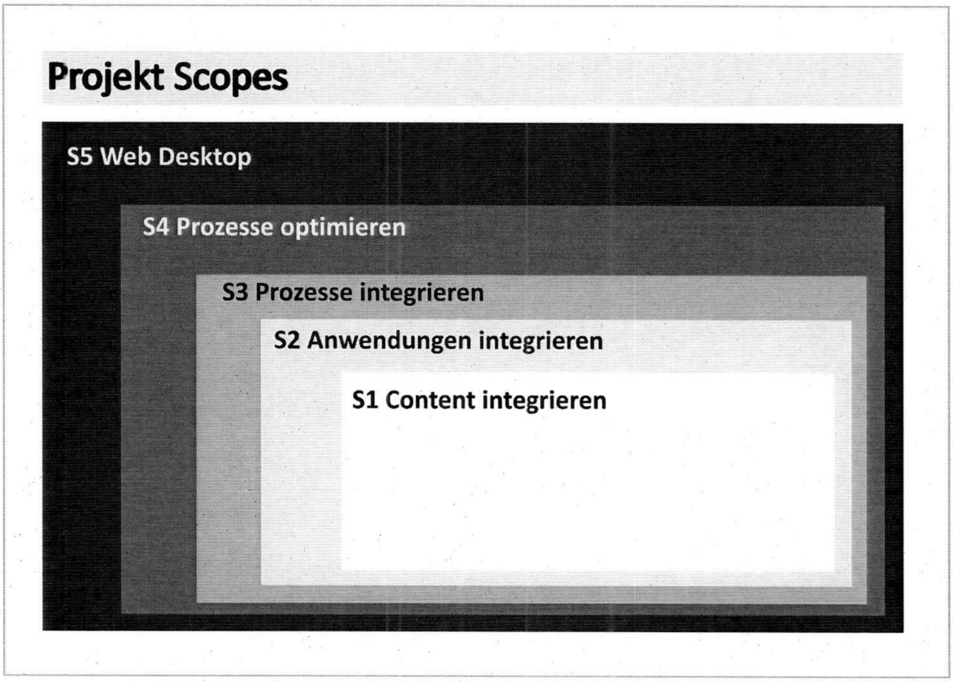

Abbildung 27 Varianten für das Projekt-Scoping

Wie bei allen Vorschlägen in diesem Buch gilt auch hier: Finden Sie den richtigen Scope für den konkreten Fall. Es ist grundsätzlich darauf zu achten, dass alle Aufgaben und Projekte zielführend in Bezug auf die definierte Strategie bleiben, die Inhalte der einzelnen Zeiträume aufeinander aufbauen, eine Durchführung zeitlich machbar und realistisch ist sowie die Roadmap klare Entwicklungsschritte aufweist.

5.1.5 Vorgehen zur Ableitung der Portal-Roadmap

Die Roadmap leitet sich aus den definierten strategischen Zielen bzw. Nicht-Zielen und den zusätzlich erfassten funktionalen Wünschen ab. Bei der Definition der Roadmap stehen vier Handlungsalternativen zur Auswahl:

- **Projekt:** Zur Erreichung von Zielen wird ein konkretes Projekt mit einem definierten Umfang festgelegt. *Beispiel: Projekt zur Integration der Services des HR-Bereichs in das Portal.*

- **Aufgabe:** Zur Erreichung von Zielen werden kleinere Aufgaben festgelegt, die keinen Projektcharakter haben. *Beispiel: Redaktionelle Umgestaltung der Startseite durch die Unternehmenskommunikation.*

- **Wiedervorlage:** Es wird kein akuter Handlungsbedarf aus der Strategie abgeleitet. Es wird jedoch explizit ein Termin zur erneuten Betrachtung festgelegt. *Beispiel: Aktuell steht ein Merger mit einem anderen Unternehmen an. Dieser ist in 10 Monaten abgeschlossen. Dann wird das Thema Portal neu betrachtet und bewertet.*

- **Entscheidung für Nicht-tun:** Explizite Entscheidung an dieser Stelle im geplanten Zeitraum keine weiteren Aktivitäten durchzuführen.

Abbildung 28 zeigt das grundlegende Vorgehen der Roadmap-Ableitung aus den gesammelten Informationen.

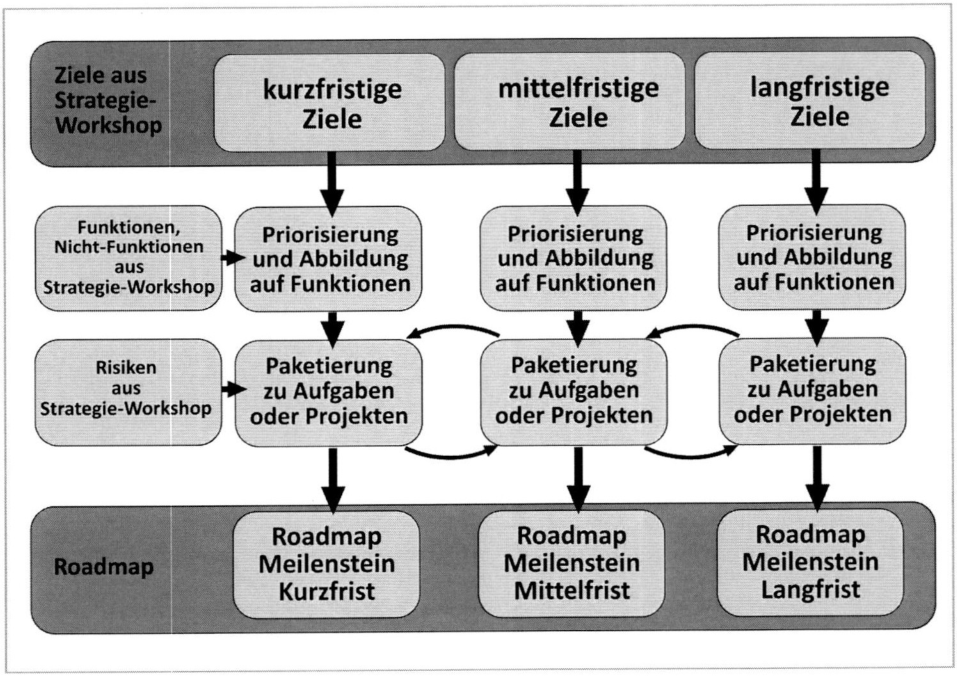

Abbildung 28 Vorgehen Roadmap-Ableitung

Die nach Zeithorizont eingeteilten Ziele und Nicht-Ziele des Strategie-Workshops werden herangezogen um aus ihnen konkrete, priorisierte Funktionen im Portal abzuleiten. Diese werden mit den funktionalen Wünschen und Nicht-Funktionen aus dem Workshop abgeglichen und gegebenenfalls ergänzt oder reduziert.

Die abgeleiteten Funktionen beziehen sich sowohl auf größere funktionale Blöcke (z.B. HR Self Services) oder einzelne und besondere, wichtige Funktionen (z.B. Online-Beantragung Mietfahrzeug). Aus den gesammelten Funktionen und Blöcken heraus werden Aufgaben bzw. Projekte definiert. Diese werden mit den im Strategie-Workshop erhobenen Risiken abgeglichen und gegebenenfalls angepasst. Dabei ist die optional definierte Desktop-Strategie in allen Teilschritten zu berücksichtigen. Nach Fertigstellung sind die Pakete konkreten Zeiträumen zuzuordnen. Dieses Vorgehen wird für drei Zeithorizonte durchgeführt. Sinnvolle Zeitspannen für die Betrachtungen liegen im Rahmen

- Kurzfristig: 6-12 Monate
- Mittelfristig: 12-24 Monate
- Langfristig: 24-48 Monate

Längere Betrachtungsräume machen im Bereich Web in wenigen Fällen Sinn. Dies ist insbesondere auf die hohe Geschwindigkeit der Innovationen und die rasche Veränderung der Technologien zurückzuführen.

Tabellarische Darstellung der Roadmap

Die Roadmap kann sowohl tabellarisch als auch grafisch zur Übersicht aufbereitet werden. Die tabellarische Form ist die ausführlichere Variante. Die Tabelle wird in der Regel im einfachen Fall durch Beschreibungen und, im Fall eines detaillierten Dokuments, durch formulierte Projektaufträge ergänzt.

Tabelle 13 zeigt eine stark vereinfachte Roadmap in Tabellenform. Auch hier gilt: Es existieren keine Normen wie Roadmaps ausgestaltet werden müssen. Ausgehend von der dargestellten Tabelle können individuelle Ausprägungen erstellt werden, die den Spezifika des eigenen Unternehmens gerecht werden.

Zeitrahmen	Plan	Beschreibung
Kurzfristig Jahr 1 Q2-Q4	**Durchführung eines Portal-Basisprojekts**	Konzeption und Einführung eines Basisportals mit dem in Anhang B spezifizierten Funktionsumfang. Unternehmenskommunikation: Bereitstellung aller Nachrichten, Pressespiegel HR: Alle Employee Self Services und Dokumente im Portal Facility Services: Elektronische Abbildung der bisher manuell angebotenen Services
	Meilenstein: Launch des Portals Q4	
Mittelfristig Jahr 2 Q1-Q4	**Fachprojekt Finanzen**	Integration ausgewählter Bestandsanwendungen der Finanzabteilung in das Portal Abbildung der Auslandsbuchung in einer neuen Portal-Anwendung, Optimierung des Prozesses
	Fachprojekt Vertrieb	Integration CMS und Dealer-Datenbank Integration VIS und Presale Optimierung der Reporting- und Forecast-Prozesse
	Meilenstein: Abteilungen Q4	
Langfristig Jahr 3+	**Basisprojekt Worklist**	Umsetzung einer zentralen Worklist für das Workflow-Management, ERP, Employee Self Services
	Fachprojekt Management Cockpit	Umsetzung eines Management Cockpit für Geschäftsleitung und Management, Optimierung der Kennzahlensysteme
	Basisprojekt Mobiler Web-Zugriff	Optimierter mobiler Zugriff auf das Portal, insbesondere die Services der Querschnittsabteilungen und zentrale Informationen

Tabelle 13 Tabellarische Darstellung einer Roadmap (stark vereinfacht)

Grafische Darstellung der Roadmap

Die Roadmap mit der zeitlichen Einteilung kann in einem finalen Arbeitsschritt in eine grafische Darstellung überführt werden. Diese ist besonders für Übersichtsdokumente und Entscheidungsvorlagen geeignet. Abbildung 29 zeigt eine Roadmap über drei Jahre mit einem Portal-Basisprojekt, Fachprojekten sowie weiteren Basisprojekten zur Erweiterung des Portals.

Eine konkrete Roadmap als Ergebnis der Strategiephase wäre dabei abweichend vom Beispiel in der Abbildung mit konkreten Zeiträumen bzw. Terminen zu hinterlegen. Die Erstellung der Roadmap bildet das Ende der Strategiephase. Mit ihr sind alle weiteren Schritte grundlegend definiert.

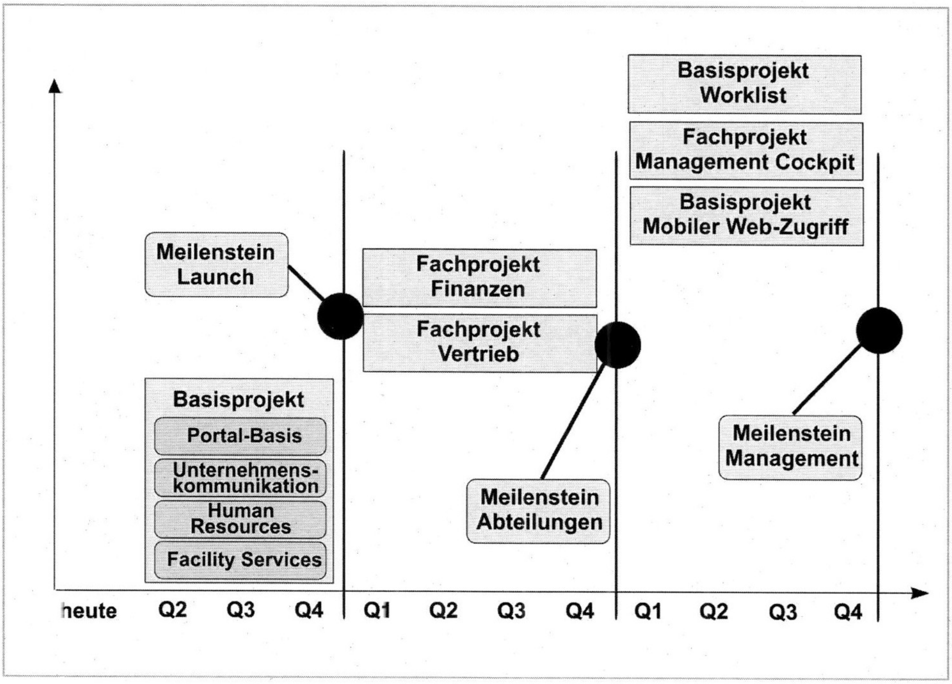

Abbildung 29 Beispiel Portal-Roadmap

5.2 Übersicht Analyse-Know-how

Der Abschnitt Analyse vermittelt Grundlagen für die Erfassung der Prozesse (Kapitel 5.2.1), liefert ein Beispiel zur Content-Analyse (Kapitel 5.2.2), beschreibt die Erstellung einer Übersicht über die Systemlandschaft (Kapitel 5.2.3), die Analyse der Nutzer (Kapitel 5.2.4) sowie die Überprüfung der Wirtschaftlichkeit (Kapitel 5.2.5).

5.2.1 Erfassung der Prozesse

Für die Analyse der Prozesse wird aus Gründen der Effizienz so weit wie möglich auf bestehende Dokumentation zurückgegriffen. Dies vermeidet zudem Inkonsistenzen zwischen einer gegebenenfalls vorhandenen Dokumentation und der Projektdokumentation. Dieser Rückgriff auf bestehende Dokumente ist bei Unternehmen möglich, die ganz oder in Teilen ISO-9000-zertifiziert sind. Hierbei ist jedoch zu prüfen, ob die Dokumentation auch tatsächlich den gelebten Prozessen entspricht.

Vorgehen zur Erfassung

Die Prozesse werden in Workshops mit den jeweiligen Nutzern erfasst. Die Zusammenstellung der Teilnehmer der Workshops orientiert sich an der Organisationsstruktur des Unternehmens. Der Workshop kann in der Größe von Unternehmensbereichen, Abteilungen bis hinab zu Gruppen oder gar Einzelpersonen skaliert werden. Dies ist ein individuelles Ermessen. Bei der Zusammenstellung kann auch die Bedeutung eines Bereichs eine Rolle spielen. Idealerweise sind für eine detaillierte Aufnahme der Prozesse alle Mitarbeiter des ausgewählten Bereichs im Workshop vertreten. Dies wird aus Gründen der Praktikabilität oft jedoch nicht möglich sein. Bei einer einfachen Aufnahme der Prozesse mit geringer Detaillierungsstufe genügen wenige Vertreter.

Zu Beginn des Workshops werden die Teilnehmer nach einer Vorstellungsrunde kurz in das Projekt eingeführt. Wichtiger Bestandteil ist dabei wiederum die unternehmensindividuelle Definition des Portal-Begriffs aus der Phase Strategie. Zunächst werden der Aufgabenbereich und der Arbeitsinhalt der Teilnehmer und damit auch implizit des ausgewählten Organisationsbereichs erfasst und auf einem Flipchart festgehalten.

Danach werden die Aufgaben auf konkrete Prozesse heruntergebrochen. Die Prozesse werden auf weitere Flipcharts notiert. Dies kann grafisch oder in Tabellenform erfolgen. Erfasst werden die in Tabelle 14 dargestellten Informationen. Diese müssen entsprechend bei einer detaillierten Prozesserfassung bis auf Ebene des Arbeitsschritts verfeinert werden.

Es bietet sich die Verwendung von Flipcharts an, da alle Teilnehmer die erfassten Informationen sehen und reflektieren können. Jeder Teilnehmer kann im Workshop seine Sicht auf den Prozess darlegen. Dies ist wichtig, da verschiedene Varianten des Prozesses, ob beabsichtigt oder unbeabsichtigt, existieren können. Die Dokumentation auf den Flipcharts wird je nach gewählter Methode in eine Tabelle oder in ein grafisches Werkzeug überführt. Für die Workshops sind je nach Komplexität der zu untersuchenden Organisationseinheit und dem Detaillierungsgrad zwischen zwei und sechs Stunden anzusetzen.

Tabellarische Erfassung

In der Tabellenform wird zunächst der Name des Prozesses bzw. Hauptprozesses sowie des betrachteten Subprozesses dokumentiert. Es werden die vom Prozess verarbeiteten Informationen zusammengestellt.

Prozess-name	Sub-prozess-name	Informa-tionen/ Content eingehend	Informa-tionen/ Content ausgehend	Nutzungs-häufigkeit/ Mengenge-rüste	Sys-tem	Verant-wort-lich/ Nutzer
Auftrags-erfas-sung	Auftrag anlegen	Kunden-stamm-daten, Positionen	Auftrag mit Auftrags-nummer	Tägl./ca. 250 Auf-träge mit 10 Positionen	RAUF, CRM	Meier/ Ver-trieb
	Auftrag freige-ben	Auftrag mit Auftrags-nummer	Freigege-bener Auf-trag	Tägl./ca.250 Aufträge mit 10 Positio-nen	RAUF	Meier/ Ver-trieb
Urlaubs-planung	Basis-daten er-fassen	Geplante Urlaubszei-ten	Aktuali-sierter Urlaubs-plan	Ca. 2-3 mal p.a./ 20 Teams	Leave Plan-ner	Hof-mann/ Team-leiter

Tabelle 14 Beispiel zur Aufnahme der Prozesse

Bei der Dokumentation der Prozesse ist eine Aufstellung in eingehende und ausgehende Informationen vorteilhaft. Die Ausführungshäufigkeit (täglich, wöchentlich etc.) kann durch die Reichweite (Einzelteams, Einzelpersonen, Personenkreise etc.) ergänzt werden. Ideal ist die Angabe der absoluten Zahl der Prozessausführungen in diesem Feld. Es werden ebenfalls die mit dem Prozess verbundenen Mengengerüste für Informationen und Dokumente (z.B. Anzahl Dokumente, Faxe) erfasst. Diese sind jedoch oft nicht als absolute Zahl verfügbar. Aber bereits eine Schätzung ist hilfreich. An dieser Stelle werden auch die Systeme erfasst, die in dem Prozess verwendet werden. Der Prozessverantwortliche bzw. Process Owner sowie die Nutzer werden in der letzten Spalte erfasst.

Grafisch mit Werkzeugunterstützung

Die Aufnahme der Prozesse muss bei einem gewählten Scope ab S4 (Prozesse optimieren) detaillierter erfolgen. In diesem Fall genügt eine Übersicht der Prozesse nicht. Die Dokumentation muss jeden einzelnen Prozessschritt mit Informationen, Systemen und Beteiligten erfassen (Abbildung 30). Dies ist nur mit einer geeigneten visuellen Notation in einem geeigneten Werkzeug, wie z.B. der ARIS Plattform oder ibo Prometheus, möglich.

Mit Werkzeugen können verschiedene Sichten wie Organisation, Prozesse und IT-technische Umsetzung parallel und konsistent modelliert werden. Der Einsatz von Werkzeugen ist insbesondere in größeren Szenarien sinnvoll und empfehlenswert. Der Umfang der Analyse und der hierfür erforderliche Aufwand erhöht sich hierdurch deutlich.

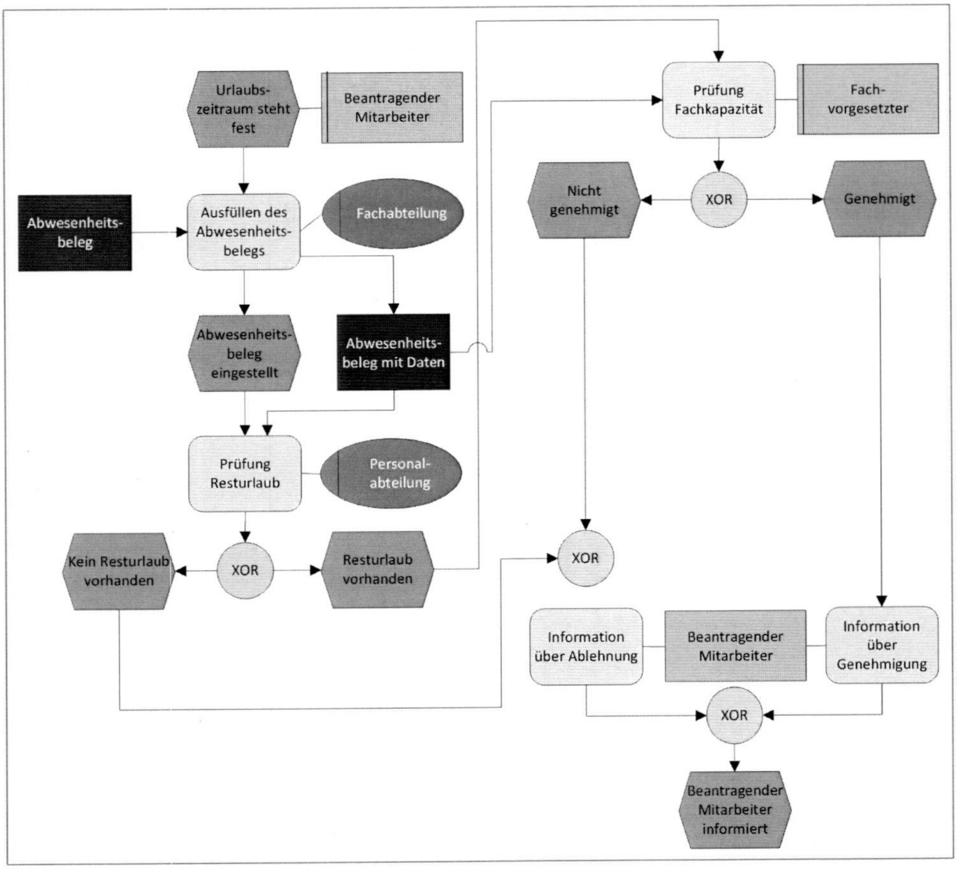

Abbildung 30 Ausschnitt aus einem Prozessmodell (ARIS-Methodik)

Für eine geplante Optimierung sollten bereits jetzt die in Kapitel 5.2.5 im Rahmen der Wirtschaftlichkeitsbetrachtung genannten zusätzlichen Daten zu den Prozessen erhoben werden.

Wirtschaftlichkeitsbetrachtung erforderlich?

Sofern ein Nachweis der Wirtschaftlichkeit erforderlich ist, sind die Hinweise aus Kapitel 5.2.5 bei der Aufnahme zu beachten. Teile der Untersuchung der Wirtschaftlichkeit erfordern eine detaillierte Aufnahme der Prozesse.

5.2.2 Beispiel zur Content Analyse

Die Analyse des Content wird primär auf alle Inhalte Content-orientierter Systeme, wie z.B. CMS und DMS, angewendet. Ziel der Content Analyse ist die Darstellung aller mit dem Content verbundenen Daten und Metadaten sowie der Zusammenhang von Content-Objekten untereinander. Hierzu gehören insbesondere Dokumente und Web-Content.

Das folgende Beispiel zeigt die Analyse eines News-Artikels. Dieser Artikel gehört zu einem allgemeinen Publikationsvorgang in der Online-Redaktion der Unternehmenskommunikation des Beispielunternehmens. Er wird detailliert analysiert, da die Content-Struktur des Artikels im neuen CMS abgebildet werden muss. Die Analyse des in Abbildung 31 dargestellten Artikels aus dem bestehenden Intranet, das in das Portal überführt werden soll, ergibt verschiedene Elemente. Diese Teile des Content-Objekts sind

(1) Überschrift/Titel
(2) Veröffentlichungsdatum
(3) Teaser-Text
(4) Bild
(5) Text
(6) Bild Ansprechpartner
(7) Kontaktinformationen Ansprechpartner
(8) Dokument Anmeldung und Dokument Broschüre

Das dargestellte Veröffentlichungsdatum ist ein Metadatum, welches in der Oberfläche angezeigt wird. Darüber hinaus existieren weitere Metadaten, die nicht zu sehen sind. Diese sind in diesem Beispiel

- Änderungsdatum
- Verfallsdatum
- Sprache
- Gesellschaft
- Freigabe
- Archiv
- Autor

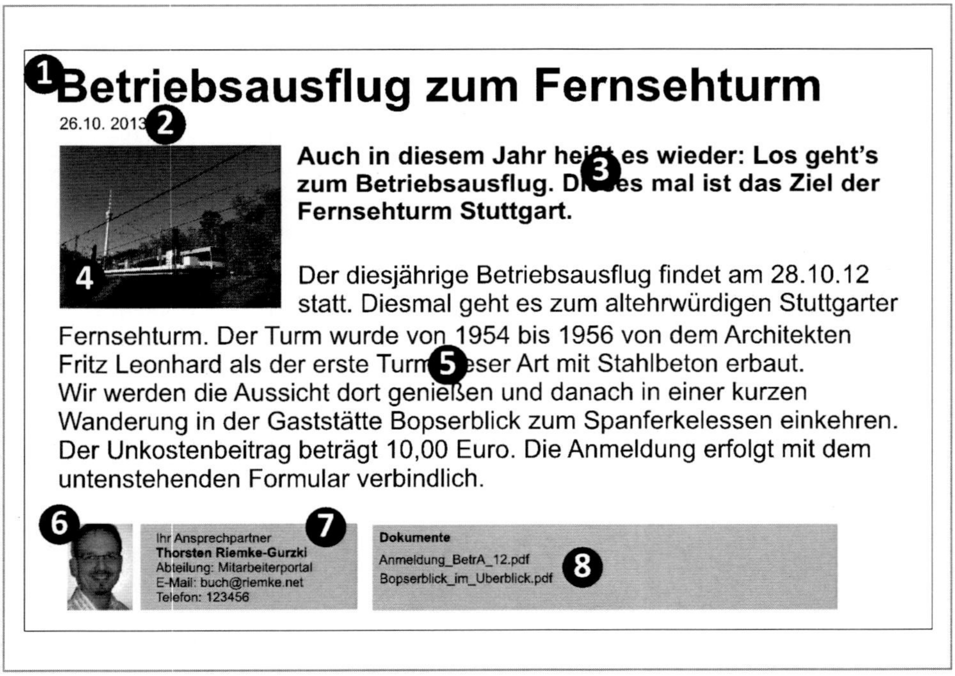

Abbildung 31 Content-Analyse am Beispiel News-Artikel

Das Bild und die Kontaktinformationen des Ansprechpartners werden durch das CMS aufgrund des Metadatums „Autor“ dargestellt. Sie sind, ebenso wie das dargestellte Bild, in diesem Artikel nur aggregiert. Die Analyseergebnisse lassen sich in einer Tabelle erfassen. Unumgänglich für eine Darstellung der Zusammenhänge ist jedoch die Modellierung in einer grafischen Notation mit Werkzeugunterstützung.

Abbildung 32 stellt das Content Modell des einfachen News-Artikels in vereinfachter modellierter Form in der Unified Modelling Language (UML) Notation dar. In der Mitte befindet sich die eigentliche News mit ihren Elementen. Sie erbt ihre Metadaten vom allgemeinen Content-Objekt. Diese Vererbung wird durch den Pfeil symbolisiert. Jedem Content ist eine Person als Autor zugeordnet, dargestellt durch die Linie mit Rautenspitze. Dieses Element wird auch an die News vererbt.

Die News besitzt zudem eine Person als Ansprechpartner. Personen werden in dem Telefonbuch des Unternehmens verwaltet (nicht dargestellt) und enthalten ein Foto. Die News selbst enthält auch ein Foto und zwei Dokumente.

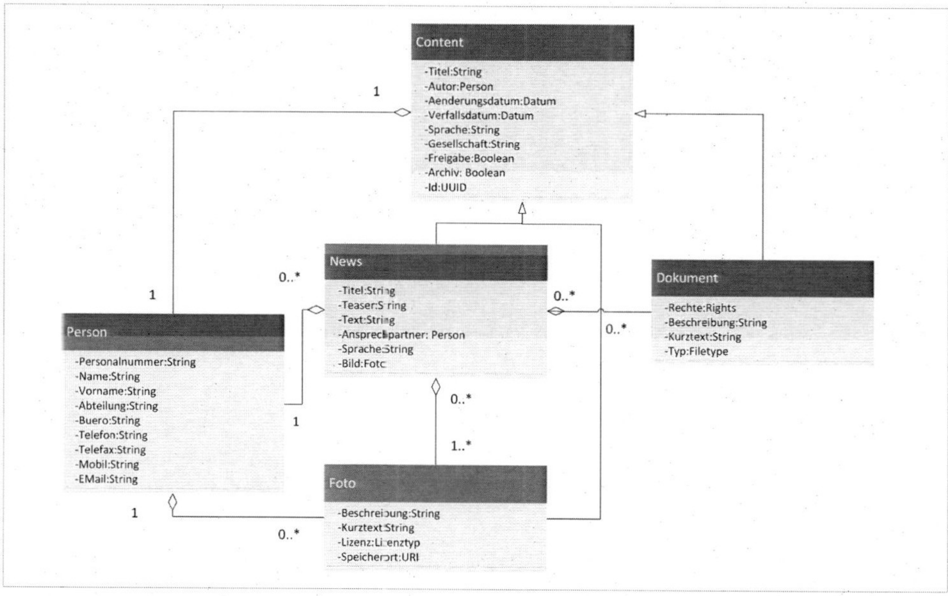

Abbildung 32 UML Modell des News-Artikels

Die hier vorgenommene Ist-Modellierung wird bei der Konzeption direkt wiederverwendet. Im Rahmen einer Gesamtbetrachtung entsteht üblicherweise ein großes Diagramm bzw. zahlreiche Teildiagramme.

5.2.3 Erstellung einer Übersicht über die IT-Systemlandschaft

Für uns ist im Kontext des Portals eine Übersicht über die Landschaft und die Funktionen der einzelnen Systeme interessant und relevant. Eine Übersicht der IT-Infrastruktur kann die IT-Abteilung in der Regel direkt liefern.

Ist eine solche Übersicht nicht vorhanden, sollte sie im Rahmen des Vorgehens erstellt werden. Die Darstellung wird in diesem Fall im Rahmen eines Workshops mit der IT-Abteilung gemeinsam aufgestellt. Teilnehmer des Workshops sind relevante Mitarbeiter mit Überblick über die Systemlandschaft. Abbildung 33 zeigt das Beispiel eines einfachen Bebauungsplans. Dieser lässt sich in Detaillierungsstufen um die Zusammenhänge auf Prozess- und Datenebene erweitern.

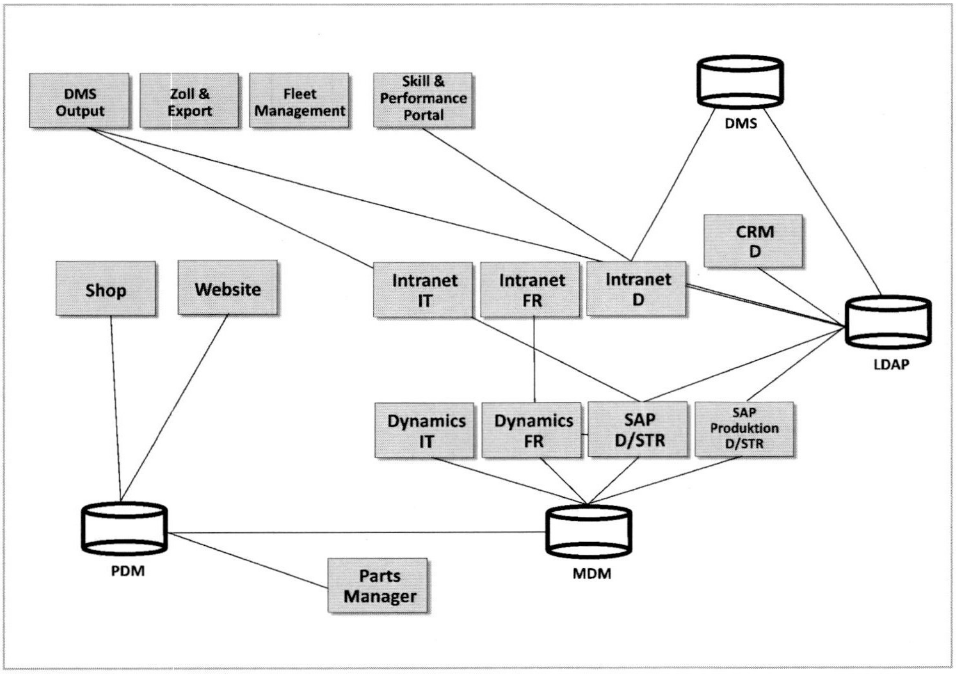

Abbildung 33 Übersicht über die IT-Infrastruktur mit einem Bebauungsplan

Diese Erweiterung ist für Entscheidungen im Rahmen des Projekts von Vorteil. Es ist darüber hinaus sinnvoll, die Systeme textuell zu beschreiben. Diese Beschreibung und der Plan dienen gegebenenfalls auch der externen Kommunikation in einer möglichen späteren Ausschreibung. Sie muss daher so formuliert werden, dass sie auch für Dritte außerhalb des Projekts verständlich ist. Abteilungsspezifische Werkzeuge, die vor Ort in einer Abteilung entwickelt wurden, werden von der IT-Abteilung in der Regel nicht erfasst. Diese müssen in eigener Regie separat erfasst werden. Je nach Unternehmensgröße bieten sich hierfür zwei Vorgehensweisen an, die auch kombiniert werden können:

- **Kleine und mittlere Unternehmen:** Durchführung von Workshops mit den Abteilungen. Der Workshop wird in der Regel nicht mehr als 60 Minuten erfordern, da nur grundlegende Informationen erfasst werden. Die Workshops lassen sich hervorragend mit den Workshops zur Prozesserfassung kombinieren.

- **Große Unternehmen/Konzerne:** Erstellung eines Fragebogens zu eingesetzten abteilungsspezifischen Werkzeugen.

Grundsätzlich sind Workshops zu bevorzugen. Die lokalen Werkzeuge sind zum Teil nicht allen Mitarbeitern bekannt. Bei der Erhebungsvariante Fragebogen kann es daher zu einer unvollständigen Übersicht kommen. Die zu erfassenden Daten sowie das Erfassungsschema sind in Tabelle 15 dargestellt.

Neben den Basisinformationen, wie Abteilung, Name, Beschreibung der Aufgabe des Werkzeugs und der Zielgruppe, wird auch die Nutzungshäufigkeit erfasst. Die Angabe der Nutzungshäufigkeit hilft bei der Bewertung der Wichtigkeit des Werkzeugs. Ebenfalls erfasst wird die Technologie, mit der das Werkzeug umgesetzt wurde. Die Erfassung dieser Werkzeuge erfolgt im Rahmen der Prozessaufnahme und wird tabellarisch dargestellt (siehe Kapitel 5.2.1). Neben den lokalen Werkzeugen werden in dem Workshop (oder alternativ in dem Fragebogen) die gegebenenfalls vorhandenen Intranets und Portale erfasst. Die existierenden Portale und Intranets werden in einer separaten Tabelle erfasst, die jedoch strukturell identisch mit Tabelle 15 ist. Hierbei wird auf die Vorarbeit aus der Phase Strategie zurückgegriffen.

Abteilung	Name	Aufgabe	Zielgruppe/ Nutzer	Nutzungshäufigkeit	Technologie	Verantwortlich
Consulting	Forecast	Übersicht Projektakquise und lfd. Projekte	Teamleiter Beratung	Täglich/ alle	Access-Datenbank	Meier
Consulting	Urlaubsübersicht	Planung von Urlaub/ Vermeidung von Engpässen	Alle Berater	Jeder zur Urlaubsplanung auf Teamebene Ca. 2-3 mal/ Jahr	Excel	Hofmann Berner Winters

Tabelle 15 Beispiel zur Erfassung von abteilungsspezifischen Werkzeugen

5.2.4 Nutzer analysieren

In Abschnitt 5.1.3 wurde eine sehr grobe Analyse von Nutzern in Bezug auf ihre ungefähren Anforderungen an ein Portal erstellt, die gegebenenfalls im Rahmen der Entwicklung der Desktop-Strategie etwas verfeinert wurde. Mit der Untersuchung der Prozesse und den damit verbundenen Workshops ist eine detaillierte Betrachtung der Nutzer möglich, sofern dies nicht bereits anderweitig geschehen ist. Im Rahmen der Analyse der Prozesse wird mit den Nutzern über ihre Aufgaben und die Prozessdurchführung gesprochen.

Hierbei lässt sich der Nutzer in seinem Profil mit Aufgaben, den von ihm genutzten Geschäftsprozessen sowie den verwendeten Endgeräten festhalten. Von den Nutzern können explizit „Pain Points" des aktuellen Ist-Stands sowie Wünsche und Anregungen erfragt werden, die später in einer Optimierung der Prozesse genutzt werden.

Nach den Workshops werden die Nutzer mit ihren Profilen zu Gruppen mit gleichen bzw. ähnlichen Aufgabenstellungen innerhalb einer Organisationseinheit zusammengefasst. Diese Gruppen werden auf Basis der typisierenden Aufgabenstellung wiederum den Hauptkategorien *Information Worker, Task Worker* und *Blue Collar Worker* zugeordnet. Auf dieser Grundlage können später Rollen für die Personalisierung und Rechtevergabe entwickelt werden. Die Attribuierung und die Zusammenfassung erfolgt in einer Tabelle.

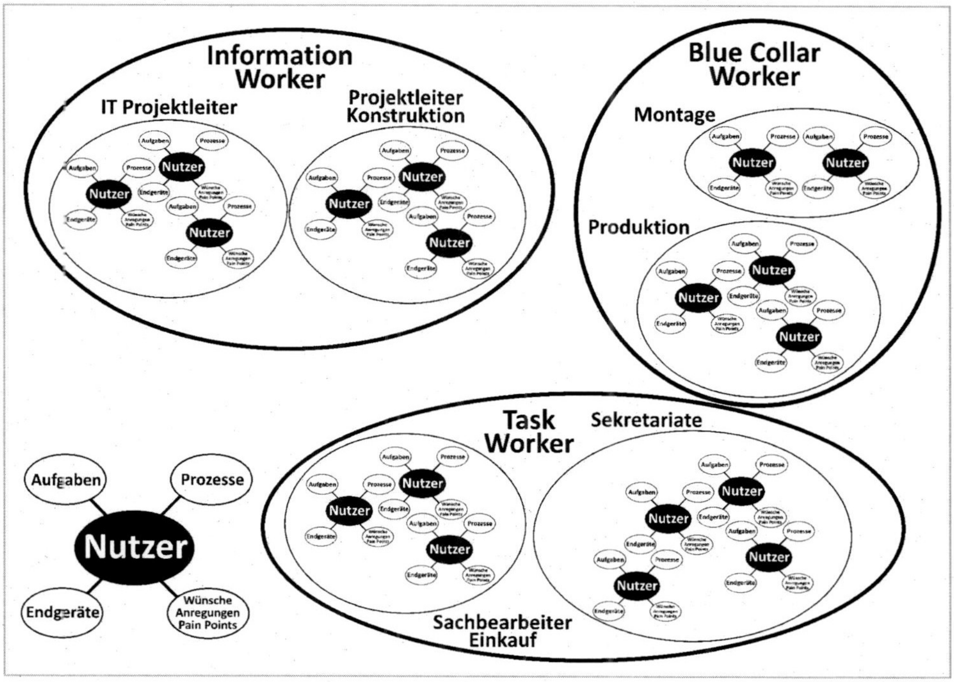

Abbildung 34 Attributierung und Clusterung der Nutzer

Abbildung 34 zeigt eine Zusammenfassung von Nutzern zu den Gruppen IT Projektleiter, Projektleiter Konstruktion, Montage, Produktion, Sachbearbeiter Einkauf und Sekretariate. Diese werden wiederum auf Basis der Aufgaben und der damit verbundenen Anforderungen den Kategorien zugeordnet. Zum Beispiel werden die Sachbearbeiter im Einkauf, die vorwiegend mit Einkaufsprozessen im ERP-System arbeiten, der Kategorie Task Worker zugeordnet.

5.2.5 Wirtschaftlichkeit verifizieren

Der Nachweis der Wirtschaftlichkeit ist bei Infrastrukturkomponenten wie Portaler kein einfaches Thema. Auf der anderen Seite ist eine Argumentation, dass für die LAN-Verkabelung oder die Telefonanlage auch keine Wirtschaftlichkeitsbetrachtung durchgeführt wurde, kein valides Argument. Die Komplexität entsteht durch die Integration der verschiedenen Anwendungen und des Contents. Gerade aber für Content lässt sich die Wirtschaftlichkeit nur schwer nachweisen.

An dieser Stelle werden Berechnungen wie die folgende angeführt:

„Durch das neue Portal finden die Mitarbeiter die Formulare für ihre Arbeit schneller. Im Schnitt werden 4 Minuten pro Tag eingespart. Bei 5500 Mitarbeitern sind dies 22000 Minuten bzw. 366 Stunden pro Tag. Bei einem angesetzten durchschnittlichen Stundensatz von 15 Euro spart das neue Portal täglich 5490 Euro oder runde 1,37 Mio. Euro im Jahr.“

Dass diese Rechnung so nie aufgehen wird, dürfte einleuchtend sein: Was machen Mitarbeiter mit gewonnen 4 Minuten am Tag? Einen Auftrag mehr akquirieren? Ein Produkt mehr produzieren? Eine Zigarette mehr rauchen? Genau das lässt sich so nicht beurteilen.

Portale, die keine Prozesse optimieren, kosten Geld

Der Nachweis der Wirtschaftlichkeit kann im Rahmen einer strategischen Entscheidung optional sein. Fakt ist jedoch: Ein Portal kostet Geld. Für die Konzeption, Umsetzung und Einführung sowie für den laufenden Betrieb. Stehen diesen Kosten keine Einsparungen gegenüber, ist ein Portal ein kontinuierliches Verlustgeschäft für das Unternehmen. Deshalb muss ein Portal-Projekt immer Bestandteil einer Optimierung sein.

Der Bereich des Contents kann auf diese Weise nur qualitativ untersucht werden: Haben die Mitarbeiter das Gefühl effizienter zu arbeiten, weil alle Informationen bereit stehen? Sind sie zufrieden mit dem Angebot des Unternehmens? Dies sind wichtige qualitative Faktoren, die indirekt auch zu einer wirtschaftlichen Verbesserung beitragen, aber kaum quantitativ messbar sind. Gleiches gilt in ähnlicher Form, wenn Anwendungen an einer Stelle – dem Portal – verfügbar gemacht werden. Zunächst entsteht in den meisten dieser Anwendungsszenarien kein nachweisbarer finanzieller Mehrwert.

Anders sieht es aus, wenn Geschäftsprozesse untersucht werden können. Diese Untersuchungen erfassen sowohl Content und Anwendungen, als auch den Prozess an sich. Hier können direkte Einsparungen pro Prozessausführung und mit direkter Wirkung auf den Prozess festgestellt werden. Eine direkte Wirkung ist z.B. die Möglichkeit durch eine zeitliche Einsparung den Prozess häufiger ausführen zu können. Dies ist klar von pauschalen Zeiteinsparungen zu unterscheiden.

Bevor ein Vorgehen für die Betrachtung vorgestellt wird, noch zwei wichtige Punkte: Eine Wirtschaftlichkeitsbetrachtung ohne ein konkretes Konzept kann immer nur eine Abschätzung bleiben. Eine exaktere Betrachtung ist nur mit optimierten Prozessen möglich. Grundsätzlich ist eine Wirtschaftlichkeitsbetrachtung im Aufwand nur zu rechtfertigen, wenn sie retrospektiv auf ihre Richtigkeit geprüft wird. Eine Wirtschaftlichkeitsbetrachtung kann mit nahezu beliebiger Detailtiefe und damit mit nahezu beliebigem Aufwand betrieben werden. An dieser Stelle wird eine einfache Methode zur Abschätzung vorgestellt.

Das Vorgehen basiert auf dem Ansatz von (Hinderer & Gurzki, 2003). Dieser Ansatz wurde für das Vorgehen an dieser Stelle adaptiert. Das Vorgehen besteht aus der Abschätzung des Nutzens, der Betrachtung der allgemeinen Rahmenbedingungen und der Kosten (in Abbildung 35 von links nach rechts). Die Wirtschaftlichkeitsbetrachtung wird bereits bei der Prozessaufnahme durch eine detaillierte Betrachtung der Mengengerüste berücksichtigt. Zusätzlich werden in der Analyse weitere Daten zu den Prozessen erfasst:

- Arbeitszeit im Prozess
- Dauer des Prozesses
- Personalkostensätze der Beteiligten
- Häufige Fehler/Probleme
- Mögliche Verbesserungen
- Schätzung der Einsparungen durch Verbesserungen (min./max.)
- Schätzung der Kosten für Verbesserungen (min./max.)

Anhand der aufgenommen Daten im Rahmen der Analyse der Prozesse können die Verbesserungen pro Prozess abgeschätzt werden.

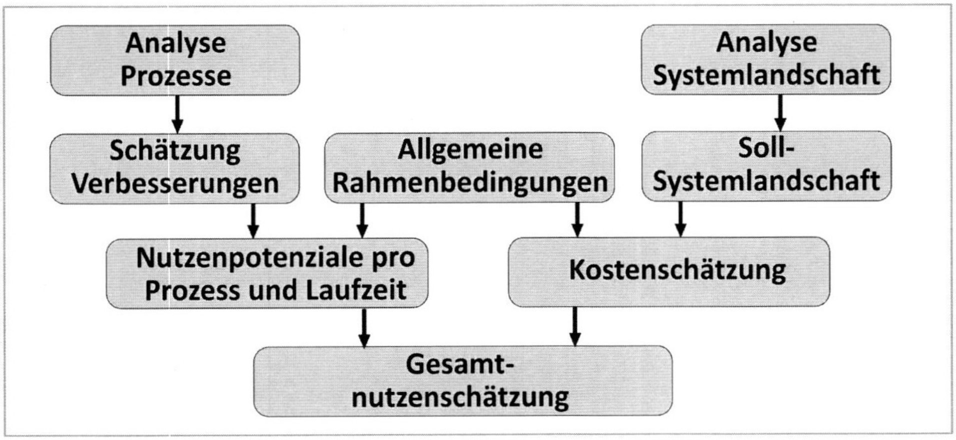

Abbildung 35 Vorgehen Wirtschaftlichkeitsbetrachtung (basierend auf (Hinderer & Gurzki, 2003))

In Verbindung mit den Mengengerüsten der Prozesse können so die Nutzenpotenziale für die geplante Laufzeit der Betrachtung errechnet werden. Es ist vorteilhaft Einsparungen und Kosten in einem Minimum/Maximum-Korridor zu schätzen. Der am Ende der Gesamtbetrachtung entstehende Korridor reflektiert die Bandbreite und die Risiken des Projekts. Die Schätzungen können durch einen Projektmitarbeiter oder durch eine Schätzklausur erstellt werden.

Vorgehen Schätzklausur

Für die Schätzklausur (vgl. auch (Schelle, et al., 2005)) werden 5-10 Teilnehmer aus dem betroffenen Bereich sowie gegebenenfalls aus zentralen Bereichen wie z.B. der IT ausgewählt. Die Klausur beginnt mit einer Vorstellung des Prozesses und seiner festgestellten Probleme sowie der Verbesserungsvorschläge. Jeder Teilnehmer schätzt auf Basis dieser Informationen das Optimierungs- bzw. Einsparpotenzial sowie die Kosten für die Umsetzung.

Haben alle Teilnehmer verdeckt geschätzt, werden alle Einzelergebnisse in der Runde besprochen und gegebenenfalls die Gründe für die Einschätzung erörtert. Danach werden von allen Teilnehmern erneut Schätzungen durchgeführt. Diese finalen Schätzungen werden gemittelt sowie Minimal-/Maximalwerte festgehalten. In weiteren Schritten werden alle weiteren Prozesse geschätzt. Die Schätzklausur ist abhängig vom Umfang der Prozesse sehr aufwendig. Es empfiehlt sich daher, diese nur für unklare und komplexe Fälle einzusetzen. Der Regelfall sollte eine Schätzung durch einen Projektmitarbeiter mit optionaler Unterstützung durch beisitzende Mitarbeiter des Bereichs sein. Auf der Kostenseite ist ausgehend von der Analyse der Systemlandschaft eine grobe Soll-Landschaft zu erstellen, die den gestellten Anforderungen gerecht wird.

Kostenfalle Backend-Systeme

Ein oft vergessener Posten in der Berechnung der Lizenzen sind die Backend-Systeme. Diese müssen in der Betrachtung berücksichtigt werden – siehe auch Kapitel 5.4.2.

Zu den zu berücksichtigenden Kosten gehören unter anderem

- Systemlizenzen
- Lizenzen für Nutzer (ggf. inkl. Named User von Backend-Systemen, die in das Portal integriert werden)
- Projektkosten
- Kosten für Integration von Anwendungen und Backend-Systemen
- Kosten für die Integration und Migration von Content
- Ggf. Kosten der Optimierung und Umsetzung von Prozessen
- Laufende Kosten:
    - Software-Wartung
    - Administration
    - Redaktion, Content-Wartung in den Abteilungen
    - Betrieb Hardware

Darüber hinaus fließen allgemeine Rahmenbedingungen des Unternehmens ein, die sich aus der Strategie ergeben. Hierzu gehören z.B. Plattform-Entscheidungen oder die Festlegung eines maximalen Budgets. Diese Rahmenbedingungen gehen zusammen mit den Nutzenpotenzialen und der soeben vorgestellten Kostenschätzung in die Gesamtnutzenschätzung ein. Die Gesamtnutzenschätzung wird mit den bereits vorgestellten Korridoren erstellt. Durch die einzelnen Bestandteile kann statt einer einzelnen Gesamtnutzenschätzung auch eine Schätzung für verschiedene Realisierungsvarianten erfolgen. Diese bietet dann an dieser Stelle eine zusätzliche Entscheidungsfreiheit für die zu tätigende Investition.

5.3 Konzipieren

Das Konzipieren von Portalen erfordert eine Reihe von Bausteinen, zu denen das Usability Engineering (Kapitel 5.3.1), die Informationsarchitektur (Kapitel 5.3.2) und die visuelle Gestaltung (Kapitel 5.3.3) gehören. Die Anwendungsarchitektur (Kapitel 5.3.4) beschreibt die im Portal enthaltenen Portal-Anwendungen. Um die Wirtschaftlichkeit zu erhöhen, ist die Durchführung von Prozessoptimierungen (Kapitel 5.3.5) sinnvoll. Für die Spezifikation und das Lastenheft (Kapitel 5.3.7) muss eine technische Portal-Architektur aus den Anforderungen abgeleitet werden (Kapitel 5.3.6).

5.3.1 Usability Engineering als begleitender Prozess

Der Begriff Usability wird aus vielen Blickwinkeln immer wieder verschieden beschrieben und interpretiert. Vom Usability Testing bis zum User Experience Design sind mit dem Begriff verschiedenste Themen verknüpft.

Gebrauchstauglichkeit

Die Norm EN ISO 9241 definiert Begriffe und Methoden für die Ergonomie der Mensch-Maschine Interaktion. Der Begriff der Gebrauchstauglichkeit ist in Teil 11 der Norm definiert als „(..) das Ausmaß, in dem ein Produkt durch bestimmte Benutzer in einem bestimmten Nutzungskontext genutzt werden kann, um bestimmte Ziele effektiv und effizient und zufriedenstellend zu erreichen." Im Kern dieser Definition (Abbildung 36) steht der Benutzer, der Ziele erreichen möchte.

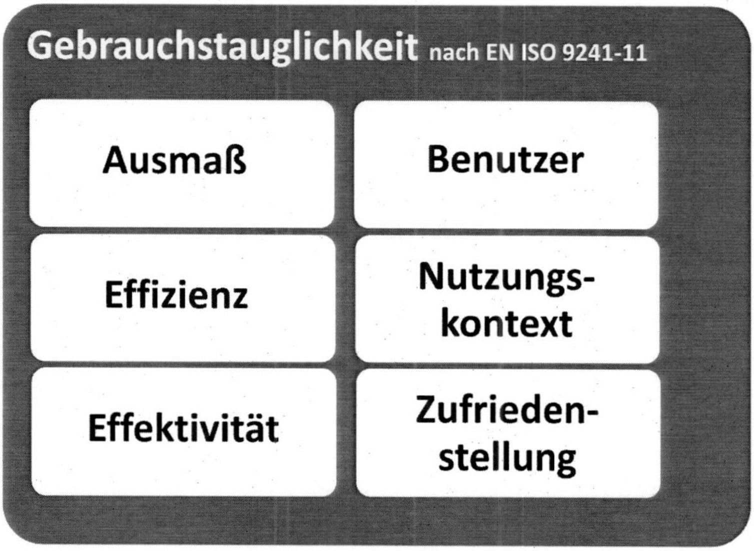

Abbildung 36 Gebrauchstauglichkeit nach EN ISO 9241-11

Übertragen auf ein Portal könnte dieses Ziel zum Beispiel die telefonische Kontaktaufnahme mit einem internen Kollegen sein, dessen Telefonnummer unbekannt ist. Das in das Portal integrierte Telefonbuch sollte dem Nutzer diese Information liefern und damit effektiv sein. Ob es effizient ist, ist eine andere Sache: Eine Suche mit einer Eingabe des Namens ist effizienter als das Scrollen in einer langen Namensliste. Liefert das Telefonbuch lediglich die Telefonnummer ist das Ausmaß der Anwendung kleiner, als wenn gleich mit einem Klick eine Telefonverbindung über eine Telefonintegration hergestellt werden kann.

Der Nutzungskontext ist dabei die Arbeit am Büroarbeitsplatz. Im Kontext einer Nutzung an einem Mobiltelefon dürfte die Gebrauchstauglichkeit der Telefonbuchanwendung im Portal geringer ausfallen.

Als letzte Komponente fließt die Zufriedenstellung des Nutzers in eine Beurteilung der Gebrauchstauglichkeit ein. Diese ist ein subjektiver Faktor. Die Gebrauchstauglichkeit ist besonders wegen der subjektiven Faktoren auf Untersuchungen mit statistischer Auswertung angewiesen.

Usability Engineering

Unter Usability Engineering werden die Methoden und das Vorgehen im Produktlebenszyklus bezeichnet, die die Gebrauchstauglichkeit sicherstellen. Es ist damit „der methodische Weg zur Erzeugung der Eigenschaft Usability“ (Sarodnick, 2006). Usability Engineering ist inhaltlich nicht ganz klar von anderen Sichtweisen, wie dem des Software Engineering oder des Requirements Engineering abgrenzbar, da die Ziele und Methoden in einzelnen Projektphasen nicht überschneidungsfrei sind. Im Prinzip ist die Einordnung für ein konkretes Portal-Projekt nicht relevant – wichtig ist, dass die Arbeitsschritte durchgeführt werden.

5.3.1.1 Methoden des Usability Engineering

Usability Engineering setzt verschiedenste Methoden ein, von denen im folgenden Abschnitt sieben wichtige dargestellt werden: Umfrage, Interview, Fokusgruppe, Heuristische Evaluation, Cognitive Walkthrough, Usability Test und Eye Tracking. Diese Methoden werden häufig in Portal-Projekten eingesetzt.

Umfrage

Die Umfrage ist der Klassiker der statistischen Erhebungen. Sie eignet sich, um Informationen und Meinungen einer großen Nutzerzahl zu erheben. Umfragen erfassen daher in der Endauswertung seltener konkrete Einzel- oder Spezialfälle, sondern das große Bild. Mit einer Umfrage werden in einem begrenzten Zeitraum und bezogen auf den einzelnen Teilnehmer mit relativ geringem Aufwand Daten erfasst. Das Erstellen von Umfragen ist eine hohe Kunst, bei der es verschiedene Herausforderungen zu meistern gilt: Eine Umfrage muss für den Nutzer kompakt und schnell zu beantworten sein. Gleichzeitig muss sie den Nutzer qualifizieren und mittels verschiedener Fragetypen die Informationen erfassen.

Fokusgruppe

Die Fokusgruppe ist das „Schweizer Taschenmesser“ der Methoden – sie kann auf vielfältige Weise und in verschiedenen Ausprägungen eingesetzt werden: Aufnahme von Anforderungen, Analyse von Prozessen, Bewertung von Konzepten und Designs bis hin zur Evaluation bestehender Portale oder Intranets. Es existieren zahlreiche Varianten der Methode. Allgemein wird eine Gruppe von sechs bis zwölf Probanden zusammengestellt. Dieser Gruppe werden durch einen Moderator vorbereitete Fragen gestellt, die von den Teilnehmern einzeln beantwortet und diskutiert werden. Aufgabe des Moderators ist, eine offene und gleichberechtigte Situation aufrecht zu erhalten, die alle Äußerungen und inhaltliche Standpunkte zulässt. Der Moderator darf dabei keine Meinung oder Lösung der Gruppe oder von einzelnen Personen provozieren oder beeinflussen. Er muss sich in der Diskussion neutral verhalten. Die Fokusgruppe wird protokolliert oder gefilmt und anschließend ausgewertet. Die Besonderheiten der Fokusgruppe liegen zum einen im geringen Aufwand bezogen auf die Teilnehmerzahl sowie in der Diskussion von Gemeinsamkeiten und Unterschieden in der Gruppe. Die Fokusgruppe bietet zudem die Möglichkeit für den Moderator nachzufragen.

Interview

Das Interview mit einer einzelnen Person stellt den Gegenentwurf der Methode der Umfrage dar. Ebenfalls auf einem Fragebogen basierend, werden Detailinformationen erfragt. Die Methode eignet sich damit auch für die Erfassung von speziellen Anforderungen, Problemen oder Arbeitsabläufen. Durch den Aufwand für Durchführung und Auswertung ist die Zahl der in einem definierten Zeitraum durchführbaren Interviews begrenzt.

Heuristische Evaluation

Betrachtet man Websites, so fällt auf, dass manche Probleme immer wieder zu finden sind. Genau an diesem Punkt setzen heuristische Verfahren an. Anhand von vorgegebenen Leitfäden untersuchen Usability-Experten das Portal oder Entwürfe hiervon auf Gebrauchstauglichkeit. Hierbei werden Probleme, wie zum Beispiel eine fehlende Hilfe oder eine zu geringe Schriftgröße, identifiziert. Diese Methode sollte von ausgebildeten Usability-Experten durchgeführt werden. Die Heuristische Evaluation kann ab der Konzeption in allen weiteren Phasen, inklusive einer Evaluation, eingesetzt werden.

Cognitive Walkthrough

Der Cognitive Walkthrough ist ein „gedankliches Durchgehen" von vorab definierten durchzuführenden Aktivitäten aus Sicht eines Nutzers. Hierfür werden vorab die Nutzer und deren Besonderheiten als Grundlage für die Methode untersucht sowie die zu untersuchenden Aktivitäten definiert. Die Aktivitäten werden im Anschluss ausgeführt und dabei festgestellte Probleme und Fehler protokolliert. Da diese Methode Erfahrung mit typischen Problemen erfordert, ist auch diese nur von Usability-Experten durchführbar. Sie kann sowohl während der Konzeption, als auch während der Entwicklung und zur Evaluation eingesetzt werden.

Usability Test

Der Usability Test ist allgemein als deduktive Methode bekannt, bei der bestehende Portale oder Intranets getestet und Verbesserungsmöglichkeiten oder Fehler festgestellt werden sollen. Sie kann aber auch formativ während der Konzeption oder Umsetzung zum Einsatz kommen. Während der Konzeption kann ein Designentwurf, Papier-Prototyp oder ein Mockup bzw. Klick-Dummy in einer speziellen Software getestet werden. Bei Papier-Prototypen reagiert ein Testbegleiter auf die mit dem Finger simulierten Klicks und führt die Aktionen, zum Beispiel durch den Wechsel des Papiers oder Auflegen eines dann geöffneten Papier-Menüs, durch. So lassen sich bereits Handskizzen des Portals evaluieren. Für einen Test werden zwischen acht und fünfzehn Probanden akquiriert. Diesen werden vorbereitete, möglicherweise problematische Anwendungsfälle und damit verbundene Aufgaben gestellt, die die Probanden lösen sollen. So könnte in einem Test die Aufgabe gestellt werden im Portal die Telefonnummer eines Kollegen zu ermitteln. Hiermit kann getestet werden, ob die Telefonbuchanwendung gefunden wird, ob die Bedienung Verbesserungspotenziale bietet, die Suche korrekt arbeitet und die Trefferdarstellung geeignet ist. Da die Probanden in einem begleiteten Test durch einen Testbegleiter aufgefordert werden laut zu denken, lassen sich zudem subjektive Eindrücke und Handlungsintentionen erfassen. Die Aufgabe des Testbegleiters liegt, neben der gegebenenfalls nötigen Erinnerung an das laute Denken, in der Hilfe für den Probanden bei schweren Problemen, die sonst zu einem Testabbruch führen würden. Die Tests werden in der Regel mit einer oder mehreren Kameras und, falls sie am Rechner durchgeführt werden, mit spezieller Software erfasst und aufgezeichnet. Usability Tests wurden früher fast ausschließlich in entsprechend ausgestatteten Laboren durchgeführt. Heute werden diese auch weniger aufwendig und damit kostengünstiger mit mobilen Geräten direkt im Unternehmen durchgeführt. Am

Ende des Tests werden die erfassten Daten und Videos ausgewertet und in einem Testbericht zusammengefasst, der auch Verbesserungsvorschläge beinhalten sollte.

Eye Tracking

Im Rahmen von Usability Tests kann auch ein Eye Tracking durchgeführt werden. Mittels eines speziellen Geräts, dem Eye Tracker, werden bei der Bearbeitung von Aufgaben die Blickbewegungen des Nutzers erfasst. Hiermit lassen sich primär Probleme mit der Wahrnehmung von Elementen der Benutzungsoberfläche sowie die Verteilung der Aufmerksamkeit erfassen. Da dies nicht in jedem Fall erforderlich ist, gehört das Eye Tracking nicht zwingend zu einem Usability Test.

5.3.1.2 Der Nutzer und wie er funktioniert

Neben Fußgängern und Radfahrern gehören auch Motorradfahrer zu den schwächeren Verkehrsteilnehmern. Sie werden von Autofahrern häufiger übersehen als Autos. Dies ist eine wichtige Erkenntnis, die auch bei der Konzeption eines Portals hilft. Dazu später mehr. Menschen entwickeln während ihres Lebens ein mentales Modell ihrer Umwelt. Dieses Modell hilft im täglichen Umgang mit Situationen, die bereits bekannt sind. So ist jedem eindeutig klar, was mit dem in Abbildung 37 gezeigten Objekt anzufangen ist und wie es funktioniert: Der Hebel muss nach unten gedrückt werden, damit sich die Tür öffnet. Wäre ein Knauf an dieser Stelle, dann impliziert dies, dass ein Schlüssel zum Öffnen der Tür erforderlich ist. Dies ist ein Ergebnis der Erfahrung (gegebenenfalls mit eigenen leidvollen Fehlversuchen). Es ist aber auch eine implizite Konvention unter den Menschen unseres Kulturkreises, dass der Knauf die Verwendung eines Schlüssels erfordert. Ein Besucher aus einem anderen Land wird an einem Knauf nichts Ungewöhnliches finden und ihn einfach drehen. In seinem Modell der Umwelt ist ein Knauf alltäglich und der übliche Mechanismus für das Öffnen einer Tür. Neue Situationen werden auf bestehende Modelle abgebildet, sofern dies möglich ist (Abbildung 38). Somit ergibt sich grob betrachtet aus Erfahrungen und Analogiebildung ein mentales Modell eines Gegenstands, einer Situation – oder eines Portals. Dies ist ganz einfach durch ein kleines Selbstexperiment zu überprüfen: Schließen Sie die Augen und stellen Sie sich eine beliebige Shop-Website vor. Wo finden Sie das Logo und wo den Warenkorb?

Abbildung 37 Ein Beispiel für eine Konvention

Die Antwort wird in den meisten Fällen lauten, dass das Logo oben links, der Warenkorb rechts zu finden ist. Dies ist Ihr persönliches Modell, wie Web-Shops aufgebaut sind und gleichzeitig eine Konvention. Besuchen Sie einen neuen, unbekannten Web-Shop werden Sie unweigerlich versuchen diesen auf das bestehende Modell des Shops abzubilden: Logo links und Warenkorb rechts oben.

An dieser Stelle kommen wir zurück zu den Motorradfahrern – dies ist ein Beispiel von Christopher Chabris und Daniel Simons (Chabris & Simons, 2010): Warum werden Motorradfahrer häufiger übersehen? Das Problem liegt nicht an den Motorradfahrern. Erstaunlicherweise auch nicht an den Autofahrern. Es liegt an der Wahrnehmung der Autofahrer. Beim Einbiegen in die Kreuzung nehmen die Autofahrer *kein Auto* wahr und fahren los. Das Motorrad sehen sie nicht, *weil sie es nicht erwartet haben*. Übertragen wir dies auf unser Shop-Beispiel. Der Warenkorb wird üblicherweise mit einem Korb-Symbol gekennzeichnet. Wenn an dieser Stelle ein anderes Symbol stehen würde, würden einige Nutzer den Warenkorb nicht mehr wahrnehmen. Es ist kein Korb und wird damit automatisch bei der Suche nach dem Button ausgeblendet.

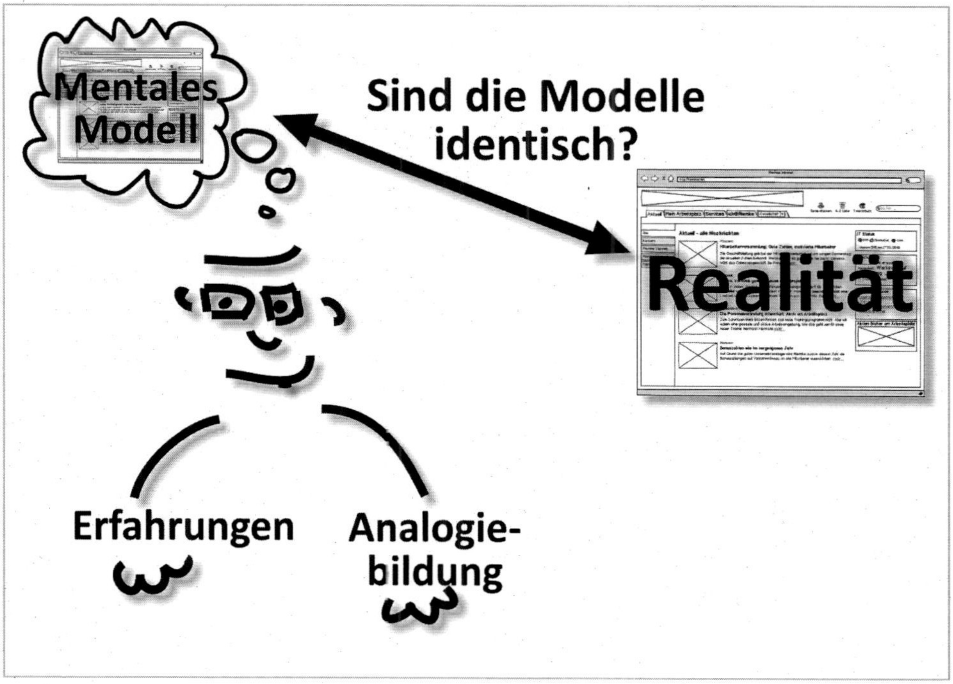

Abbildung 38 Mentales Modell vs. Realität

Genauso wie der Motorradfahrer, den Chabris und Simons in ihrem Werk „The Invisible Gorilla“ beschreiben. Was nutzt uns dieses Wissen über die Besucher unseres zu konzipierenden Portals? Hieraus kann direkt eine Grundregel abgeleitet werden: Das Portal sollte nach den gängigen Konventionen gestaltet sein und den Nutzer nicht mit unerwarteten Überraschungen in den Bereichen Layout und Navigation verwirren.

Das klingt einfach, aber ein Punkt wurde bisher verschwiegen: Das Modell eines Menschen ist individuell. Vor dem zukünftigen Portal sitzen Nutzer mit verschiedenen Modellen. Und auf Grund ihrer persönlichen Erfahrung sind dies jeweils völlig verschiedene Modelle der Welt. Nun gilt es herauszufinden, welches ein allgemein verständlicher Ansatz für den speziellen Nutzerkreis des konkreten Portals darstellt. Kurz: Wie werden möglichst viele Nutzer angesprochen? Dies erfordert Analyse, Erfahrung – und Versuche in Form von Nutzertests.

5.3.1.3 Barrierefreiheit

Nicht nur für öffentliche Einrichtungen ist das Thema Barrierefreiheit relevant. Es betrifft alle, die Portale für die eigenen Mitarbeiter anbieten. Barrierefreiheit bezieht sich im Kontext von Portalen auf die Nutzbarkeit für alle Mitarbeiter, gleich ob mit oder ohne Behinderung oder gesundheitlicher Einschränkung. Barrierefreiheit beschränkt sich nicht nur auf Blinde und Fehlsichtige. Die Spanne ist mit visuellen, auditiven bis motorischen Einschränkungen sehr groß. Barrierefreiheit kann inhärent oder durch Werkzeuge unterstützt werden. Eine inhärente Barrierefreiheit liegt zum Beispiel dann vor, wenn der Text im Portal automatisch vorgelesen werden kann.

Einschränkung	Auswirkung	Barrierefreiheit durch ...
Blindheit	Text und Bilder können nicht wahrgenommen werden	Integrierte Vorlesefunktion und/oder Ausgabe von gut strukturiertem HTML
Farbfehlsichtigkeit	Bestimmte Farbkombinationen werden nicht unterschieden	Vermeidung der Farbkombinationen
Geringer Visus	Kleine Elemente auf der Seite werden nicht oder nur eingeschränkt wahrgenommen	Vergrößerungsfunktion/ Skalierbarkeit der Seite
Feinmotorik eingeschränkt	Maus kann nur ungenau positioniert werden; kleine oder eng beieinanderliegende Elemente können nicht ausgewählt werden	Festlegung einer Mindestgröße für Elemente oder/und Vergrößerungsfunktion/ Skalierbarkeit der Seite
Gehörlosigkeit	Audio wird nicht wahrgenommen z.B. im Web-TV und Videos	Einfügen von Untertiteln bzw. Anbieten von Transkripten

Tabelle 16 Beispiele für Einschränkungen und barrierefreie Lösungen

Im Fall der Werkzeugunterstützung wird der Content von einem Screenreader auf dem Rechner des Nutzers vorgelesen. Das Portal unterstützt in diesem Fall die Barrierefreiheit durch die Ausgabe von gut strukturiertem HTML, welches der Screenreader verarbeiten kann. Bei der Umsetzung eines Portals muss der Schwerbehindertenbeauftrage des Unternehmens hinzugezogen und die aktuelle Gesetzeslage beachtet werden. Für öffentliche Einrichtungen gelten oftmals zusätzliche Vorgaben. Über alle gesetzlichen Regelungen hinaus: Barrierefreiheit gehört zu jedem Projekt dazu. Zuletzt: Das Risiko selbst durch eine Erkrankung zu erblinden ist höher als blind geboren zu werden.

5.3.2 Informationsarchitektur

Der Entwurf der Informationsarchitektur des Portals ist einer der zentralen Aufgaben in der Konzeption. Der Begriff der Informationsarchitektur wird meist sehr offen verstanden. Das Information Architecture Institute definiert die Informationsarchitektur als „the art and science of organizing and labeling websites, Intranet, online communities and software to support usability." (o.V., 2007). Dieser Abschnitt folgt dieser Definition und versteht unter dem Begriff der Informationsarchitektur neben dem Entwurf der Navigation und der Benennung von Navigationspunkten auch die Auswahl der Navigationsarten.

5.3.2.1 Die Navigation

Der Entwurf der Navigation ist eine der Hauptaufgaben der Informationsarchitektur. Die Navigation muss den Erwartungen der Nutzer (und dem mentalen Modell möglichst vieler Nutzer) entsprechen. Aber was ist eigentlich die Aufgabe einer guten Navigation? In der Schifffahrt auf hoher See ist die Navigation damals wie heute eine zentrale Aufgabe. Es gilt die aktuelle Position zu bestimmen, das Ziel zu finden und entlang einer Route den Kurs im Meer zu halten. Die Aufgabe unserer Navigation im Portal liegt gar nicht weit weg von der Nautik. Die Navigation dient der Positionsbestimmung: Auf Grund der Einträge und Benennung der Navigationspunkte kann ein Nutzer bestimmen, auf welcher Seite er sich derzeit befindet und von welchen inhaltlichen Seiten er umgeben ist. Die Navigation zeigt ihm auch den Weg zum Ziel: Von einer allgemeinen Rubrik, von der der Nutzer ausgehen kann dort sein Ziel zu finden, wird er schrittweise zum gewünschten Thema bzw. zur passenden Seite geleitet. Kompakt formuliert verfolgt die Navigation eines Portals die folgenden primären Ziele:

- Verdeutlichung der aktuellen Position in der Struktur
- Benennung der aktuellen Seite
- Darstellung der Struktur der Website
- Darstellung der verfügbaren Inhalte und Aktionen (=Thematik der Website)
- Aufteilung von Inhalten und Aktionen in Einzelteile

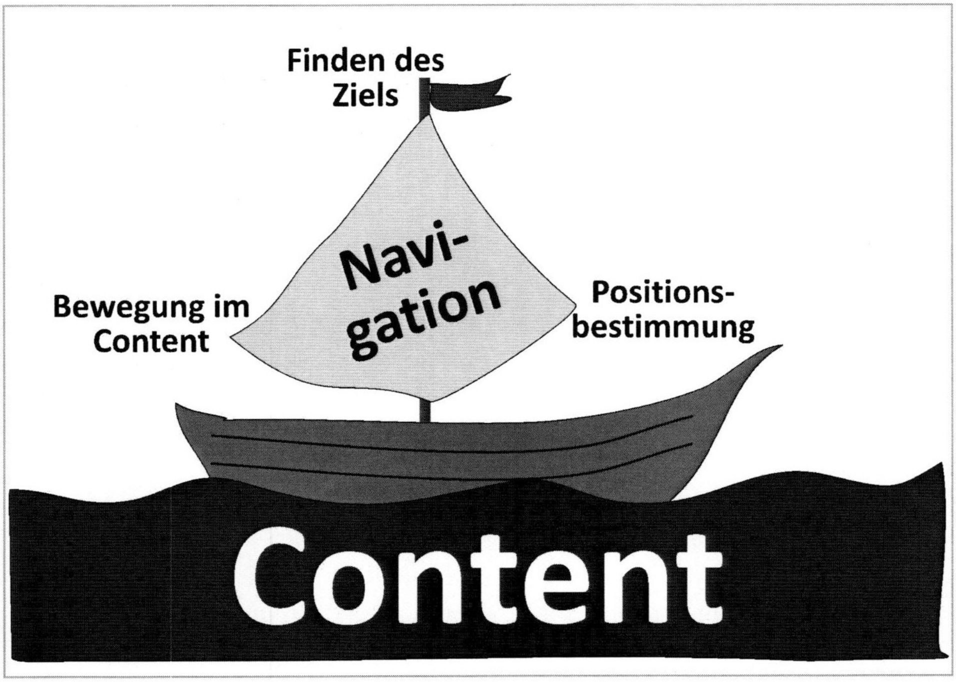

Abbildung 39 Aufgaben der Navigation

Ein sekundäres Ziel ist die Förderung von Neugier beim Nutzer, die ihn zur Nutzung und Erforschung der Inhalte anregen sollte.

Was ist Navigation nicht?

Navigation dient nicht der Schaffung von inhaltlichen oder formalen Zuständigkeitsbereichen – auch wenn es an der einen oder anderen Stelle verführerisch ist. Navigation darf sich nur an den Bedürfnissen der Nutzer orientieren. Wenn die Zuständigkeiten zufällig mit den Bedürfnissen übereinstimmen kann dies entsprechend organisiert sein. Ansonsten gilt: Die Bedürfnisse der Nutzer gehen vor die der Organisation.

Navigation wird häufig mit der strukturellen, hierarchischen Navigation gleichgesetzt. Diese erfüllt die eingangs genannten Aufgaben der Navigation. Darüber hinaus gibt es zahlreiche weitere, zum Teil sehr spezielle Navigationsarten. Die wichtigsten Navigationsarten, in einer kurzen Übersicht dargestellt, sind:

- Die **strukturelle Navigation**, auch strukturierte oder hierarchische Navigation genannt, ist die klassische hierarchische Baumstruktur, die von den Hauptrubriken über Unterrubriken bis zur einzelnen Seite führt.
- Die **assoziative Navigation** ist die Verlinkung von Begriffen bzw. Seiten mit anderen Seiten in der Baumstruktur des Portals.
- Die **Suche** stellt eine Alternative zur strukturellen Navigation dar. Durch die Eingabe von Suchbegriffen wird über eine Trefferliste direkt zu den Inhaltsseiten navigiert. Mit der Trefferliste ist der Suchvorgang immer ein zweistufiges Verfahren.
- Die **Tag-Navigation bzw. Tag-Clouds** stellen die meistgenannten oder meistgenutzten Inhalte in Form einer Wolke dar. In der Wolke sind häufige Tag-Begriffe groß und seltener verwendete kleiner dargestellt. Die Tags sind Metadaten des Contents, wie z.B. Artikel, und sind mit diesen verbunden. Es existieren auch durch den Betreiber erstellte unechte Tag-Clouds, die auf den ersten Blick die Popularität oder Häufigkeit eines Tags widerspiegeln, tatsächlich aber manuell verwaltet werden.
- Die **Sitemap** stellt die Baumstruktur der strukturellen Navigation mit allen Navigationspunkten auf einer Seite dar.
- Die **A-Z-Liste** stellt eine Alternative zur Sitemap dar. Sie listet relevante Inhalte des Portals alphabetisch auf – statt strukturell wie die Sitemap dies tut.
- Die **Utility-Navigation** befindet sich in der Regel oben auf der Seite und erlaubt den Schnellzugriff auf Hilfsfunktionen (z.B. Telefonbuch, Login).
- Ein **Filter** erlaubt die Navigation in großen Datenbeständen. Filter werden vor allem in Katalogen verwendet, um die dargestellten Inhalte einzuschränken. Ein Beispiel ist ein Online-Shop, in dem die Darstellung von

USB-Speichersticks mittels eines Filters auf die Größe 16 GB eingeschränkt werden kann.

- **Wizards** führen den Nutzer durch komplexe Interaktionsschritte, die eine schwierige sequenzielle Eingabe erfordern oder bei der während der Eingabe durch den Nutzer alternative Interaktionsstränge, abhängig von den Eingaben, entstehen können.

- Die **Logo-Navigation** erlaubt den Rücksprung zur Startseite durch einen Klick auf das Logo des Portals (sofern ein solches vorhanden ist). Diese Funktion ist eine zwischenzeitlich weit verbreitete und von den Nutzern erwartete Konvention.

Soviel zur Theorie: Wie Kapitel 5.3.1.2 gezeigt hat, gibt es leider den universellen Nutzer des Portals nicht. Die Erstellung einer optimalen Navigation wird damit zu einem komplexeren Prozess. Der folgende Abschnitt befasst sich mit der Konzeption der strukturellen Navigation.

5.3.2.2 Strukturelle Navigation

Die strukturelle Navigation spiegelt die logische Anordnung des Contents und der Anwendungen in einer hierarchischen Baumstruktur wider. Diese Struktur ergibt sich aus der Zusammenfassung inhaltlich ähnlicher Bereiche zu Rubriken, ähnlich der Kapitelstruktur eines Buches.

Im Gegensatz zu einem Buch kann die Struktur eines Portals deutlich tiefer werden. Die oberste Ebene einer strukturellen Navigation wird als Hauptnavigation oder auch Ebene-1-Navigation bezeichnet. Im englischsprachigen Raum ist dies entsprechend die Level-1-Navigation. Während die untergeordneten Ebenen der Navigation in der Regel nicht immer sichtbar sind, bleibt die Hauptnavigation meistens präsent auf jeder Seite eines Portals, um einen Wechsel in verschiedene Bereiche des Portals oder den Rücksprung aus einer tieferen Ebene nach oben zu ermöglichen. Diese Rücksprungmöglichkeit wird für den Nutzer insbesondere dann wichtig, wenn er beim Durchqueren des Navigationsbaumes falsche Entscheidungen getroffen und damit den gewünschten Inhalt nicht gefunden hat. Die nachfolgenden Ebenen werden beginnend ab der Ebene 2 weiter aufsteigend durchgezählt (Abbildung 40).

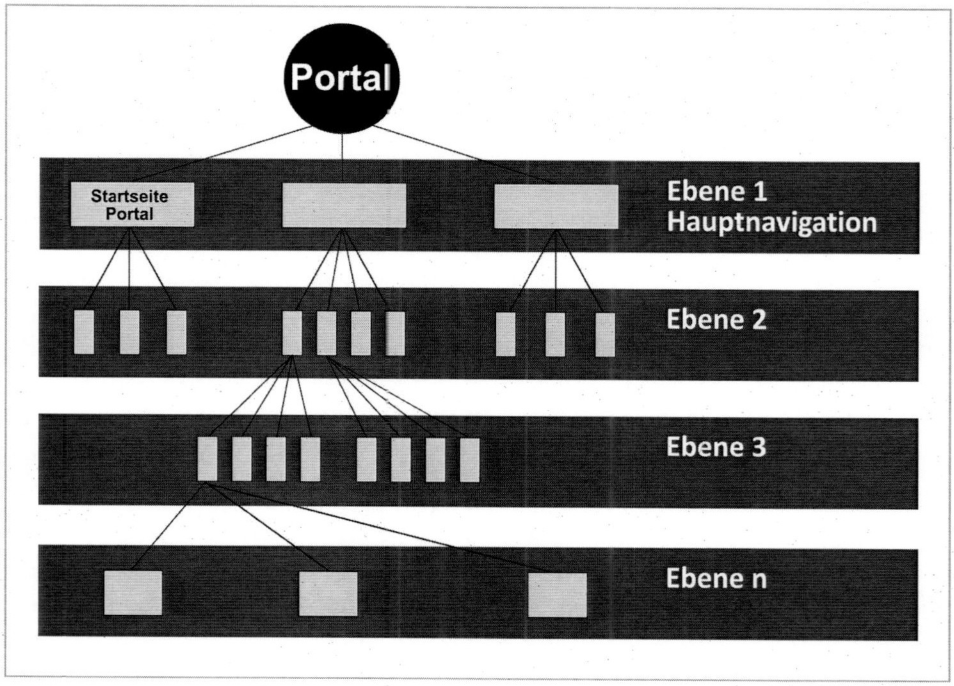

Abbildung 40 Baumstruktur und Ebenen einer Navigation

Unterebenen, die die Struktur des Portals weiter untergliedern werden alternativ auch Bereichsnavigation genannt. Die unterste Ebene wird auch Seitenebene, oder auf Englisch Content-Level-Navigation, genannt. Da oft in Projekten zu Beginn noch nicht feststeht, wie viele Ebenen die Navigation am Ende umfassen wird, wird die unterste Ebene häufig flexibel Ebene *n* bzw. Level *n* genannt.

Deutsch	Kurz	Englisch	Kurz	Alternative Benennung
Ebene 1 Navigation	E1	Level 1 Navigation	L1	Hauptnavigation
Ebene 2 Navigation	E2	Level 2 Navigation	L2	Unternavigation der Ebene 2, Bereichsnavigation der Ebene 2
Ebene *n* Navigation	E*n*	Level *n* Navigation	L*n*	Seitenebene, Content-Level Navigation

Tabelle 17 Bezeichnung der Ebenen einer Navigationsstruktur

Das *n* steht dabei für eine beliebige Zahl der Ebenen. Tabelle 17 stellt die Benennung der Ebenen in einer Übersicht dar. Zu beachten ist, dass die erste Seite des Portals Bestandteil der Ebene 1/Hauptnavigation ist. Der in Abbildung 40 übergeordnete, schwarz darstellte Punkt ist die Wurzel des Baums, der nicht mit einer Seite verbunden ist.

5.3.2.3 Struktur eines Portals

Die strukturelle Navigation ergibt sich – wie der Name impliziert – aus der Struktur des Portals. Eine mögliche Baumstruktur eines Portals wurde bereits dargestellt. Es existieren verschiedene Möglichkeiten diese Baumstruktur bei einer gegebenen Anzahl von Navigationspunkten auszuprägen. Zwei Extreme sind die tiefe und die breite Navigationsstruktur (Abbildung 41). Die tiefe Struktur ordnet Navigationspunkte in einem tiefen Baum mit wenig Navigationspunkten pro Ebene an. Vorteil für den Nutzer: Er muss immer nur aus einer geringen Anzahl von Navigationspunkten wählen und damit wenig Beschriftungstexte lesen. Nachteilig ist, dass der Auswahlvorgang im Durchschnitt relativ häufig durchgeführt werden muss, um dem Baum zu folgen. Die breite Navigationsstruktur verfolgt den entgegengesetzten Weg. Hier werden so viele Navigationspunkte wie möglich auf einer Ebene angeordnet und der Baum damit so flach wie möglich gehalten. Diese Form besitzt den Vorteil, dass Nutzer auf kurzem Wege ohne viele Klicks direkt auf Inhalte zugreifen können. Der Nachteil, der damit erkauft wird, ist, dass viele Beschriftungstexte der Navigation gelesen und verstanden werden müssen. In der Praxis werden die beiden Ansätze kombiniert: Auf der ersten Ebene wird die Anzahl der Navigationseinträge beschränkt, da hier eine geringe Komplexität zum Einstieg in die Seite gefordert ist. Dies entspricht dem Ansatz einer tiefen Struktur. Um die Inhalte auf fachlicher Ebene dann in dem Portal unterzubringen, wird eine breite Struktur verwendet. Die Mischung auf den verschiedenen Ebenen ist von den jeweiligen Inhalten und dem Umfang des Contents, der untergebracht werden muss, abhängig. Vergrößert sich die Zahl der Navigationseinträge je tiefer der Nutzer navigiert, so wird auch von einer taillierten Struktur gesprochen (vgl. (Arndt, 2006)). Bei der Konzeption der Navigation stellen sich unweigerlich zwei zentrale Fragen: Wie viele Ebenen braucht ein Portal? Und: Wie viele Ebenen darf ein Portal aufweisen? Der Bedarf hängt direkt von der Anzahl der erforderlichen Content- und Anwendungsseiten ab. Die meisten Szenarien lassen sich durch geschickte und logische Anordnungen in einer Mischung aus breiter und tiefer Struktur lösen.

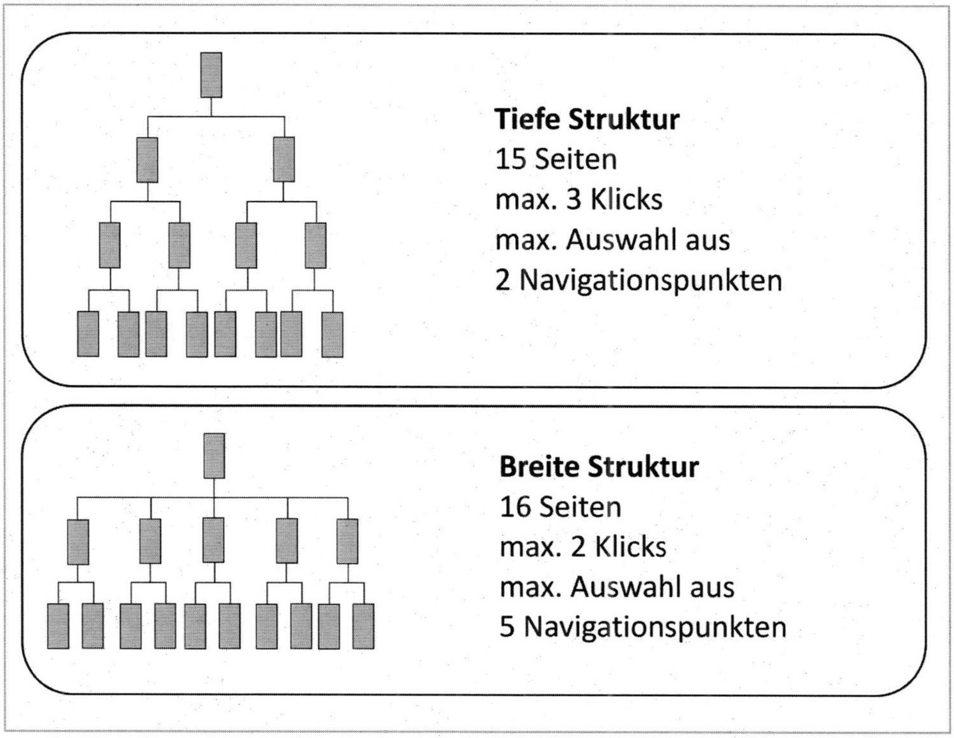

Abbildung 41 Tiefe vs. breite Struktur mit ihren Auswirkungen auf Klicks und Auswahl

Eine sehr große Anzahl von Seiten lässt sich jedoch nicht mehr hierarchisch mit einer einfachen strukturellen Navigation bewältigen. Wenn mehrere tausend oder zehntausend Seiten strukturiert werden müssen, empfiehlt sich die Suche nach Alternativen, wie z. B. eine Suche oder die Darstellung in einem Verzeichnis (siehe Kapitel 5.3.2.10). Bei der Konzeption sollten Brückenseiten vermieden werden. Brückenseiten sind Seiten ohne eigenen eigenständigen Inhalt, die lediglich den in den Unterseiten zu erwartenden Content beschreiben. Dies sind typischerweise Seiten mit Inhalten, wie z.B. „Herzlich Willkommen auf den Seiten von ... hier finden Sie ...“.

5.3.2.4 Darstellung der strukturellen Navigation

Die Hauptnavigation im Portal kann auf verschiedene Art und Weise dargestellt werden. Grundsätzlich lassen sich statische und dynamische Navigationsarten (auch Navigationstyp genannt) unterscheiden. Bei einer statischen Navigation ändert sich die Darstellung des Menüs durch das Anklicken eines Navigationspunkts. So öffnet das Anklicken eines Navigationspunkts der Ebene 1 die unter diesem Punkt liegende Ebene 2. Bei einer dynamischen Navigation wird durch das Überfahren des Navigationspunkts mit der Maus die nachfolgende Ebene eingeblendet. Dynamische Navigation ist aus den Drop-Down-Programmmenüs von Desktop-Programmen bekannt.

5.3.2.5 Eingebettete vertikale Navigation

Die eingebettete vertikale Navigation stapelt die Menüpunkte der Ebene 1 übereinander. Sie wird in der Regel auf der linken Seite dargestellt. Wird ein Navigationspunkt angeklickt, öffnet sich die Seite und die nächste Ebene darunter wird zwischen dem angeklickten Punkt und dem nachfolgenden Punkt eingefügt. Die nächste Ebene muss visuell klar von der Ebene darüber abgesetzt sein. Dies kann durch eine Einrückung, alternativ durch Trennstiche bzw. grafisch durch farbliche Abhebung, erfolgen.

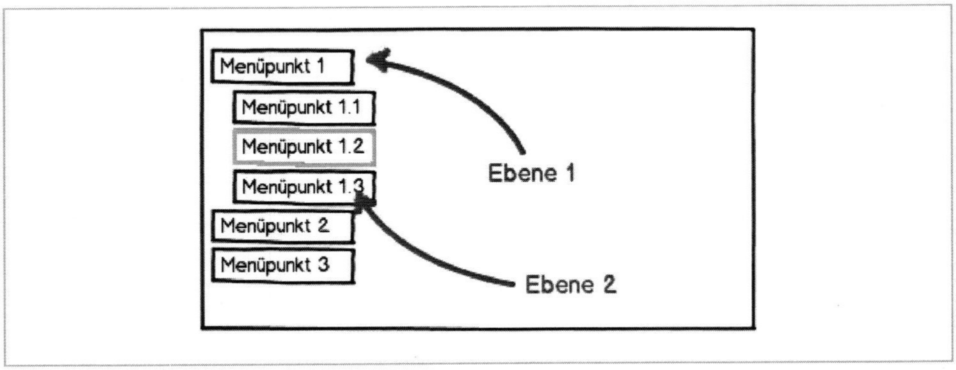

Abbildung 42 Vertikales, eingebettetes Menü

Vorteile:

- Kompakte Darstellung

Nachteile:

- Wenig Ebenen durch die Einrückung möglich bzw. unübersichtlich bei visueller Abtrennung der Ebenen.

- Wenig Einträge im Untermenü möglich, da sonst die übergeordnete Ebene aus dem Bildschirm gedrängt wird.

5.3.2.6 Horizontale Navigation (Reiter, Tab)

Die horizontale Navigation ordnet alle Navigationspunkte einer Ebene horizontal an. Dieser Navigationstyp wird auch Reiter- oder Tab-Navigation genannt. Sie greift die Metapher einer Registerkarte auf, die ausgewählt wird. Der Inhalt wird dann auf der Karte angezeigt. Bei der Auswahl eines Navigationspunkts wird eine weitere Ebene mit horizontaler Navigationsreihe dargestellt.

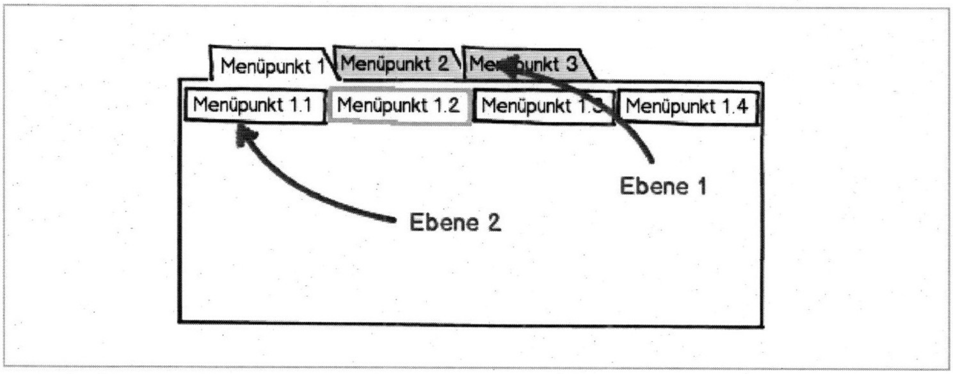

Abbildung 43 Horizontale Navigation (Reiter, Tab)

Vorteile:

- Volle Breite des Fensters unter der Navigation, z.B. für Anwendungen, nutzbar.
- Ohne Scrollen des Bildschirms oben sichtbar.

Nachteile:

- Die Anzahl der Navigationspunkte einer Ebene ist durch die Breite der Anzeige (Viewport) begrenzt.
- Jede zusätzliche Ebene nimmt dem Inhalt Platz. Die Anzahl der Ebenen ist begrenzt, da viele Ebenen schnell unübersichtlich werden.

5.3.2.7 L-Navigation

Die L-Navigation kombiniert die eingebettete vertikale Navigation mit der horizontalen bzw. Tab-Navigation. Die erste Ebene L1 wird als horizontale Navigation dargestellt, die verbleibenden Ebenen in der vertikalen eingebetteten Navigation. Durch diese Kombination wird der Nachteil der eingebetteten Navigation, die Begrenzung der Anzahl der Ebenen, um eine Ebene reduziert. Da die Ebene 1 oft nur wenige, die weiteren Ebenen dafür mehr Navigationspunkte aufweisen, nutzt dieser Ansatz eine optimale Kombination hierfür. Der Name L-Navigation entspringt der Form der Anordnung der Navigation auf der Seite, die ein nach oben gespiegeltes „L“ bildet.

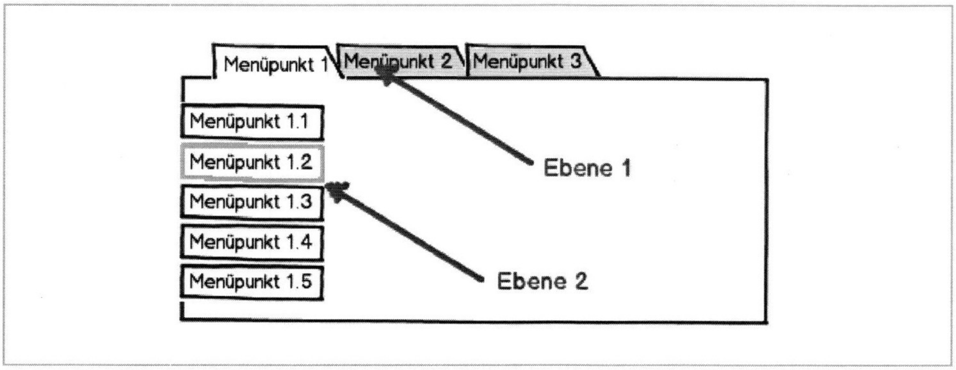

Abbildung 44 L-Navigation

Vorteile:

- Besonders geeignet für tiefe Strukturen mit geringer Anzahl von Navigationspunkten auf L1.

Nachteile:

- Besonders tiefe Ebenenstrukturen lassen sich mit der L-Navigation ebenfalls nicht realisieren.

5.3.2.8 Drop-Down

Drop-Down ist der erste Vertreter der dynamischen Navigation, der an dieser Stelle betrachtet wird. Die erste Ebene L1 wird ähnlich wie bei der horizontalen Navigation oben quer dargestellt. Die darunter liegende Ebene wird beim Überfahren eines Navigationspunktes oder bei einem Klick darauf dynamisch angezeigt. Wird der Bereich mit der Maus verlassen, bzw. woanders geklickt, klappt die Anzeige der Unterpunkte wieder zu.

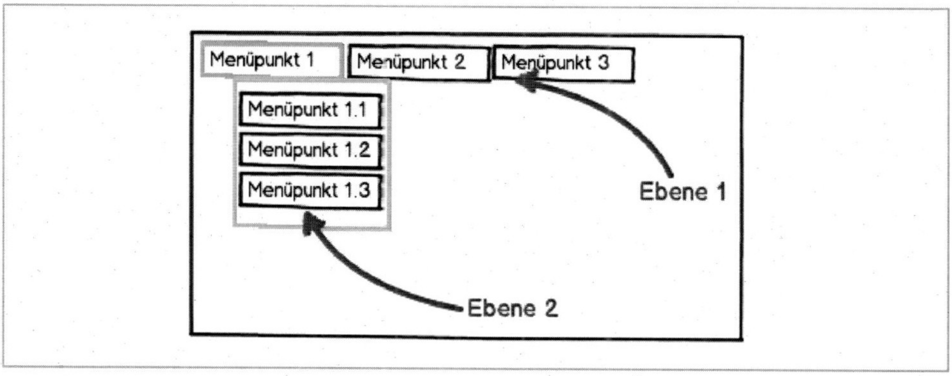

Abbildung 45 Drop-Down Navigation

Vorteile:

- Volle Breite des Fensters unter der Navigation, z.B. für Anwendungen, nutzbar.
- Ohne Scrollen des Bildschirms oben sichtbar.
- Die Einträge der nachgeordneten Ebenen sind schnell zu erreichen, ggf. ohne dass geklickt werden muss. Dies wirkt sich positiv bei einem suchenden Durchgang durch die Navigation aus.

Nachteile:

- Nur geringe Ebenenanzahl möglich, da sonst ein „kreuz und quer“ an ausklappenden Menüs entsteht.
- Übersicht über die Inhalte beim Überfahren mit der Maus bzw. Klick.

5.3.2.9 Drop-Out (Drop-Right, Drop-Left)

Der zweite Ansatz der dynamischen Navigation ist Drop-Out, welches als Drop-Right oder Drop-Left realisiert werden kann. Es basiert auf einer vertikalen Navigation. Beim Überfahren eines Navigationspunkts oder alternativ bei einem Klick, öffnet sich wie bei Drop-Down die darunter liegende Ebene des ausgewählten Eintrags. Wird der Bereich mit der Maus verlassen, bzw. außerhalb geklickt, klappt die Anzeige der Unterpunkte wieder zu.

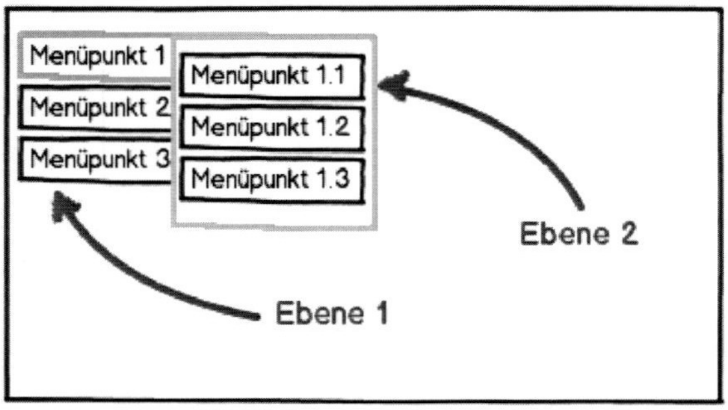

Abbildung 46 Drop-Right Navigation

Vorteile:

- Volle Höhe des Fensters neben der Navigation, z.B. für Anwendungen, nutzbar.
- Die Einträge der nachgeordneten Ebenen sind schnell zu erreichen, ohne dass geklickt werden muss. Dies wirkt sich positiv bei einem suchenden Durchgang durch die Navigation aus.

Nachteile:

- Nur geringe Ebenenanzahl möglich, da sonst ein „kreuz und quer“ an ausklappenden Menüs entsteht.
- Übersicht über die Inhalte erst beim Überfahren mit der Maus, bzw. Klick.

Der Nutzer-Horror: Dynamische Navigation mit 20 Ebenen

Das Menü klappt aus, die nächste Ebene, noch eine Ebene und – hoppla – mit der Maus verrutscht. Das Menü klappt leider wieder zu. Wie kommt der Nutzer zur Ebene 10? Dies ist leider tatsächlich kein Scherz, sondern kommt in der Realität vor. Dynamische Navigation eignet sich leider nicht für tiefe Strukturen.

5.3.2.10 Utility-Navigation

Die Utility-Navigation beinhaltet Navigationspunkte, die nicht zum Hauptinhalt gehören und für das Angebot eine begleitende bzw. unterstützende Funktion haben. Auch können Elemente, die häufig benötigt werden, in die Utility-Navigation platziert werden.

Auf E-Commerce-Seiten sind der Warenkorb und das Login regelmäßig Bestandteil der Utility-Navigation. Sie befindet sich oben auf der Seite. Nutzer erwarten die Utility-Navigation oben im eher rechten Bereich. Andere Positionierungen sind möglich, aber nicht erwartungskonform für den Nutzer und müssen klar visuell kommuniziert werden. Die Utility-Navigation umfasst bei Mitarbeiterportalen typischerweise Elemente, wie z.B.:

- **Suche:** Suche im Portal (vgl. Kapitel 5.3.2.15)
- **Druckfunktion**: Aufruf einer Seite mit speziell für den Druck optimierten Darstellung der aktuellen Seite (z.B. nur Inhalt, ohne Navigation).
- **Unternehmenstelefonbuch:** Telefonnummer und Ansprechpartner in der Übersicht.
- **Übersichtsseiten:** Seiten, die ergänzend zur Suche strukturierten Überblick über den Inhalt des Portals geben, wie z.B. eine A-Z-Liste oder eine Sitemap.
- **Hilfe:** Zugang zur Anwenderdokumentation des Portals, die die Bedienung erläutert.

- **Kontakt:** Kontaktinformationen oder Kontaktformular, um den Betreiber bzw. die Redaktion des Portals zu erreichen.

Die Elemente in der Utility-Navigation sollten sorgfältig ausgewählt werden, um eine Überfrachtung zu vermeiden. Zu viele Elemente in der Utility-Navigation verringern die Übersichtlichkeit und verhindern eine intuitive Nutzung. Abbildung 47 zeigt eine typische Utility-Navigation.

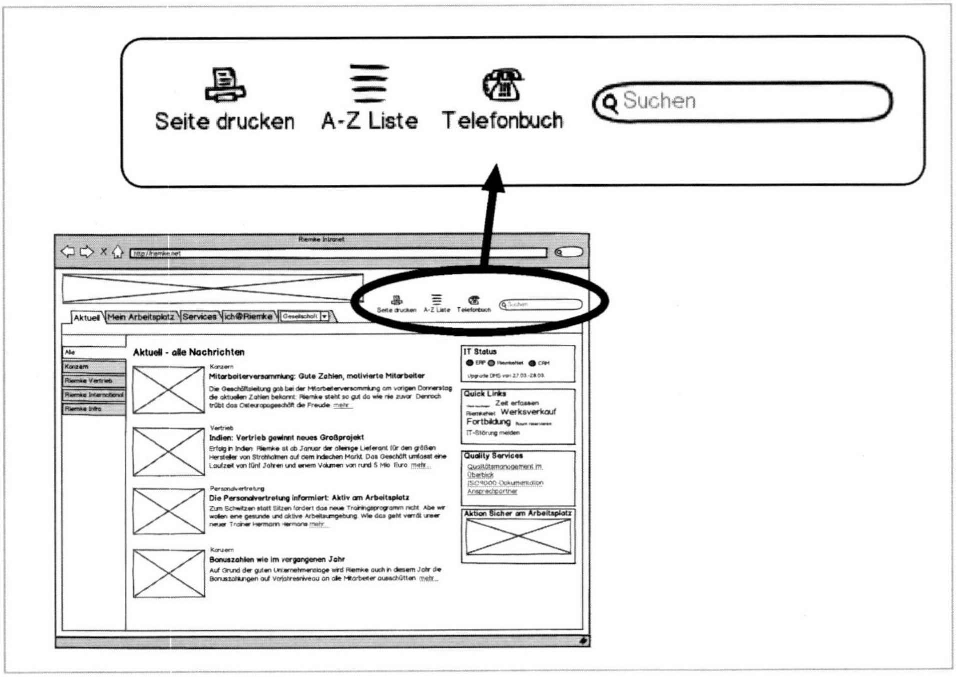

Abbildung 47 Utility Navigation am Beispiel

5.3.2.11 Darstellung umfangreicher Rubriken

Die bereits vorgestellten Navigationsarten weisen eine gemeinsame Schwäche auf: Je umfangreicher die Navigation wird, umso unübersichtlicher werden die einzelnen Navigationsansätze. Im Bereich der internen Portale sind im Umfeld der Services der Querschnittsabteilungen viele unterschiedliche Anwendungen und Informationsangebote zu finden. Diese lassen sich hervorragend mit einer Verzeichnisdarstellung strukturieren. In diesem Modell werden die einzelnen Navigationspunkte auf einer Seite angeordnet (Abbildung 48).

Unter dem verlinkten Namen erscheinen bereits häufig genutzte Punkte der darunter liegenden Ebene eines Navigationspunktes. Diese ermöglichen dem Nutzer einen Schnellzugriff auf wichtige Unterpunkte. Diese können gegebenenfalls auch aus noch tieferen Ebenen stammen. Die Darstellung häufig genutzter Punkte hat aber auch noch einen weiteren Vorteil: Mit ihnen wird der übergeordnete Navigationspunkt inhaltlich umrissen. Die Nutzer erhalten damit eine Vorschau, was sie unter dem jeweiligen Navigationspunkt erwartet. Der Navigationspunkt „mehr" führt zur tieferen Ebene des Navigationspunkts, in denen die Inhalte in gleicher Verzeichnisform angeordnet sind. Dieses Schema wird bis zur Content-Level-Ebene weitergeführt.

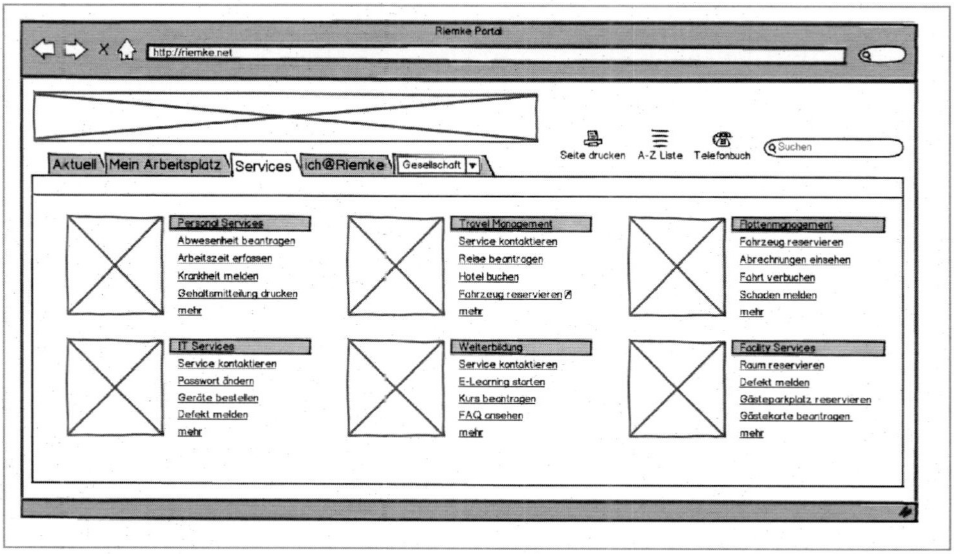

Abbildung 48 Navigation mittels eines Verzeichnisses

Bei der Weiterführung in den Ebenen kann der Fall eintreten, dass sich Themen nicht eindeutig einem Navigationspunkt unter- oder zuordnen lassen. Die Folge ist eine fehlende Nachvollziehbarkeit für einen Nutzer. Diesem Problem lässt sich mit Doppelungen der Menüpunkte (siehe Kapitel 5.3.2.13) begegnen. In Abbildung 48 findet sich unter dem Navigationspunkt „Travel Management" der Eintrag „Fahrzeug reservieren". Dieser kann direkt ausgewählt werden, verweist aber auf eine Anwendung unter der Rubrik „Flottenmanagement". Diese Seite ist dort aufgeführt. Zur Kennzeichnung des Verweises ist dieser mit einem Pfeil versehen. Mit dem Ansatz des Verzeichnisses lassen sich sehr große Strukturen abbilden. Das dmoz Internet-Verzeichnis des Open Directory Project (dmoz.org, 2013) verwaltet auf diese Art und Weise in einer einfachen Struktur zur Zeit der Drucklegung dieses Buches weit über 5 Millionen Einträge. Im Bereich eines Mitarbeiterportals wird nur ein Bruchteil diese Zahl erreicht. dmoz verwendet zur Kennzeichnung von thematischen Verweisen bzw. Doppelungen das etwas ungewohnte „@"-Zeichen.

5.3.2.12 Benennung von Navigationspunkten

Bei der Konzeption wird dem Projektteam oft klar sein, was sich hinter einem Navigationspunkt verbirgt. Die optimale Formulierung des Namens für die Anwender ist dagegen immer etwas schwieriger. Die Benennung von Navigationspunkten erfolgt nach einem klaren Schema. Das Schema kann, z.B. zwischen Ebenen, variieren. Eine Variation muss aber immer logisch, einheitlich und nachvollziehbar sein. Zunächst muss die Entscheidung über die Art der Formulierung der Benennung der Navigationspunkte getroffen werden. Diese können auf verschiedene Weise benannt werden:

- **Thematisch:** Der Name des Navigationspunkts besteht aus einem Hauptwort, welches das Thema beschreibt.
- **Aktiv/Tätigkeitsbeschreibend:** Der Name besteht aus der aktiven Tätigkeit bzw. dem Vorgang, der diesem Navigationspunkt zugeordnet ist. Diese Form besteht aus einem Hauptwort und einem Verb.
- **Formal:** Der Name entspricht einem Beleg, Dokument oder dem Namen eines Vorgangs.

Tabelle 18 zeigt an einem Beispiel die Benennung eines Navigationspunkts auf drei verschiedene Arten.

Name Navigationspunkt	Formulierung	Primäre Frage
Abwesenheit	Thematisch	Was finde ich hier?
Abwesenheit beantragen	Aktiv	Was mache ich in diesem Punkt?
Abwesenheitsmitteilung	Formal	Welcher Beleg?

Tabelle 18 Beispiel zur Benennung eines Navigationspunkts

Bei der Verwendung einer thematischen oder formalen Benennung ist die einheitliche Verwendung von Einzahl bzw. Mehrzahl zu beachten. Je tiefer ein Punkt in der Navigation angesiedelt ist, desto eher beschreibt er eine konkrete Aktion. Für die Beschreibung der Content-Level Ebene eignet sich eine aktive Formulierung, die die konkrete Tätigkeit beschreibt. Aus der Erfahrung lässt sich sagen, dass dies für die Nutzer in den meisten Fällen vorteilhaft ist, da sie in Aktionen denken. Nachteilig ist lediglich, dass aktiv formulierte Navigationspunkte zumeist aus zwei Wörtern bestehen und damit gegebenenfalls in der Darstellung länger sind. Auf höheren Ebenen, insbesondere der Ebene 1, finden sich in der Regel keine konkreten Aktionen, sondern nur hinführende Navigationspunkte. Entsprechend ist die Formulierung für diese Ebene eher thematisch. Für die Ebene 1 der Navigation ergibt sich durch die begrenzte Anzahl der Navigationspunkte oft das Erfordernis den Inhalt unter diesen Punkten genauer zu beschreiben. Dies lässt sich am besten durch ein konkretes Beispiel verdeutlichen: Unter dem E1-Eintrag „Personal" versteht nach den Analysen nicht jeder Mitarbeiter auch das Reisemanagement. Eine Lösung hierfür kann ein Doppelbegriff sein. Im konkreten Beispiel könnte der Eintrag „Personal & Reise" lauten. Entsprechend sollten die anderen Navigationspunkte analog gestaltet sein, wie z.B. „News & Presse", „IT & Infrastruktur".

5.3.2.13 Doppelungen in der Navigation

Beim Entwurf einer strukturellen Navigation und bei alternativen Konzepten, wie z.B. einem Verzeichnis, kann und wird der Fall eintreten, dass ein Navigationspunkt nicht eindeutig in der entwickelten Struktur verortet werden kann. In diesem Fall kann es sinnvoll sein, einen Navigationseintrag zu doppeln. Wie bereits am Beispiel des dmoz-Verzeichnisses beschrieben, wird dabei der Inhalt nicht doppelt angelegt. Vielmehr wird einem Navigationspunkt ein Eintrag untergeordnet, der in der Struktur nicht an dieser Stelle, sondern unter einem anderen Navigationspunkt liegt.

Diese Verlinkung sollte als eine solche Referenzierung gekennzeichnet werden. Dem Nutzer wird damit die Möglichkeit gegeben zu erkennen, dass er eigentlich an der falschen Stelle nach dem Inhalt sucht. Die Kennzeichnung kann z.B. mit einem dezenten Pfeil erfolgen, der grafisch einen weiterführenden Link symbolisiert. Der originale Inhalt wird an der Stelle der Navigation eingefügt, an der er am meisten erwartet und genutzt wird.

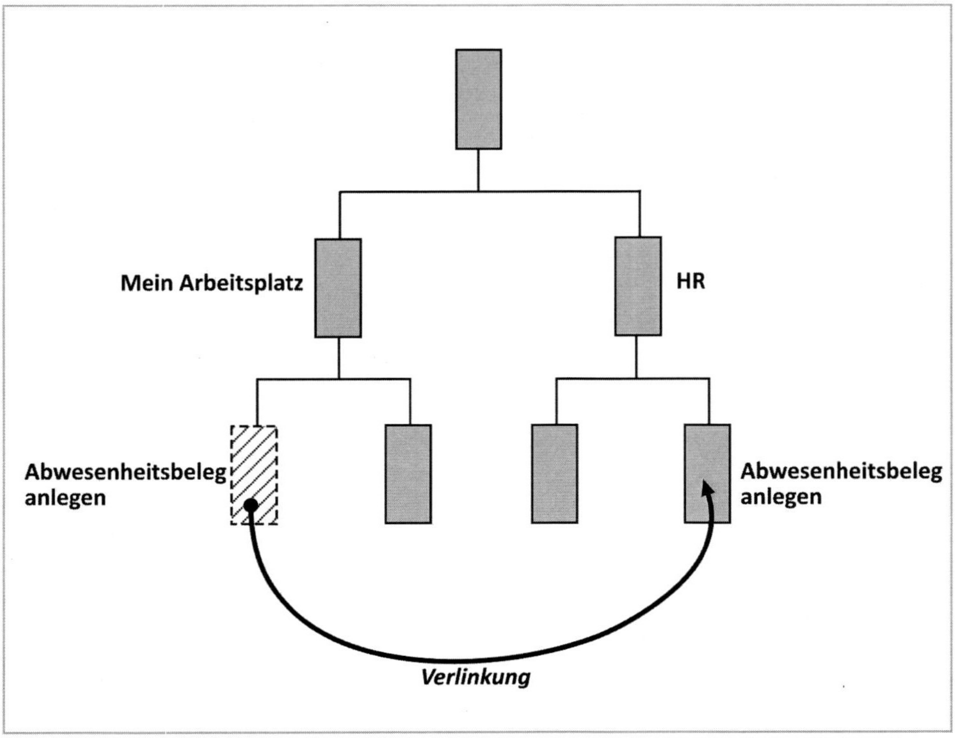

Abbildung 49 Doppelung der Navigationspunkte (Beispiel)

Technisch besteht die Möglichkeit, Content virtuell auch direkt an den Doppelungsstellen erscheinen zu lassen. Dies würde zwar ebenfalls zu einer Verkürzung der Suche nach dem Inhalt führen, jedoch nicht zu dem beschriebenen Lerneffekt beim Nutzer in Bezug auf die Verortung des Contents. Gedoppelt werden kann mit einer identischen Benennung des Navigationspunkts oder mit einer alternativen, synonymen Benennung. Eine synonyme Benennung macht z.B. in Listen, wie der A-Z Navigation, Sinn. Eine Doppelung sollte jedoch sparsam eingesetzt werden und nur dort, wo sie unumgänglich ist.

Abbildung 49 zeigt ein Beispiel für die Doppelung eines Navigationspunkts in einem Navigationsbaum. Unter „Mein Arbeitsplatz“ kann die Anlage eines Abwesenheitsbelegs ausgewählt werden. Dieser ist aber nicht dort, sondern im Bereich „HR“ verortet. Das Anklicken des Navigationspunkts führt damit über den Link direkt in den Teilbaum von „HR“ und dort zu „Abwesenheitsbeleg anlegen“.

5.3.2.14 Durchführung Card Sorting Workshop

Der Entwurf der strukturellen Navigation basiert auf den erfassten Anwendungen, Prozessen und Informationen/Content der Analyse sowie aus den Ergebnissen des Prozessentwurfs. Die identifizierten Inhalte des Portals müssen nun in eine für alle nachvollziehbare Struktur gebracht und für alle Nutzer verständlich benannt werden. Da die Nutzer schon alleine aus den verschiedenen Persönlichkeiten und Fachlichkeiten heraus verschieden denken, sollte der Entwurf idealerweise zusammen mit den Nutzern erfolgen.

Methodisch bieten sich hierfür ein bzw. mehrere Card Sorting Workshops an. Card Sorting kann auf verschiedenste Weisen ausgeführt werden. Das Grundprinzip, dass Nutzer mittels Karten eine Navigationsstruktur entwerfen, ist dabei immer gleich. Für den Entwurf von Portal-Strukturen lässt sich eine Variation des klassischen Card-Sorting einsetzen, die sich in der Praxis bewährt hat. Für das Card Sorting werden ca. 8-14 Nutzer akquiriert. Die Teilnehmer des Workshops sollten sich gut im Unternehmen und in dem jeweiligen Bereich auskennen. In großen Strukturen können Workshops für Teilbereiche der zu erstellenden Navigation, sowie für die Ebenen 1 und 2 separat, durchgeführt werden. Benötigt werden eine große Wandfläche bzw. Pinnwand sowie Notizkarten in großer Stückzahl und Befestigungsmöglichkeiten, wie Nadeln oder Klebeband. Aus der Analyse bekannter Content und Anwendungen werden auf Karten notiert. Im Workshop selbst werden den Teilnehmern zunächst das Projekt sowie ihre Aufgaben und das Vorgehen erläutert. Danach werden in der Runde die vorbereiteten Karten besprochen und von den Teilnehmern im Rahmen der Diskussion gruppiert. Dabei kann der Fall auftreten, dass die Teilnehmer mit dem aktuellen Namen einer Karte (und damit eines Menüeintrags) nicht einverstanden sind. Dann wird in der Gruppe ein passender Name gefunden und auf der Karte vermerkt. Sind alle Karten an der Pinnwand gruppiert, werden gegebenenfalls die Gruppen wieder zu Gruppen gruppiert, ohne die Teilgruppen aufzulösen. Eine Gruppe entspricht dabei wieder einem Navigationspunkt, der von den Teilnehmern benannt werden muss. Benennungen sollen diskutiert werden um die unterschiedlichen Sichtweisen auf den Namen transparent zu machen. Die Teilnehmer können im fortgeschrittenen Verlauf auch Doppelungen hinzufügen. Bei der Benennung der entstehenden Navigationspunkte sollte den Teilnehmern eine Vorgabe zur Formulierung gemacht werden (z.B. aktiv, formal, vgl. Tabelle 18). Die Ergebnisse der einzelnen Workshops werden im Anschluss konsolidiert.

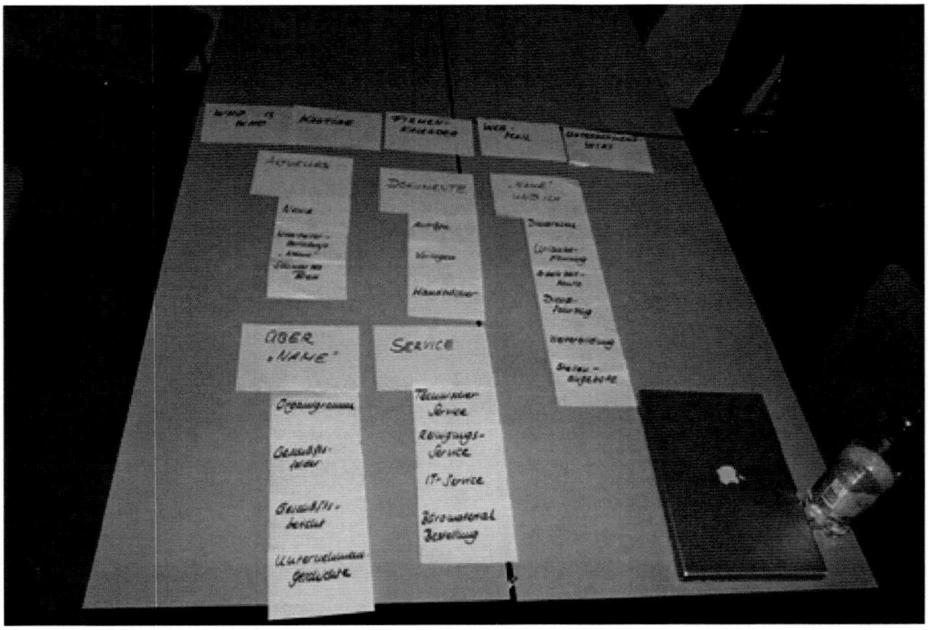

Abbildung 50 Card Sorting Workshop

Dabei gegebenenfalls auftretende Konflikte werden im Projektteam besprochen und dort auf Expertenebene zum Beispiel durch Änderungen oder Doppelungen gelöst. Die Konsolidierung ergibt eine Sitemap, die sich in tabellarischer Form dokumentieren lässt. Die Sitemap ist die Entscheidungsgrundlage für die Auswahl der geeigneten Navigationskonzepte. Die Auswahl der Navigationskonzepte erfolgt für jede Ebene separat. Die Sitemap und die Auswahl der Navigationskonzepte fließen direkt in das zu erstellende Lastenheft (Kapitel 5.3.7) ein.

5.3.2.15 Die Suche (Information Retrieval)

In den letzten Jahren ist ein interessanter Effekt zu beobachten: Der Stellenwert der strukturellen Navigation lässt zunehmend nach. Waren es früher geschätzte 30 Prozent der Nutzer, die die Suche eines Portals nutzen, stellt die Suche heute in einigen Fällen das primäre Navigationselement dar. Ein Effekt der „Generation Google", die es gewohnt ist Informationen schnell durch Eingabe von Begriffen zu finden. Es ist damit ganz klar: Die Suche benötigt ein besonderes Augenmerk, das ihr an dieser Stelle zuteilwird. Dies bedeutet jedoch nicht, dass die klassische Navigation am Ende ist. Sie wird nach wie vor gebraucht. Aber es kann Sinn machen, über den Ansatz einer klassischen hierarchischen Navigation hinaus zu denken. In diesem Abschnitt wird der Begriff der „Suche“ verwendet. Allgemeiner ist dieser thematische Bereich mit dem englischen Begriff „Information Retrieval“ zu beschreiben. Suche ist nicht gleich Suche – entscheidend ist, was die Suchmaschine und wer etwas durchsucht.

Metadatensuche vs. Volltextsuche

Bei der Frage was durchsucht wird, stehen die Begriffe Metadatensuche und Volltextsuche im Fokus. Die einfachste Form ist die Suche in den strukturierten Feldern der Metadaten des Contents. Diese Metadaten-Suche ist stark von der Qualität der Metadaten und deren Pflege abhängig. Aber selbst im Fall von gut gepflegten Metadaten kann es vorkommen, dass relevante Suchwörter im Content, jedoch nicht in den Metadaten vorkommen. Der Content wird in der Folge nicht gefunden. Abhilfe schafft die Volltextsuche: Diese durchsucht die Inhalte des Web-Content und gegebenenfalls von Dokumenten. Es wird zu einem Suchwort Content gefunden, der das Suchwort nicht nur in den Metadaten, sondern auch im Inhalt selbst enthält. Dokumente können nur durchsucht werden, wenn die verwendete Suchmaschine mit den Dokumenten in ihrem jeweiligen Dateiformat und ihrer Semantik umgehen kann. Für verschiedene Dateiformate existieren Plug-Ins, um diese Fähigkeit in der Suchmaschine nachzurüsten.

Grundsätzliche Architekturen für die Suche

Die Suche kann auf drei grundsätzlich verschiedene Arten umgesetzt werden (Abbildung 51). Die direkte Suche ist die eingebaute Suche einer Anwendung, die den eigenen Datenbestand durchsucht. In diesem Fall ist keine Integration erforderlich. Beispiel: Die Suchfunktion einer Lieferantendatenbank, die die Suche nach Adressen erlaubt, ist eine direkte Suche. Umfangreicher ist dagegen die übergreifende Suche. Diese durchsucht mehrere Datenquellen bzw. Anwendungen. Die Logik für diese verteilte Suche muss dabei in der Suchmaschine vorhanden sein. Eine übergreifende Suche würde zum Beispiel die Lieferantendatenbank und ein CRM-System parallel durchsuchen. Die Herausforderung hierbei ist, dass die Suche mit den Details der Datenstrukturen umgehen kann. Sie muss auch in der Lage sein, die Ergebnisse anzeigen zu können.

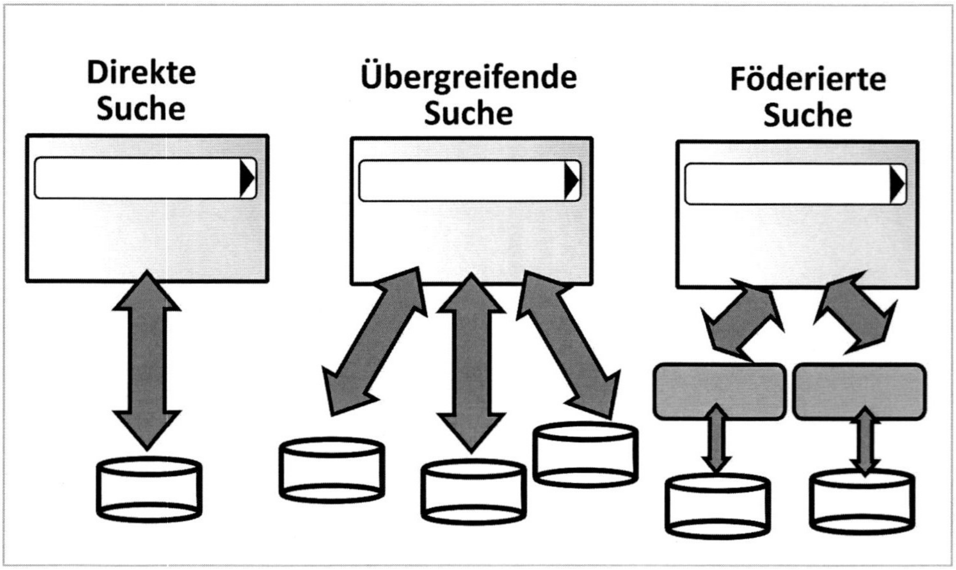

Abbildung 51 Direkte, übergreifende und föderierte Suche im Vergleich

Die föderierte Suche vereinfacht dies, indem die Suchfunktionen der jeweiligen Anwendungen verwendet und die Trefferlisten am Ende zusammengeführt werden. Wenn das Portal als zentrale Anlaufstelle für Anwendungen und Informationen definiert wird - muss es dann nicht auch die zentrale Anlaufstelle für die Suche sein? Mit dieser Frage stößt man in Dimensionen der betrieblichen Infrastruktur vor, die zunächst nicht Teil eines Portal-Projekts sein können. Diese umfassende Suche ist vielmehr ein Projekt zur Einführung einer unternehmensweiten Suche: Enterprise Search.

Wir werden im Folgenden drei Ausbaustufen näher betrachten: Von der einfachen Suche im Content des Portals, über die Suche im Content und in ausgewählten Anwendungen und in der bereits vorgestellten Maximalversion der Enterprise Search über das Portal.

Suche im Portal-Content

Die einfachste Variante ist die direkte Suche im Portal-Content (vgl. Abbildung 52). Diese Funktionalität wird von der Portal-Software oder einem damit verbundenen Content Management System bereitgestellt.

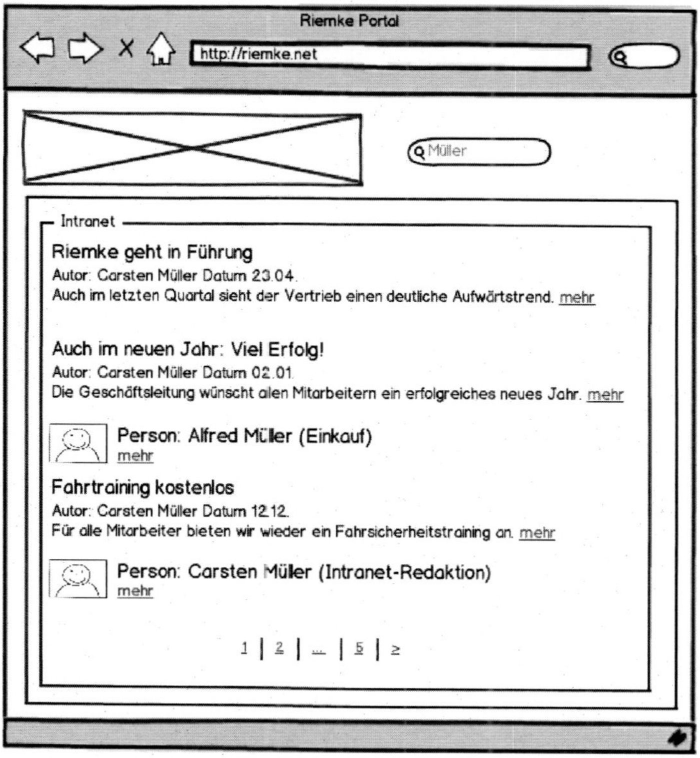

Abbildung 52 Listendarstellung der Treffer der Suche

Sie ist eine direkte Suche. Damit beschränkt sich die Suche auf Text, Dokumente und gegebenenfalls andere Medien, die direkt im Portal verwaltet werden. Das Suchfeld wird im Rahmen der Seitengestaltung eingefügt und die Trefferliste an das gegebene Design angepasst. Die Suchergebnisse werden in einer Trefferliste dargestellt, die gegebenenfalls auf mehrere Seiten verteilt ist. Für jeden Treffer kann, je nach Funktionsumfang des Systems und Konfiguration, der Titel oder der Titel und ein Exzerpt (Ausschnitt) zurückgeliefert werden.

Diese Form ist mit Portal-Software einfach zu realisieren, führt jedoch in der Unternehmenspraxis zur Verwirrung bei den Nutzern, da eine Suche in wichtigen Anwendungen (z.B. Telefonbuch) nicht vorgesehen ist.

Suche in Content und ausgewählten Anwendungen

Diese Variante ist bereits deutlich komplexer: Es werden nicht nur die Inhalte des Portals durchsucht, sondern auch die Informationen ausgewählter Anwendungen, die in das Portal integriert sind. Dabei ergeben sich verschiedene Herausforderungen, die bei einer Umsetzung zu lösen sind. Dazu gehören unter anderem die Darstellung von Treffern und die Verbindung zwischen Treffern und deren Darstellung in einer Anwendung. Die Darstellung von Treffern aus verschiedenen Systemen kann im einfachsten Ansatz gemischt aus den verschiedenen Quellen erfolgen. Dabei kann die Suchmaschine die Ergebnisse in einer Reihenfolge nach Gewicht darstellen. Die Problematik dieses Ansatzes lässt sich an einem einfachen Beispiel festmachen: Die Suche des Portals erstreckt sich über den Content des Portals sowie dem Telefonbuch des Unternehmens als integrierte Anwendung. Wenn nun ein Mitarbeiter nach „Müller" sucht, ergibt die priorisierte Trefferliste Herr Alfred Müller aus dem Telefonbuch sowie 20 Seiten des redaktionellen Intranet-Content, den Carsten Müller erstellt hat. Der Telefonbucheintrag, der eigentlich gesucht wurde, verschwindet unter den vielen Artikeln am Ende der Liste. Der richtige Treffer wäre Sabine Mueller gewesen, den die Suchmaschine aber wegen abweichender Schreibweise an das Ende gesetzt hat. Besser erscheint daher die Variante der Darstellung, die Treffer nach Quellen gruppiert und zusätzlich innerhalb der Quellen priorisiert. In Abbildung 53 werden Trefferlisten nach den beiden Quellen Intranet (-Content) und Telefonbuch gruppiert dargestellt. Diese Teilung ist mehrfach für verschiedene – und insbesondere für unterschiedlich relevante – Quellen durchführbar. Besonders relevanten Quellen kann größerer Raum auf der zur Verfügung stehenden Fläche bereitgestellt werden, als weniger wichtigen Datenquellen bzw. Anwendungen. Die Gruppierung wird allerdings mit zunehmender Zahl der Gruppen unübersichtlicher. Eine Grenze liegt für den in Abbildung 53 dargestellten Ansatz je nach Layout zwischen drei und fünf Gruppen. Bei mehr Gruppierungen kann auf einer Übersichtsseite die Trefferanzahl nach Gruppe angezeigt werden. Durch einen Klick auf die jeweilige Gruppe gelangt der Nutzer zur Detailliste der Gruppe. Falls der Platz es zulässt, können zu den Trefferzahlen auf der Übersichtsseite auch Auszüge aus der Trefferliste angezeigt werden. Ist die Darstellung der Treffer festgelegt, muss ein technisches Thema betrachtet werden: Was passiert, wenn ein Nutzer auf ein Suchergebnis eines in das Portal integrierten Systems klickt?

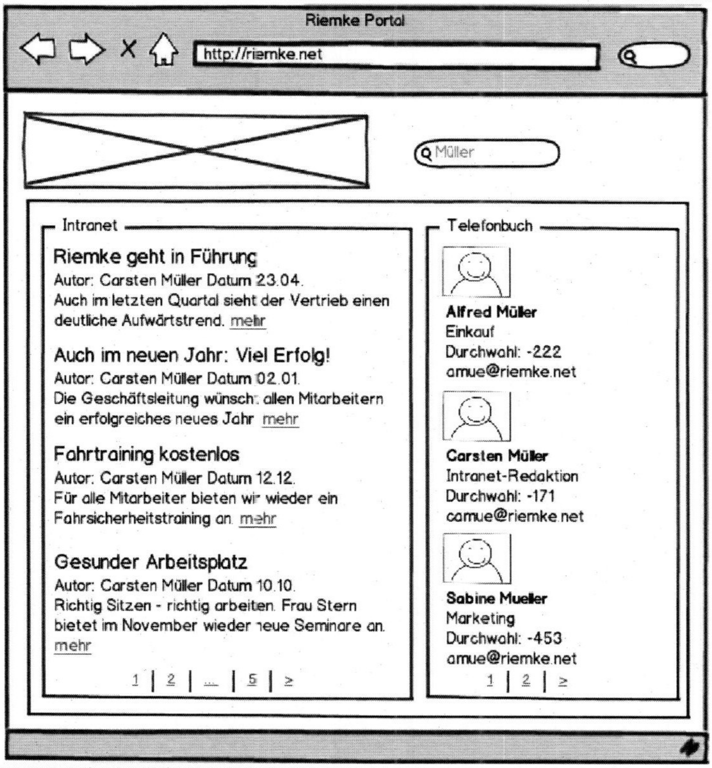

Abbildung 53 Gruppierte Darstellung der Treffer der Suche

Diese Frage stellt sich nicht für den Content des Portals, den die Portal-Software selbst verwaltet. Für integrierte externe Anwendungen ist dies in vielen Fällen nicht einfach, da die Daten nicht mit einer URL verbunden sind. Auch dies lässt sich am besten anschaulich an einem Beispiel zeigen: In der Trefferliste wird der Datensatz eines Kunden aus einem in das Portal integrierten CRM-System zurückgeliefert. Die Suche wird über eine spezielle Schnittstelle des CRM-Systems durchgeführt. Der Datensatz ist im System vorhanden – aber wohin zeigt der Link in den Treffern? Hierfür wird ein Link zu einer Web-basierten Darstellung des Datensatzes benötigt. Um genau zu sein: Es wird der Link zu einer Portal-Seite, die das CRM-Portlet enthält, benötigt. Dieser Link muss darüber hinaus für das Portlet die Information tragen, dass ein Datensatz und welcher Datensatz angezeigt werden soll.

Enterprise Search mit dem Portal

Enterprise Search umfasst die Suche im gesamten, für den Nutzer zugänglichen, Datenbestand des Unternehmens. Hierzu gehören, neben dem Portal-Content und die im Portal integrierten Anwendungen, auch alle anderen Datenquellen und Informationssysteme im Unternehmen. Die Umsetzung einer unternehmensweiten Suche ist ein eigenständiges Projekt und wird an dieser Stelle nur der Vollständigkeit halber erwähnt. Enterprise Search muss bereits in der Strategie als paralleles Projekt erkannt bzw. geplant werden.

Internationale Suche

Für die internationale Suche in den Portalen von Bereichen, Landesgesellschaften oder Tochterfirmen ist der Ansatz der föderierten Suche geeignet. Hierbei können die einzelnen Portale auch mit verschiedenen Technologien realisiert sein.

Pflege der Suche

Der Bereich Suche wird oftmals als ein rein technologisches Thema behandelt, welches mit der Anschaffung und Entwicklung von Software beendet ist. Vergessen wird die Pflege der Suche. Gepflegt werden müssen je nach Produkt z.B. Stoppwörter. Stoppwörter sind Wörter aus Volltexten, die inhaltlich nicht zur Suche und dem Suchergebnis beitragen können. Hierzu gehören typischerweise Artikel (der, die, das) und Konjunktionen (und, oder). Es können aber auch unternehmensspezifische Wörter gepflegt werden. Die Algorithmen zur Priorisierung können angepasst und Top-Suchergebnisse, die der Nutzer zu einem Suchwort immer finden soll, manuell gesetzt werden. Ein wichtiger Bereich ist die Pflege von Synonymen. Diese werden nicht nur a priori bei bekannten Begrifflichkeiten, wie zum Beispiel Urlaubsantrag und dem Synonym Anwesenheitsbeleg, angelegt. Hierbei kommt auch der kontinuierlichen Beobachtung der Suche und der Suchergebnisse eine große Rolle zu. Finden die Nutzer die richtigen Ergebnisse oder suchen sie nach den „falschen“ Begriffen? In diesem Fall kann über die manuelle Pflege der Synonyme eine Brücke geschaffen werden.

Rechte und Suchergebnisse

Die Rechteverwaltung für den Inhalt muss bereits während der Suche greifen. Es dürfen keine Treffer zurückgeliefert werden, deren Inhalte der Nutzer auf Basis seiner Rechte nicht einsehen darf. Bereits die Existenz eines Treffers kann problematisch sein. In dem Szenario eines High-Tech-Unternehmens ist die Existenz der Arbeit an einer Innovation bereits ein gut gehütetes Geheimnis, das nicht allen Mitarbeitern bekannt ist. Bei börsennotierten Unternehmen könnte vom Titel eines Treffers auf einen börsenrelevanten Fakt geschlossen werden. Beides darf nicht auftreten. Die Suche, vor allem die Trefferanzeige, ist unbedingt auf den Content zu beschränken, zu dem der Nutzer Zugang hat. In kritischen Einsatzfeldern ist zudem der Index der Suche, der wesentliche Informationen enthält, gegen unbefugten Zugang oder ein Kopieren zu schützen.

Search Appliance

Ergänzend soll an dieser Stelle noch darauf hingewiesen werden, dass die Suche auch vollständig extern außerhalb der Portal-Software realisiert werden kann. Dies ist über eigenständige Search Engines möglich. Eine Variante, die in einigen Szenarien beliebt ist, ist der Einsatz von Search Appliances. Diese sind eigenständige vorkonfigurierte Systeme, die im lokalen Netz installiert und mit den Datenquellen verbunden werden können. Sie bestehen aus Hard- und Software.

5.3.2.16 Portal-Landschaft vs. Portal

Nicht immer ist es möglich, ein zentrales Portal umzusetzen. Die Gründe, die dagegensprechen sind vielfältig. Zum einen existieren spezialisierte betriebliche Informationssysteme z.B. für die Produktion. Insbesondere Employee Self Service Systeme und andere Informationssysteme im Personalbereich bringen oftmals von Haus aus eine eigene Web-basierte Oberfläche mit. Diese kann zwar in ein zentrales Portal eingebunden werden, aber auch aus Kostengründen als eigenständiges System verbleiben. Auch gewachsene Intranet- und Portal-Strukturen sind ein Grund für Portal-Landschaften statt einem einzigen zentralen Portal. Diese können aus Zukäufen von Unternehmen bzw. Mergern oder aus lokalen Intranets von Unternehmensbereichen bzw. Abteilungen entstanden sein. Auch dies ist ein valider Grund für die Entscheidung für eine Portal-Landschaft.

Neben sprachlichen Aspekten spielen Verfügbarkeit und Zugriffsgeschwindigkeit eine Rolle – Stichwort: Landesportale. Kurz gefasst: Es gibt genug Gründe für eine Portal-Landschaft im Unternehmen.

Das Thema der Internationalisierung von Portalen wird im folgenden Kapitel diskutiert, da bei dieser Form komplexe Portal-Landschaften mit Überschneidungen entstehen können. In diesem Kapitel fokussieren wir Portal-Landschaften mit inhaltlich und funktional überschneidungsfreien Portalen. Die Portale ergänzen sich dabei. In diesem Fall ergeben sich Brüche in den Bereichen visuelle Gestaltung, Navigation und Bedienung, Prozessen sowie der Anmeldung.

Spezialisierte Portale, wie z.B. HR, Produktionssteuerung, Flottenmanagement, decken Teile der täglichen Aufgaben der Mehrheit der Mitarbeiter oder gegebenenfalls für wenige Mitarbeiter die Hauptaufgaben ab. Der einfache Ansatz wäre diese Portale aus einem zentralen Portal extern zu verlinken. Damit der Nutzer wieder zum zentralen Portal zurückfindet, wird das spezialisierte Portal in einem neuen Fenster geöffnet. Dies funktioniert, ist aber nicht im Sinne der Portal-Idee: Die Portale haben eine völlig verschiedene Navigationsstruktur, die nicht miteinander verbunden ist. Der konträre Ansatz ist die informationstechnische Einbindung in das zentrale Portal. Einige Softwareprodukte unterstützen dies mit der Bereitstellung der Funktionalität über einbindbare Portlets. Stehen diese nicht bereit, ist individuelle Entwicklungsarbeit zu leisten, um die Systeme zu integrieren. Dieser Aufwand ist nicht immer vertretbar.

Die Probleme einer Portal-Landschaft lassen sich durch einen erstaunlich oft einfach umsetzbaren Kniff mildern: Es wird ein virtuelles Portal geschaffen, welches sich für den Nutzer transparent über die verschiedenen physischen Portal-Systeme ausdehnt. Dieses virtuelle Portal sieht (weitgehend) aus wie ein einheitliches Portal und lässt sich (weitgehend) auch einheitlich bedienen. Zunächst muss hierfür in der Landschaft das zentrale, führende Portal identifiziert oder definiert werden. Das führende Portal ist das physische Portal, welches den meisten Content beinhaltet und damit von der Breite der Nutzer in der Regel als Hauptinstrument benutzt wird. Die Navigationsstruktur des virtuellen Portals wird nach dem Entwurf im führenden Portal abgebildet. Dabei wird es Unterstrukturen der Navigation geben, die physisch in anderen Portalen verortet sind.

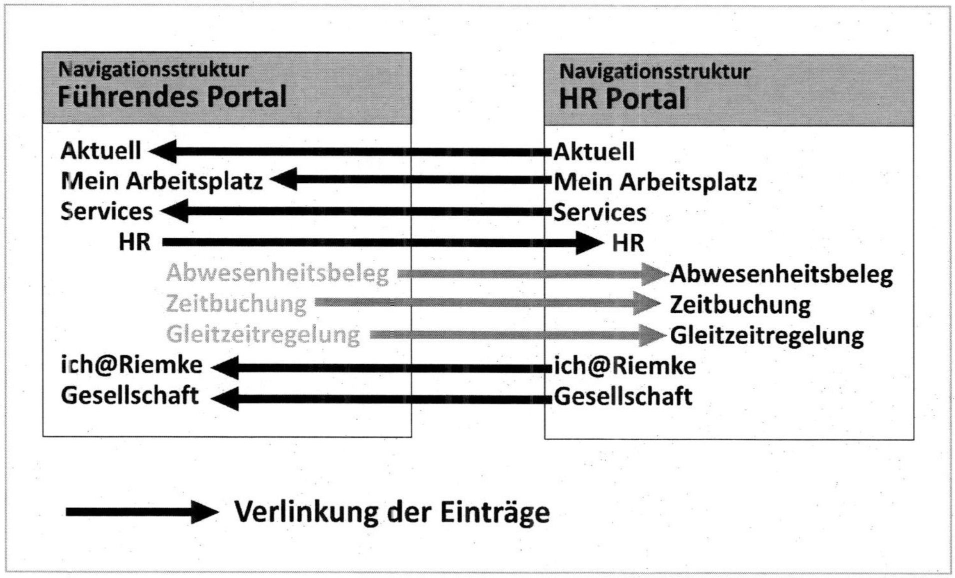

Abbildung 54 Verlinkung zwischen den Portalen in einem virtuellen Portal

Diese Unterstrukturen werden vom führenden Portal aus direkt aus den betreffenden Navigationspunkten verlinkt. In den spezialisierten Portalen wird die Navigationsstruktur auf oberster Ebene sowie in den Teilen, für die das spezialisierte Portal verantwortlich ist, abgebildet. Der verbleibende Teil wird wiederum auf die anderen Systeme verlinkt. Bei der Nutzung springt der Anwender in diesem Ansatz zwischen den Portalen hin- und her. Sind die Portale visuell gleich gestaltet, dann merkt der Anwender nicht, dass er das ursprüngliche Portal verlassen hat und die aktuelle Seite von einem anderen Portal-System ausgeliefert wird. Für ihn ergibt sich ein virtuelles Portal.

Abbildung 54 zeigt das Prinzip des virtuellen Portals an einem vereinfachten Beispiel mit einem führenden Portal und einem virtuell integrierten HR-Portal. Der Nutzer startet im führenden Portal und navigiert über „Services" in den Bereich HR. Der Menüeintrag „HR" verweist im führenden Portal auf das HR-Portal. Der Nutzer wechselt durch den Klick auf das HR-Portal. Idealerweise bemerkt er dies nur durch die Änderung der angezeigten URL im Browser, da das HR Portal die gleiche Navigationsstruktur anzeigt und weitgehend gleich nach einem gemeinsamen Styleguide gestaltet ist. Nun kann der Nutzer zum gewünschten Abwesenheitsbeleg weiternavigieren. Ist dieser ausgefüllt, so kann er im HR Portal z.B. „Mein Arbeitsplatz“ auswählen. Dieser befindet sich wiederum nicht im HR-Portal, sondern der Menüeintrag verlinkt auf das führende Portal und der Nutzer landet direkt dort im Bereich „Mein Arbeitsplatz“. Die hellgrau dargestellten Untermenüpunkte existieren nicht im führenden Portal, müssen aber, z.B. bei der Suche, gefunden werden und auf das HR-Portal verweisen. Dieser Ansatz setzt voraus, dass sich bei allen Portalen die Navigationsstruktur derart manipulieren lässt, dass diese als eine einheitliche virtuelle Struktur wahrgenommen wird. In der Praxis wird sich dies durch die verschiedenen technischen Grundlagen der Systeme nicht vollständig umsetzen lassen. Problemfelder sind dabei in einigen Fällen die fehlende Möglichkeit die Menüs zu verändern und die Systeme visuell an eine gemeinsame Vorgabe anzupassen.

Selten veränderbar ist die unterschiedliche Dialoggestaltung der Systeme, die verschiedenen Bedienungsparadigmen unterliegen. Keine zwei Systeme von verschiedenen Herstellern werden, trotz angepasster Oberfläche, beispielsweise gleiche Wizards für die Durchführung von Aufgaben haben. Diese werden dem Nutzer verschiedene Navigationsmöglichkeiten zwischen den Dialogschritten und verschiedene Statusinformationen liefern. Dennoch kann mit einem virtuellen Portal der Bruch zwischen den Systemen oft etwas geglättet werden. Die Problematik der Benutzer-Accounts lässt sich durch die in Kapitel 5.4.9 beschriebenen Verfahren lösen.

5.3.2.17 Internationale und globale Portale

Nachdem im vorhergehenden Kapitel die Landschaft aus Nutzersicht vereinheitlicht wurde, betrachtet dieses Kapitel die Diversifizierung für verschiedene Sprachen und internationale Regionen.

Die einfachste Form der Internationalisierung ist die Definition einer allgemeinen Unternehmenssprache, in der das Portal ausgestaltet ist. Unternehmen, die diesen Weg gehen, verwenden in der Regel Englisch als Hauptsprache. Das Portal ist in diesen Fällen vollständig auf Englisch umgesetzt. Neben den zentralen Unternehmensinformationen existieren Inhalte, die nur regionale oder lokale Bedeutung haben. Dies sind, neben spezifischen Nachrichten, auch grundlegende Informationen. Als Beispiel kann hier ebenfalls der Bereich Personal herangezogen werden, der je nach Land an verschiedene rechtliche Vorgaben gebunden ist. Diese Regelungen werden, z.B. von Behörden oder Versicherungen, jeweils landessprachlich herausgegeben. Das Content Management Modul des Portals oder das eingebundene Content Management System muss bei internationalen Portalen Mehrsprachigkeit beherrschen. In der Redaktionsoberfläche ist bei Systemen, die Mehrsprachigkeit unterstützen, für jeden Artikel eine Übersetzungsvariante für verschiedene Sprachen vorgesehen.

Die Übersetzung kann durch den Redakteur oder einem externen Übersetzer erfolgen. Externe Übersetzer können, je nach organisatorischer Ausgestaltung, auf diese Zugreifen oder erhalten die Übersetzung über einen automatisierten Übersetzungsworkflow. Der interne Redakteur muss in diesem Fall nur auswählen, dass ein Artikel übersetzt werden soll, damit der Workflow zum Dienstleister gestartet wird. Die Portal Software muss entsprechend auch eine Mehrsprachigkeit für die Menüs unterstützen. Bei Übersetzungen ist zu beachten, dass die Textlängen in verschiedenen Sprachen in den einzelnen Übersetzungen zum Teil stark variieren. Das Seitenlayout des Portals muss gegebenenfalls für Sprachen mit abweichenden Schreibrichtungen entwickelt werden. Bei der Farbgebung sind kulturelle Aspekte zu berücksichtigen und die Gestaltung ggf. daran anzupassen. In den Bereich kulturelle Aspekte gehört auch die Beachtung der Diversität im Bildmaterial. Auch das Bildmaterial kann gegebenenfalls „übersetzt" werden. In Bildern können sprach-, landes- oder kulturspezifische Teile (Beispiel: Abbildung Schriftzug, Tastatur) enthalten sein, sodass hierfür landesspezifische Bilder gemacht werden müssen.

Sprachen, die im Unternehmen seltener gesprochen werden und für die möglicherweise Übersetzer schwerer gefunden werden können, sind in der Regel problematisch. Die Kosten für eine Übersetzung wird im Vergleich zu dem erwarteten Nutzen meist als eher gering eingestuft. Kommt ein Unternehmen zu diesem Schluss, dann lässt sich neben der Variante, dass das Portal nur mit dem englischen Inhalt angeboten wird, auch in einer individuellen Form realisieren: In diesem Fall kann das Portal landessprachlich ausgestaltet werden, alle dauerhaften Informationen werden übersetzt angeboten. Für die Bereitstellung der zentralen, aktuellen „Must-Read"-Informationen für alle Mitarbeiter sowie für selten genutzte Informationen wird die englische Übersetzung verwendet.

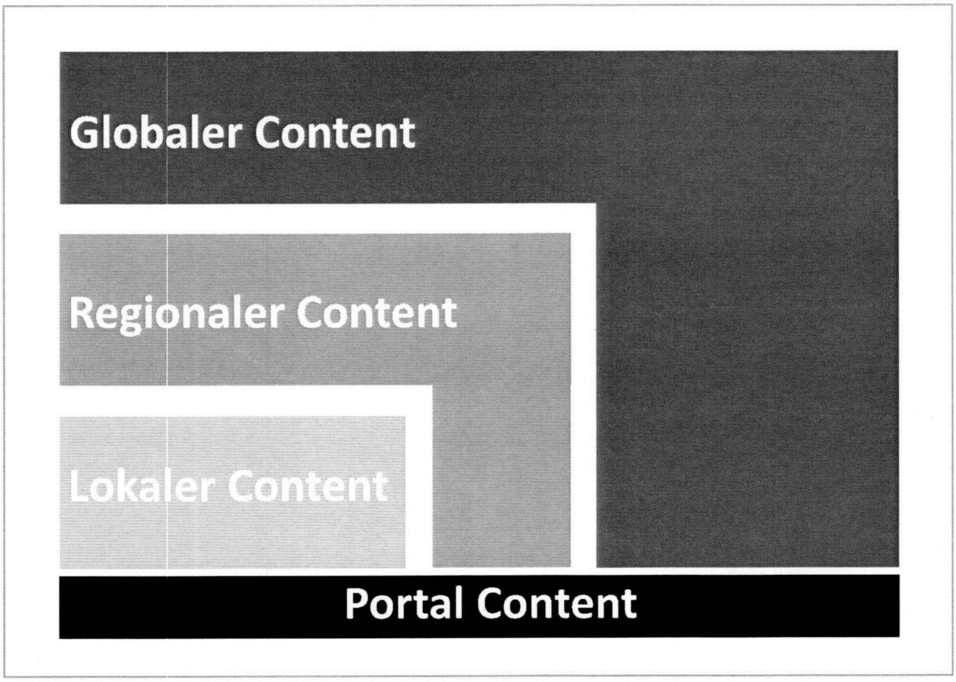

Abbildung 55 Globaler, regionaler und lokaler Content in Portalen

Diese Variante bietet den Vorteil, dass lokale Informationen durch lokale Redakteure eingepflegt werden können. Mehrsprachigkeit betrifft nicht ausschließlich den Content im Portal, sondern auch die Anwendungen. Je nach Land werden unterschiedliche Anwendungen oder unterschiedliche, jeweils lokale Instanzen von Anwendungen verwendet. Die Anwendungen selbst müssen ggfs. in der Sprache angepasst sein. Die Lokalisierung von angebotenen Anwendungen kann über Rollen gesteuert werden (z.B. Rolle „Mitarbeiter Frankreich"). Damit lässt sich das Themenfeld der Mehrsprachigkeit auf zwei Dimensionen abbilden: Sind Content/ Anwendungen verfügbar und wenn ja, sind sie landesspezifisch angepasst? Abbildung 55 zeigt das Zusammenspiel in einem Portal: Von einer zentralen Redaktion erstellter, globaler Content ist neben regional und lokal erstellten Content verfügbar. Dieser Content wird von Redakteuren vor Ort erstellt.

Die Betrachtungen dieses Kapitels sind bisher von einem zentralen globalen Portal ausgegangen. Eine Alternative hierzu ist die Realisierung von dezentralen regionalen oder lokalen landesspezifischen Portalen.

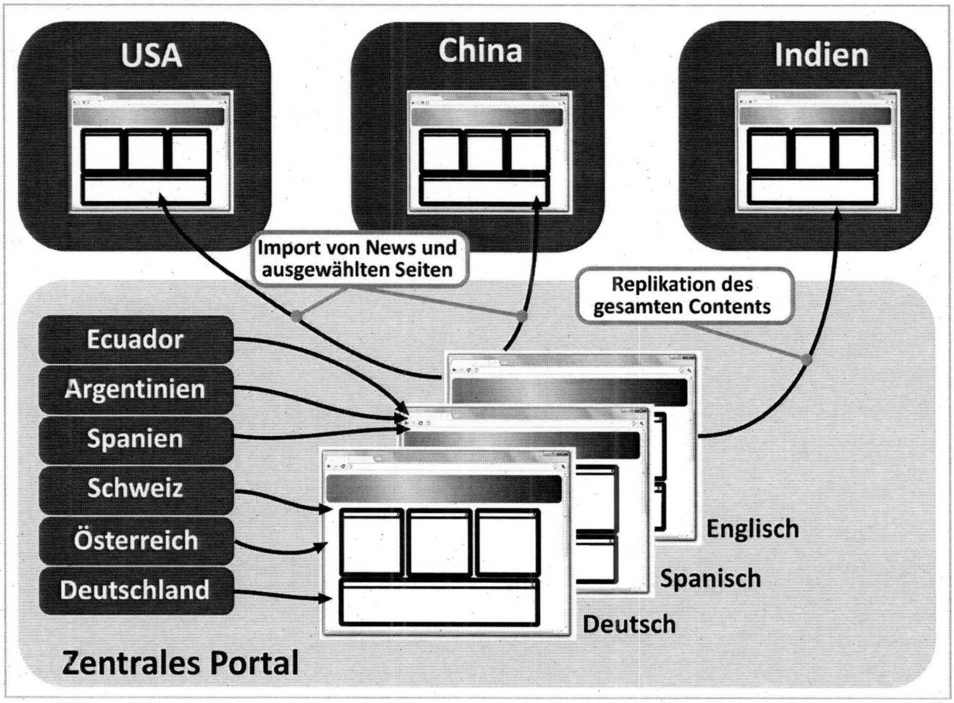

Abbildung 56 Case Study Internationale Portale

Diese bieten den Vorteil, dass sie zum einen räumlich nahe beim Nutzer stehen können und damit netzwerktechnisch besser erreichbar sind. Auf der anderen Seite bietet eine dezentrale Struktur einen besseren Ausfallschutz z.B. gegen den Ausfall des Internets. Dies kommt international betrachtet durchaus immer wieder vor, beispielsweise durch Beschädigung von Seekabeln. In einer dezentralen Struktur müssen die globalen Inhalte von dem Portal des Stammsitzes regelmäßig abgeglichen und neue aktuelle Inhalte lokal übernommen werden (Syndication bzw. Replikation). In der in Abbildung 56 dargestellten Case Study eines international agierenden Unternehmens sind das zentrale Portal in Deutschland und die lokalen Portale in den USA, China und Indien angesiedelt. Das zentrale Portal wird in drei Sprachen angeboten: Deutsch, Spanisch und Englisch. Alle Inhalte werden in diese Sprachen übersetzt. Die Mitarbeiter in Deutschland, der Schweiz und Österreich nutzen das deutschsprachige Portal. Aufgrund der zentralen IT-Struktur für Europa nutzt Spanien das zentrale Portal.

Die neuen Niederlassungen in Südamerika verwenden aufgrund der geringen Mitarbeiterzahl ebenfalls die spanische Übersetzung des zentralen Portals. Die große Landesgesellschaft in Indien betreibt ein eigenes Portal, welches den gesamten Content englischsprachig aus dem zentralen Portal bezieht. Hinzu kommen einzelne lokale Anwendungen und lokale News, die direkt vor Ort gepflegt werden.

Das Portal in China ist nahezu vollständig lokal. Im Portal werden auch die lokalen Anwendungen bereitgestellt. Der Content wird ebenfalls vor Ort erstellt. Das Portal bezieht jedoch einzelne Inhalte, wie zum Beispiel die Konzernnachrichten, aus der englischsprachigen Version des zentralen Portals. Diese Nachrichten werden nicht übersetzt und neben dem lokalen Content angezeigt. Das US-Portal importiert alle in den Metadaten als „International" markierten News aus dem zentralen Portal und fügt eigene lokale Nachrichten hinzu. Darüber hinaus werden ausgewählte relevante Fachseiten importiert. In allen von Landesgesellschaften selbst betriebenen Portalen durchsucht die Suchfunktion zunächst den lokalen Content. Durch Klick auf einen Button kann der Nutzer aber darüber hinaus die Suche auf alle internationalen Portale ausdehnen. Damit die Nutzer den international gefundenen Content auch nutzen können, wurde ein international abgestimmtes Rechte- und Rollenkonzept erstellt und umgesetzt.

5.3.2.18 Ausgestaltung der Startseite

Die unternehmensindividuelle inhaltliche Gestaltung der Startseite ist einer der großen Erfolgsfaktoren eines Portals. Die Bandbreite der Gestaltungsansätze ist sehr groß: Von der klassischen News-Seite bis zum direkten Einstieg in Anwendungen ist alles möglich. Die Gestaltung ist eine wichtige Aufgabe, denn die Startseite ist der Ausgangspunkt für die meisten Nutzer. Sie muss daher nützlich sein, aber auch Interesse an weiterer Nutzung wecken. In den folgenden Abschnitten werden verschiedene inhaltliche Ausgestaltungsmöglichkeiten vorgestellt.

Die Startseite als News-Seite

Die Unternehmensnachrichten stellen in den meisten, aber bei weiten nicht allen, Anwendungsszenarien ein wichtiges Element des Portals dar. Sie informieren über aktuelle Ereignisse aus dem Unternehmen und seinem Umfeld. Das Intranet bzw. Mitarbeiterportal hat schon lange die klassische Mitarbeiterzeitung in der Bedeutung und in vielen Fällen sogar existenziell abgelöst. Im Portal bilden die Nachrichten eine Synergie mit den Prozessen und Anwendungen: Die Nachrichten bewegen die Mitarbeiter zur Nutzung des Portals und damit auch zu den Prozessen und Anwendungen. Dies gilt entsprechend auch im Umkehrschluss. Die Ausgestaltung der Startseite als überwiegende News-Seite ist nicht für alle Unternehmen geeignet. Eine *redaktionell* betreute Startseite erfordert eben genau dieses: Eine *Redaktion*, die die Seite betreut und regelmäßig, mindestens im Tagesrhythmus, neue und interessante Inhalte aus dem Unternehmen präsentiert. Werden Unternehmensnachrichten im Portal angeboten, so müssen diese auch tatsächlich einen aktuellen Nachrichtencharakter aufweisen. Ein News-Bereich, der einmal im Monat eine halbwegs aktuelle Nachricht enthält, wird von den Lesern nicht ernstgenommen und nicht mehr frequentiert. Die untere Grenze der Akzeptanz ist von den Leserkreisen abhängig, liegt jedoch erfahrungsgemäß in dem Bereich zwischen einem und mehreren neuen Artikeln – *täglich*. Diese Aktualisierungshäufigkeit erfordert jedoch bereits eine Intranet-Redaktion, die auch personell besetzt sein will. Neben dem Mangel an aktuellen Nachrichten im Portal stehen auf der anderen Seite der Skala größere Unternehmen mit einer sehr (pro-) aktiven Unternehmenskommunikation. Insbesondere in Konzernstrukturen mit mehreren Gesellschaften mit jeweils eigener lokaler Unternehmenskommunikation und zentralem Portal laufen viele Nachrichten auf. Diese sind dann im Arbeitsalltag von den Nutzern nicht zu erfassen, da für das Lesen von News nur wenig Zeit bleibt. In diesen Fällen ist eine Strukturierung der Nachrichten erforderlich, die dem Leser die für ihn relevanten Informationen anbietet. Für die Strukturierung bieten sich sechs verschiedene Varianten an (Abbildung 57).

Unternehmensbereich: Nachrichten können nach den betroffenen Unternehmensbereichen gegliedert werden. Dies kann in einem Konzern die Gesellschaft, in kleineren Strukturen ein Bereich oder eine Abteilung sein.

Nachrichtentyp: Die News lassen sich in „Must-Read"-Informationen des Unternehmens und optionale Informationen unterteilen. Must-Reads müssen bzw. sollten von allen betroffenen Mitarbeitern gelesen werden. Dies können Informationen betreffend des Betriebsablaufs (z.B. Reorganisation, Stellungnahmen) oder allgemein relevante Informationen (z.B. allgemeine Informationen der Geschäftsleitung, Aktienoptionen) sein. Die Must-Reads müssen so platziert werden, dass sie unübersehbar sind. Dies geschieht gegebenenfalls durch eine Platzierung als Top-Information auf der Startseite.

Wichtigkeit: Die Unternehmensnachrichten können je nach Wichtigkeit priorisiert werden. Typischerweise geschieht dies in zwei Stufen: Top-News und „normale" News. Top-News beinhalten wichtige Informationen. Sie werden daher in der Regel auf der Startseite prominent dargestellt und verbleiben dort länger als die übrigen Nachrichten, die von neueren Nachrichten in der Darstellung verdrängt werden. Must-Read News haben in der Regel auch eine hohe Wichtigkeit, müssen jedoch nicht zwingend Top-News sein (z.B. Must-Read-Information über eine Systemwartung).

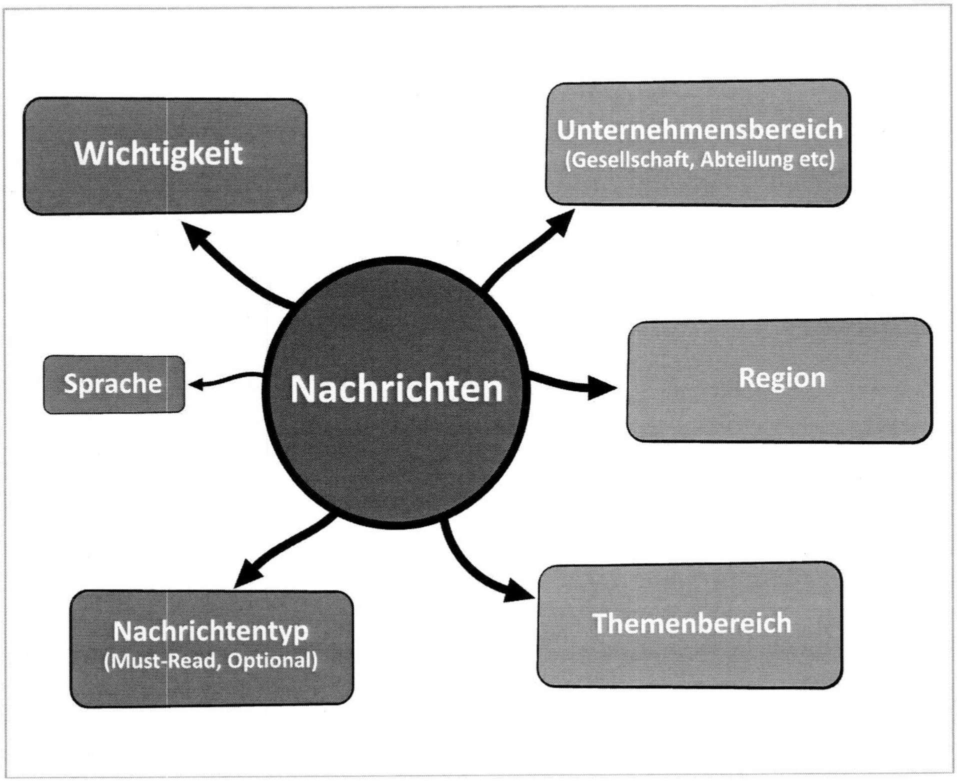

Abbildung 57 Attribute für die Sortierung von Unternehmensnachrichten

Themenbereich: Der Themenbereich, den die einzelne News erfasst, ist ein weiteres mögliches Attribut. Hier geht es um den tatsächlichen Nachrichteninhalt und damit um die Zielgruppe für diese Nachricht.

Region: Die Region ist eine besondere Form der thematischen Orientierung. Nachrichten mit einem bestimmten regionalen Bezug lassen sich unter diesem Attribut zusammengefasst der jeweiligen Zielgruppe anbieten. Dies ist vor allem für international operierende Unternehmen essenziell.

Sprache: Die Sprache kann ebenfalls als Attribut herangezogen werden. Dabei stellt sie durchaus auch ein optionales Ausschlusskriterium dar um z.B. englischsprachige Nachrichten mit internationalem Bezug in Ländern mit geringer Durchdringung von Englisch unter den Mitarbeitern nicht anzuzeigen.

In unserer Case Study werden als Attribute für die Zusammenfassung von Unternehmensnachrichten die Kategorien

- Konzern
- Vertrieb
- International
- Infrastruktur (inkl. IT-Störungen)

herangezogen. Es findet somit eine Aufteilung nach Unternehmensbereichen statt. Eine weitere Rubrik neben den News, die ebenfalls auf der Startseite zu finden sein kann, ist der Pressespiegel. Unternehmen, insbesondere Konzerne, abonnieren von einer oder mehreren Agenturen Presseauswertungen. Diese werden nach Prüfung und unter Berücksichtigung des geltenden Rechts intern digital zur Verfügung gestellt. Eine besondere Art der Unternehmensnachrichten sind Nachrichtensendungen und Informationsvideos in Form von Web-TV, welches im Browser verfolgt werden kann. Audiovisuelle Medien haben aufgrund der immer günstigeren Technik längst auch das Portal erreicht. Da Web-TV-Angebote dennoch eine deutlich aufwendigere Produktion erfordern als einfache Texte werden diese nur in größeren Unternehmen mit entsprechenden personellen Ressourcen eingesetzt. Die Startseite kann über die bisher vorgestellten Inhalte hinaus auch ein Blog, z.B. des Vorstands, enthalten.

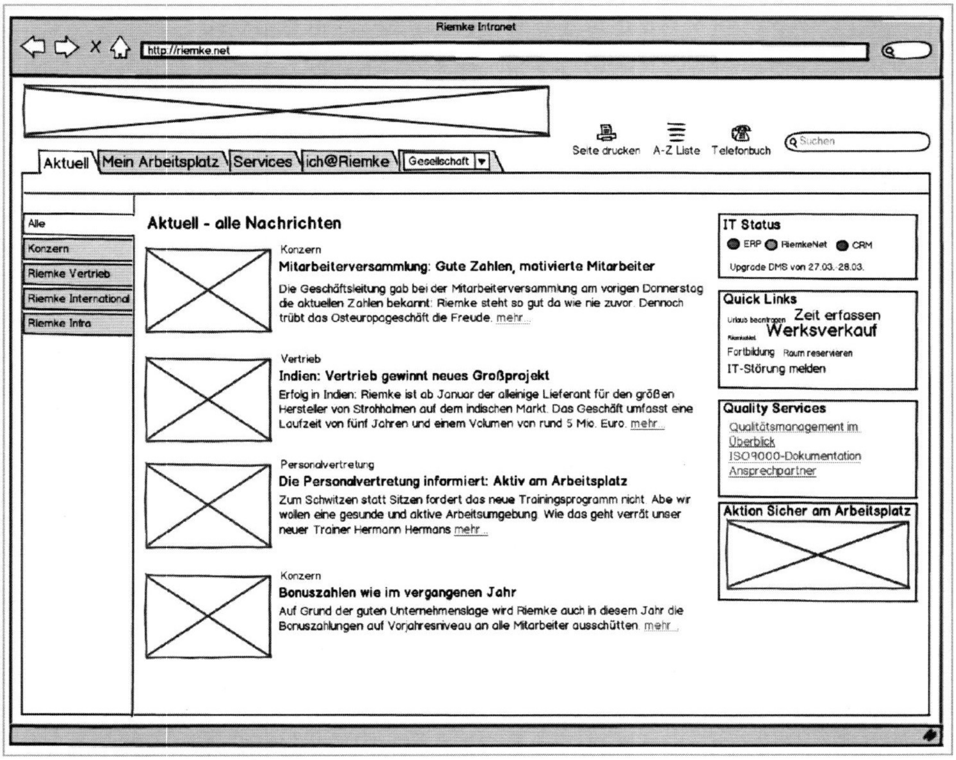

Abbildung 58 Startseite des Beispielportals

Das Beispiel in Abbildung 58 zeigt, dass eine Startseite gemischte Inhalte und Anwendungen tragen kann. Hier wird in der rechten Spalte aus einem System der IT der IT-Status angezeigt. Dieser signalisiert den Nutzern, dass alle wichtigen betrieblichen Informationssysteme störungsfrei funktionieren – oder eben nicht. Dieses Portlet erspart die obligatorische Mail der IT-Abteilung bei Ausfall eines Systems. Darüber hinaus werden Quick Links angeboten, die direkt auf wichtige und häufig verwendete Inhalte verweisen. Am unteren Ende der rechten Spalte ist darüber hinaus noch ein Logo der firmeninternen Aktion „Sicher am Arbeitsplatz“ zu finden, welches auf die Seite der Aktion verlinkt.

Die Startseite als Arbeitsseite

Die Startseite kann in einem Gegenansatz auch vollständig anwendungsorientiert aufgebaut sein. In diesem Fall werden die wichtigsten Anwendungen auf der Startseite und gegebenenfalls auf Unterseiten platziert. Die Startseite kann personalisiert oder individualisiert angeboten werden. Dieser Ansatz entspricht dem „Mein Arbeitsplatz"-Konzept (vgl. Kapitel 5.3.2.19), allerdings auf die Startseite transferiert. Dieser Ansatz wird häufig von sehr kleinen Unternehmen oder Unternehmen mit kleinem Portal gewählt, da so die wichtigsten Funktionen direkt zugreifbar sind.

Hinweise zur inhaltlichen Gestaltung der Startseite

Am besten lassen sich die Inhalte der Startseite in der Diskussion mit den Mitarbeitern ausarbeiten. Wer weiß schon besser, was die Mitarbeiter von der Startseite erwarten als die Mitarbeiter selbst? Der aus den Workshops mit den Mitarbeitern entstandene Entwurf sollte, wenn die visuelle Ausarbeitung abgeschlossen ist, in einem Usability Test überprüft werden.

5.3.2.19 Gestaltungsvorschlag für die Ebene-1-Navigation

Dieser Abschnitt macht einen Gestaltungsvorschlag für die Ebene-1-Navigation eines Mitarbeiterportals. Dieser kann als Arbeitsanregung dienen oder als Teil der Informationsarchitektur in einem Portal-Projekt verwendet werden. Vorteilhaft ist in jedem Fall die unternehmensindividuelle Erstellung der Navigation wie sie in diesem Buch beschrieben wird.

Aktuell

Der Navigationspunkt *Aktuell* ist die klassische News-Seite des Portals als Startseite. Hier können direkt auf der Seite Unternehmensnachrichten dargestellt werden. Durch die Benennung *Aktuell* können aber auch weitere Punkte, wie zum Beispiel der IT-Status, Aktionen oder nutzerindividuelle Benachrichtigungen, an dieser Stelle eingeblendet werden.

Mein Arbeitsplatz

Mein Arbeitsplatz ist der Startpunkt für alle tätigkeitsbezogenen Informationen und Anwendungen. Diese werden auf der Ebene 2 unter diesem Navigationspunkt angeordnet. Die Ebene 2 ist nach den Aufgaben und der Hierarchie des Nutzers personalisiert. Gehört er dem mittleren Management an, so wird in die

Ebene 2 aufgrund dieser Rolle das entsprechende Management Cockpit eingeblendet. Als Mitarbeiter des Vertriebs erhält er den Navigationspunkt *Vertriebsinformationssystem*. Auf diese Weise lassen sich die unzähligen Anwendungen des Unternehmens gezielt den Nutzergruppen bereitstellen. Die E1-Seite *Mein Arbeitsplatz* selbst kann für die Einbindung einer zentralen Worklist oder einer Übersicht über die rollenbasierten Anwendungen genutzt werden.

Services

Der Bereich *Services* umfasst alle Angebote der Querschnittsbereiche. Der IT-Service findet sich an dieser Stelle ebenso wie die Haustechnik. Die Seite kann bei umfangreichen Angeboten in Form eines Verzeichnisses angelegt werden. In den Bereich Services fällt auch das Angebot der Personalabteilung. Dieses kann jedoch aufgrund des Umfangs oder der besseren Sichtbarkeit auch in einen eigenen Ebene 1-Navigationspunkt mit dem Namen *Personal* oder *HR* ausgelagert werden. Dies gilt im besonderen Maße für große Organisationen, in denen der HR-Bereich entsprechend seiner organisatorischen Größe umfangreichere Serviceangebote bereitstellen kann.

ich@...

Unter *ich@<name>* (bei der <name> für den Namen des Unternehmens steht) werden allgemeine Angebote, wie zum Beispiel Foren oder Werksverkauf, zusammengefasst. Ebenfalls in diese Rubrik können die Angebote der Arbeitnehmervertretung sowie die Angebote zur Weiterqualifizierung fallen.

Organisation

Unter *Organisation* sind alle Informationen zur Organisation angeordnet, wie zum Beispiel Organigramme, Zahlen und Fakten zum Unternehmen oder Bilder aus dem Unternehmen. An dieser Stelle kann auch auf andere Unternehmensportale innerhalb einer Konzernstruktur verlinkt werden. Wird ein konzernweites Portal konzipiert und umgesetzt, so bietet sich an, diesen Menüpunkt personalisiert auszugestalten und dort unternehmensspezifische Informationen anzubieten. In diesem Fall sollte der Navigationspunkt nach Nutzergruppen personalisiert den Namen des (Teil-) Unternehmens statt *Organisation* tragen.

5.3.3 Gestaltungsvorschlag für das Layout

Design und Layout sind zwei Begriffe, die in verschiedenen Bedeutungen immer wieder bunt durcheinander gewürfelt werden. Design wird in diesem Abschnitt als Obergriff für die visuelle Gestaltung des Portals verwendet. Hierzu gehören die farbliche Gestaltung und grafische Elemente, wie z.B. Bilder, Icons, sowie Schriften und Formatierung. Das Layout ist eine weitere Komponente des Designs. Das Layout legt die Anordnung und die Größe von Elementen auf dem zur Verfügung stehenden Platz fest. Dieses Buch kann an dieser Stelle keinen Design-Schnellkurs bieten. Dies ist Bestandteil einer umfangreichen Ausbildung. Es ist jedoch sinnvoll sich grundlegend mit dem Thema Layout in Ausschnitten zu befassen, da dieses mit den erforderlichen Seitenvorlagen (Templates) einhergeht. Für ein Portal sind bereits bei einer einfachen Gestaltung mehrere Layouts erforderlich. Diese basieren auf einem gemeinsamen Grundlayout.

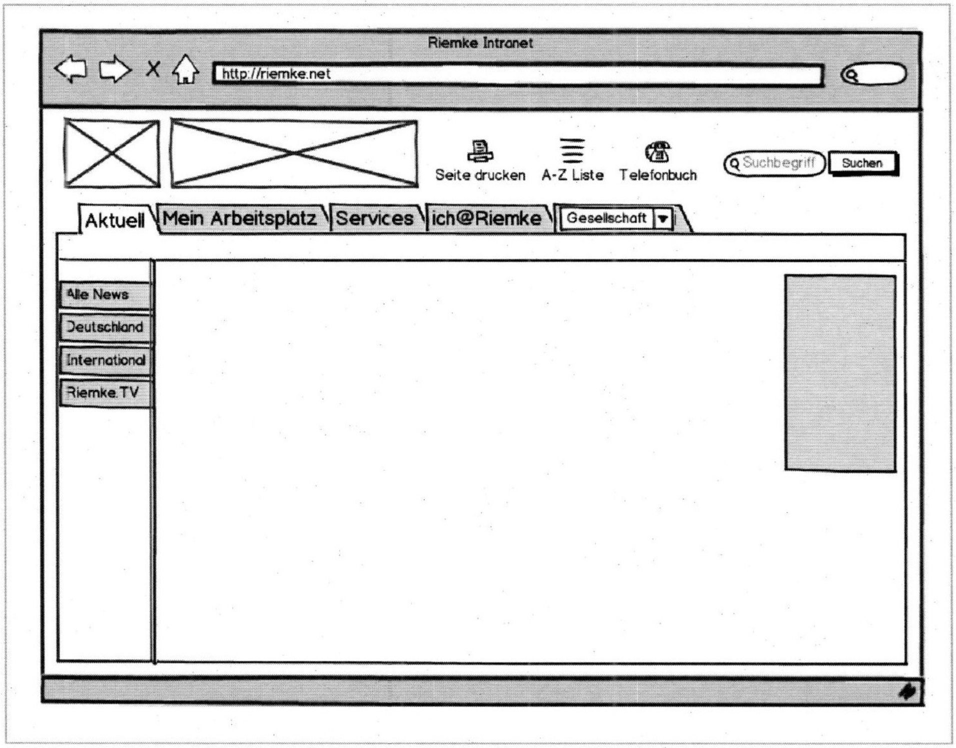

Abbildung 59 Grundlayout - ein Vorschlag

Im Folgenden wird ein Vorschlag für ein „Standard-Layout" gegeben, welches als Anregung und Ausgangspunkt für den eigenen Entwurf von Seiten-Templates dienen kann. Das Grundlayout dieses Standards besteht aus dem Header mit der Utility-Navigation (Abbildung 59). Der Header enthält das Firmenlogo, das zur Startseite zurückverlinkt ist und ein Bildbanner für die Identifikation mit dem Unternehmen oder, wenn erforderlich, mit einer (Teil-) Gesellschaft. Die Bestandteile der Utility-Navigation sind beispielhaft „Seite drucken", „A-Z-Liste" und ein „Telefonbuch". Daneben ist das Suchfeld platziert. Die Elemente Navigation der Ebene 1 sind als Reiter ausgeführt. Die Ebene 2 befindet sich links neben dem Inhaltsbereich. Der Inhaltsbereich kann optional rechts noch mit einem Content-Kasten für verwandte Informationen oder ständig sichtbare Anwendungen versehen werden. Ausgehend von dem Grundlayout zeigt Abbildung 60 eine Artikelseite mit einem optionalen Bild, wie sie typischerweise für Unternehmensnachrichten eingesetzt wird. Für den Inhalt von Fachseiten entfallen der Teaser sowie gegebenenfalls das Bild.

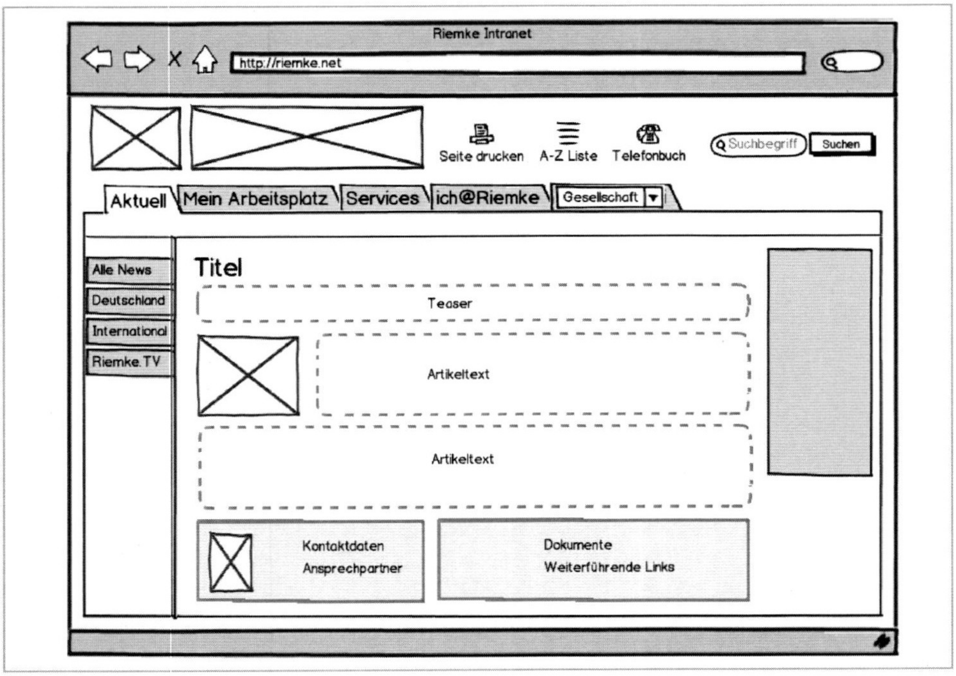

Abbildung 60 Artikel-Seite mit optionalem Bild - ein Vorschlag

Unter dem Content werden die Kontaktdaten des Ansprechpartners und optional ein Foto dargestellt. Die Pflichtangabe des Ansprechpartners (in der Regel der Autor) ist für Inhaltsseiten zu empfehlen. Die Nutzer erhalten so den richtigen Kontakt für eventuelle Nachfragen. Auf der anderen Seite wirkt sich die Angabe auch positiv auf die Wartung aus, da der Verantwortliche für den Inhalt und seine Aktualität geradesteht. Er wird entsprechend auch auf Fehler persönlich angesprochen. Für Portale sind thematische Übersichtsseiten wichtig. Damit sind nicht die überflüssigen Brückenseiten gemeint, die nicht mehr als eine Willkommensnachricht und Inhaltsangaben enthalten. Übersichtsseiten listen die Portal-Inhalte auf und machen sie als Navigation zugänglich. Ein Beispiel für eine Übersichtsseite in Form eines Verzeichnisses wurde bereits im Navigations-Kapitel in Abbildung 48 vorgestellt. Neben dem Content benötigen auch die Anwendungen Vorlagen. Abbildung 61 zeigt das unspektakuläre Layout einer Anwendungsseite. In die für die Anwendung vorgesehene Fläche wird von der Portal-Software das Portlet der Anwendung eingebettet.

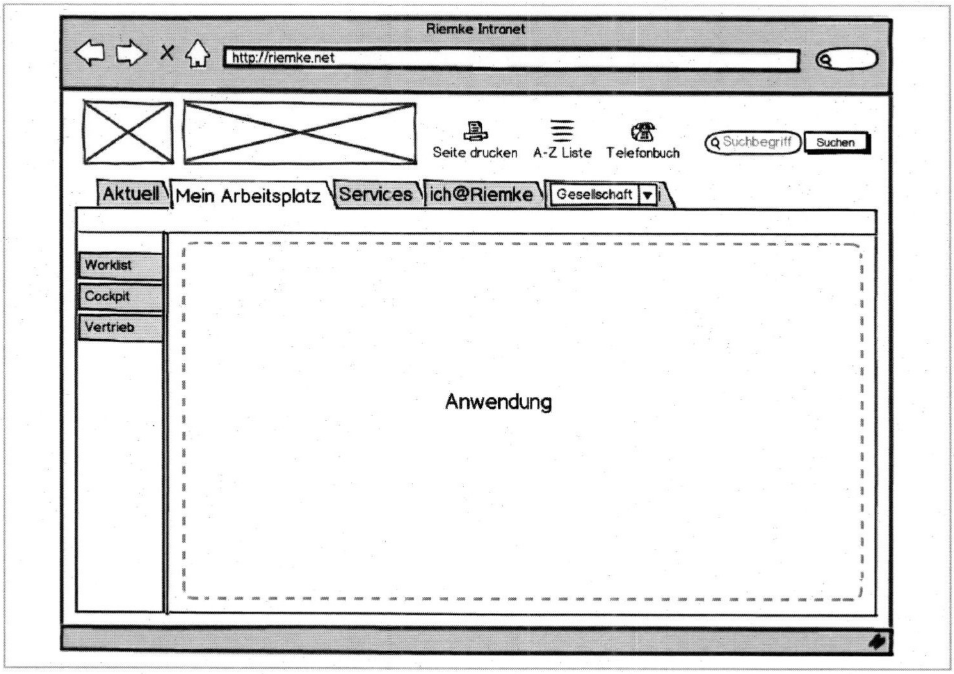

Abbildung 61 Anwendungsseite

Ob dabei die Elemente des virtuellen Fensters des Portlets angezeigt werden, bleibt eine Entscheidung des Gestalters. An dieser Stelle macht es jedoch nur in den wenigsten Fällen Sinn. Neben einer einzelnen Anwendung können auch mehrere Anwendungen auf einer Seite angeordnet sein. In diesem Fall muss in den meisten Fällen der Rahmen des Portlets angezeigt werden, um die Anwendungen voneinander abzugrenzen.

Abbildung 62 zeigt ein Beispiel-Layout, welches keine Allgemeingültigkeit besitzt. Die Anordnung von Anwendungen auf konkreten Portalseiten bzw. Templates muss im Rahmen des Projekts individuell erfolgen. Eine Sonderform, die ebenfalls auf dem Grundlayout aufbaut, ist die maximierte Anwendungsseite (Abbildung 63). Diese wird für Anwendungen benötigt, die nahezu das volle Fenster nutzen. Hierzu werden die Bilder im Header verkleinert und das Utility-Menü, wie auch die Suche, auf ein Minimum geschrumpft. Diese Rumpfelemente helfen dem Nutzer, weiterhin den Bezug zum Portal zu halten und zurückzufinden.

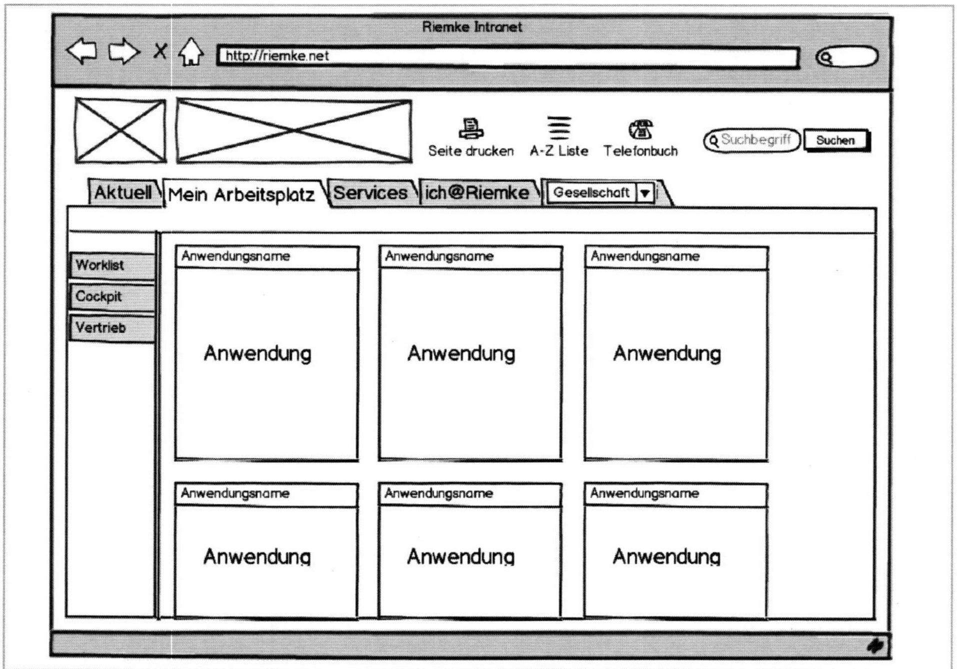

Abbildung 62 Anwendungsseite mit mehreren Portlets (Beispiel)

Da der Anwendung so viel Platz wie möglich gegeben werden muss, wird auch auf die Menüs der Ebene 1 und 2 verzichtet. Um eine Rücknavigation zu ermöglichen, wird ein deutlich sichtbarer Button eingefügt, der erläutert wohin zurückgesprungen wird. Alternativ kann der Button auch durch ein Pull-/Drop-Down Menü realisiert werden. Dieses Layout ist übrigens auch für Anwendungen geeignet, die sich nicht in das Portal integrieren ließen.

Sie können in dem zur Verfügung stehenden Platz in einem IFRAME angezeigt werden. Auch wenn Sie eine eigene Ebene 1-Navigation mitbringen, wird es an dieser Stelle sehr wahrscheinlich von den Nutzern verstanden. Bei der Konzeption im Rahmen eines Projekts muss darauf geachtet werden, dass nicht zu viele verschiedene Templates erstellt werden. Zum einen haben die Templates die Aufgabe die Seiten zu vereinheitlichen und damit dem Leser eine schnelle Erfassung zu ermöglichen. Auf der anderen Seite entstehen bei der Umsetzung Kosten pro Template.

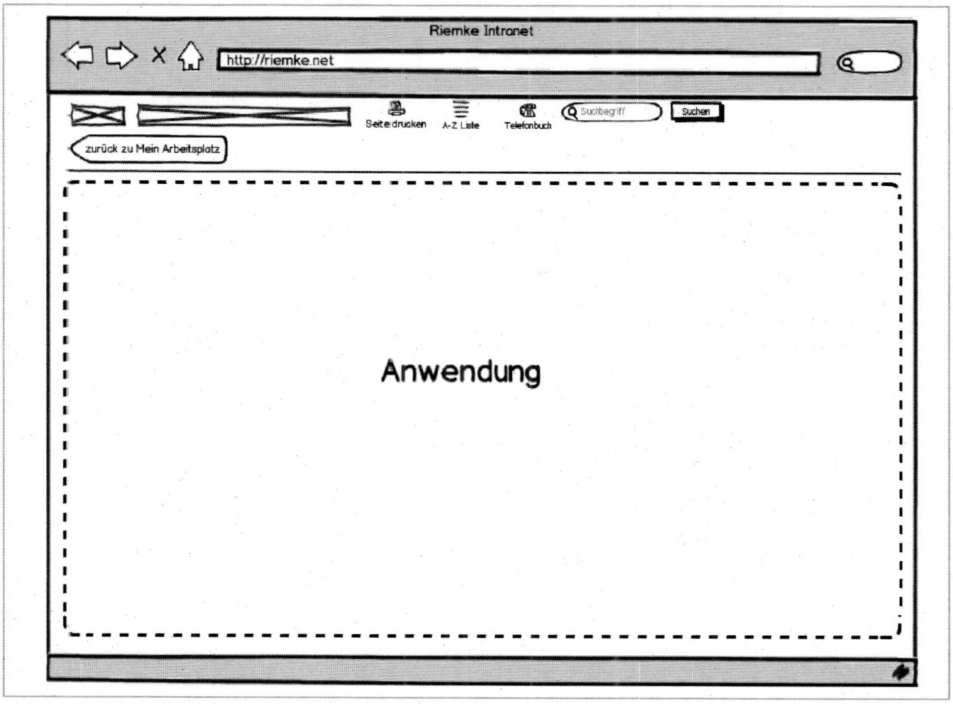

Abbildung 63 Aufbauendes Layout für Vollbild-Anwendungen - ein Vorschlag

Ebenfalls in den Kosten schlägt sich auch die Komplexität eines Templates nieder. Für spezielle Anwendungen, wie z.B. der Integration von Maschinenkonsolen, müssen gegebenenfalls eigene Templates erstellt werden. Diese können auf Kostenseite dem jeweiligen Fachprojekt zugeschlagen werden. Die Templates werden dann nur für die betroffenen Seiten, nicht jedoch allgemein zur Verfügung gestellt.

5.3.3.1 Styleguide

Der Styleguide legt die Grundsätze für die Gestaltung des Portals, seiner Inhalte und seiner Anwendungen fest – kurz der gesamten Erscheinung. Der Styleguide wird auch Gestaltungshandbuch oder Gestaltungsrichtlinien genannt. Der Styleguide fasst die im Rahmen des Designs und des Layouts entstandenen Entwürfe in einem formalisierten Dokument zusammen. Hinzu kommen die Informationen aus der Informationsarchitektur, wie zum Beispiel der Einsatz von Navigationsarten.

Einige Festlegungen sind von einem Kontext abhängig: So ist die Darstellung einer Liste von Dokumenten in einer Anwendung eine andere als die der weiterführenden Dokumente am Ende einer Nachricht. Im Styleguide wird unter anderem festgelegt:

- Farbliche Gestaltung, ggf. Regeln für Farben von (Unternehmens-) Bereichen
- Typografie
- Beschreibung und Bemaßung des Layouts der verschiedenen Templates
- Beschreibung von verwendeten Navigationsarten und Regeln für deren Verwendung
- Regeln für die Benennung von Navigationspunkten
- Regeln für die Darstellung von Elementen wie Listen, Aufzählungen, Bilder, Videos etc.
- Regeln für die Anordnung von Elementen wie Listen, Aufzählungen, Bilder, Videos etc.

- Definition von Regeln für Dialoge (Wizards, Pop-up usw.)
- Suche und Darstellung von Suchergebnissen

Obwohl es für den Styleguide keine einheitliche Norm gibt, spiegelt er die Normen zur Interaktivität und Benutzbarkeit wider. Es geht beim Styleguide um eine eindeutige verständliche Beschreibung und Festlegung der Gestaltung, die alle an der Umsetzung beteiligten Personen in die Lage versetzt, das Portal wie konzipiert zu realisieren. Der Styleguide wird im späteren Betrieb bei der Umsetzung neuer Anwendungen sowie bei der Pflege weiter benötigt. Er muss daher vom Portal Manager (vgl. Kapitel 5.5.2) gewartet und kontinuierlich weiterentwickelt werden.

5.3.4 Anwendungsarchitektur

Für Portale sind Software-Module vom Hersteller des Portals und von Drittanbietern verfügbar, die verschiedene Anwendungsfunktionalität anbieten.

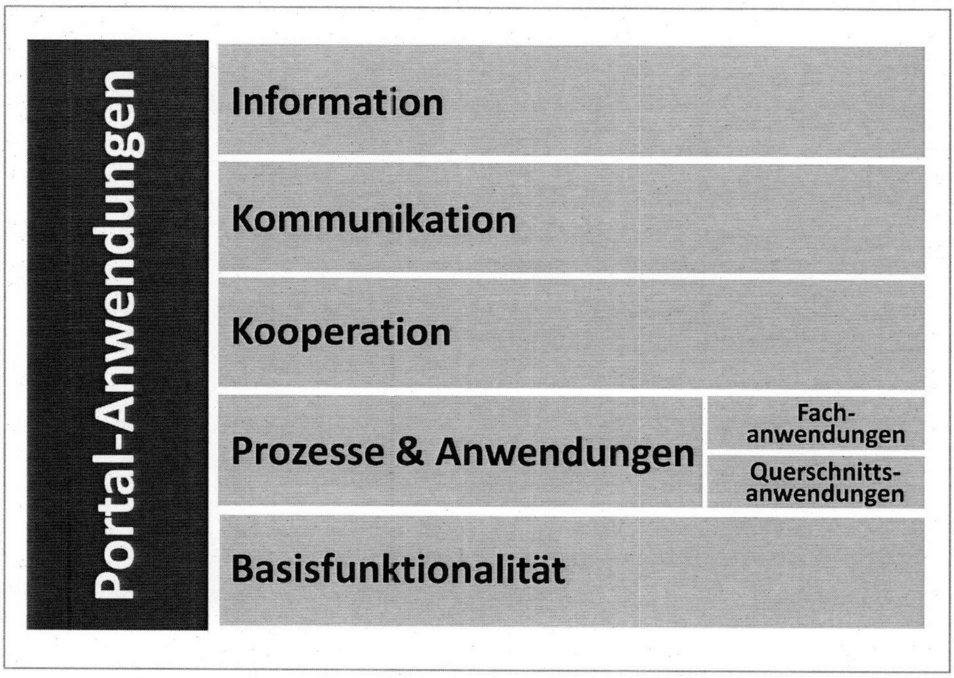

Abbildung 64 Typisierung von Portal-Anwendungen

Darüber hinaus lassen sich Drittanwendungen in das Portal integrieren. Diese gehen über die Portal-Basisfunktionalität hinaus und werden zusätzlich zu den Prozessen betrachtet. In dieser anwendungsorientierten Sichtweise lassen sich die in Abbildung 64 dargestellten Felder Information, Kommunikation und Kooperation identifizieren. Entsprechend dieser Kategorien werden in den folgenden Abschnitten Anregungen für Anwendungen gegeben und deren Einsatzgebiete sowie die Rahmenbedingungen vorgestellt. Für das Portal können abhängig vom Bedarf geeignete Anwendungen, z.B. für die Kooperation, ausgewählt und bereitgestellt werden. Der Bedarf hierfür wird aus der Analyse abgeleitet.

5.3.4.1 Information

Der Bereich Information umfasst Anwendungen, die das Ziel haben Informationen zu verteilen.

5.3.4.1.1 Blog

Der englische Begriff des Blog setzt sich aus den Begriffen We**b** und **Log** zusammen. Ein Blog ist ein Web-basiertes Tagebuch (=Log) in dem eine Person aus seinem täglichen Leben, seiner Arbeit oder über ein bestimmtes Themenfeld berichtet. Blogs können auch mehrere Autoren haben, die abwechselnd Inhalte beitragen. Eine Spezialform sind Video- und Audio-Blogs, die die Inhalte jeweils als Video- oder Audio-Inhalt bereitstellen.

Einsatz

Ein Blog eignet sich für die interne Kommunikation aus der persönlichen Sicht. Damit ist es ein ideales Instrument für die direkte interne Kommunikation der Geschäftsleitung in Richtung Mitarbeiter. Es stellt eine Ergänzung der Unternehmensnachrichten dar, die weitere Informationen und Hintergründe, kurz „den Blick hinter die Kulissen“ und hinter Entscheidungen bietet. Blogs eignen sich auch für weitere Autoren im Unternehmen, sofern die Anzahl der interessierten Leser groß genug ist.

Rahmenbedingungen

Ein Blog erfordert Arbeit: Es müssen regelmäßig im Tages- oder Wochenrhythmus neue Inhalte veröffentlich werden. Ideal ist, im Firmenkontext Blogs mit mehreren Autoren aufzubauen, die im Wechsel berichten. Eine wichtige Voraussetzung für ein Blog ist die Authentizität aus Nutzersicht. Ein Vorstandsblog, dessen Texte gefiltert von der Unternehmenskommunikation verfasst werden, widerspricht dem Grundprinzip eines Blog. Diese Inhalte könnten alternativ besser klassisch als Unternehmensnachrichten herausgegeben werden. Die Einzigartigkeit des Blogs entsteht durch die persönliche Sichtweise. Video-und Audio-Blogs bilden hier eine Ausnahme: Durch das persönliche Auftreten, z.B. des Vorstands, ist es möglich vorformulierte und geplante Beiträge persönlich wirken zu lassen. Zu berücksichtigen ist, dass die Zeit, die den Mitarbeitern neben ihrer Tätigkeit für das Lesen im Portal bleibt, sehr begrenzt ist. Entsprechend müssen die Inhalte für die Mitarbeiter entweder beruflich sehr wichtig oder außerordentlich persönlich ansprechend sein. Im Unternehmen können daher nicht viele Blogs nebeneinander existieren. In den wenigsten Fällen macht es Sinn, jedem Mitarbeiter die Möglichkeit an die Hand zu geben ein eigenes internes Blog zu führen. Aus Unternehmenssicht birgt ein Blog das Risiko, dass nicht autorisierte Informationen, die börsenrechtlich oder aus produkt- oder marktstrategischen Gründen relevant sind, versehentlich aus Unachtsamkeit weitergegeben werden.

5.3.4.1.2 Telefonbuch

Das Telefonbuch stellt über ein Verzeichnis oder eine Suche Informationen über die Mitarbeiter des Unternehmens bereit.

Einsatz

Das Telefonbuch wird in der täglichen Arbeit von allen Mitarbeitern, aber auch besonders von Information Workern, intensiv genutzt. Über das Telefonbuch lassen sich persönlich unbekannte Personen finden und in die Organisation einordnen.

Rahmenbedingungen

Die Informationen des Telefonbuchs müssen für eine sinnvolle Nutzung aktuell gehalten werden. Idealerweise werden die Informationen aus den Daten der Personalabteilung gespeist, die über Standort, aktuelle Position sowie die internen Kontaktdaten verfügt. Die Stammdaten können um weitere Felder, wie individuelle Arbeitsthemen oder besondere Kenntnisse/Expertise, durch die Mitarbeiter selbst ergänzt werden. Diese Daten helfen bei der Suche nach Experten für ein spezielles Thema im Unternehmen. Dies kann ein Bestandteil des internen Wissens- bzw. auch Skill Managements sein. Je mehr freie Felder vorhanden sind, desto schwieriger wird es die Masse der Mitarbeiter zu einer regelmäßigen Pflege zu bewegen.

5.3.4.1.3 Enterprise Microblogging (EMB)

Unter Microblogging versteht man die Publikation von kurzen Nachrichten, die meist auf die Länge der von Mobiltelefonen bekannten Kurznachrichten (SMS) von 160 Zeichen beschränkt ist. Microblogging dient der Information über Ereignisse oder über den aktuellen persönlichen Status bzw. die aktuelle Tätigkeit. Die Nachrichten werden an alle dem Microblogger folgenden Nutzer („Follower") übersendet, die diese in einem Zeitstrahl angezeigt bekommen. Der zurzeit bekannteste öffentliche Microblogging-Dienst ist Twitter. Unternehmensintern lassen sich geschlossene nichtöffentliche Microblogging-Dienste einrichten. In diesem Fall spricht man von Enterprise Microblogging (EMB). Das Konzept des Microblogging liegt thematisch im Spannungsfeld zwischen Information und Kommunikation.

Einsatz

Durch Enterprise Microblogging werden schnell aktuelle Informationen aus verschiedenen Bereichen und von verschiedenen Mitarbeitern im Unternehmen verbreitet. Dies fördert die Vernetzung von Mitarbeitern, insbesondere in Teams und unter Experten. Darüber hinaus kann auf interessante Dokumente und Ereignisse verwiesen werden. EMB ermöglicht im Krisenfall eine schnelle Einwegkommunikation mit den Mitarbeitern.

Rahmenbedingungen

Ähnlich wie bei dem Blog birgt auch Enterprise Microblogging das Risiko, dass vertrauliche Informationen versehentlich unternehmensintern publiziert werden. Dieses Risiko ist gegenüber dem Blog als höher zu bewerten, da die Nachrichten in der Regel spontan und zumeist unreflektiert geschrieben und veröffentlicht werden. Bereits die banale Statusmeldung, dass eine Führungskraft an den Entwicklungsstandort gereist ist, kann eine solche Information darstellen. In diesem Beispiel könnte darauf geschlossen werden, dass sich die Markteinführung eines Produkts verspäten könnte. Dementsprechend ist EMB im Unternehmen reglementiert. In die Überlegungen sollten die Übermittlung persönlicher Nachrichten und der Umgang mit vertraulichen Informationen einbezogen werden. EMB erfordert, wie andere soziale Dienste im Unternehmen, eine kritische Masse, damit das System genutzt wird. Das klassische Henne-Ei-Problem, welches nur dann durchbrochen wird, wenn die Mitarbeiter einen persönlichen Nutzen aus der Verwendung ziehen.

5.3.4.1.4 FAQ

Frequently Asked Questions (FAQs) sind Listen mit oft gestellten Fragen und den zugehörigen fachlich qualifizierten Antworten zu einem Thema. Im Gegensatz zu einem Wiki werden FAQs redaktionell von einer oder mehreren Personen betreut.

Einsatz

FAQs können in allen Fach- und Querschnittsbereichen überall dort eingesetzt werden, wo regelmäßig Fragen gestellt und beantwortet werden. FAQs helfen, Abteilungen oder einzelne Mitarbeiter von häufig auftretenden Fragen zu entlasten.

Rahmenbedingungen

FAQs müssen in der Struktur des Portals einfach zu finden und immer durch den Verantwortlichen aktuell gehalten werden. Die Änderung der FAQs muss daher im Rahmen von Prozessen berücksichtigt werden. Idealerweise ist das Auffinden der jeweiligen FAQ für den Nutzer einfacher und effizienter als die telefonische Kontaktaufnahme.

5.3.4.1.5 Speiseplan

Der Speiseplan ist die „Killer-Applikation“ schlechthin in einem Portal. Der Speiseplan informiert über die heute und im kommenden Zeitraum angebotenen Speisen in der Kantine.

Einsatz

Diese Anwendung ist für nahezu alle Mitarbeiter interessant.

Rahmenbedingungen

So einfach die Anwendung ist, kann sie aber auch kleine Tücken aufweisen. Besonders in Konzernstrukturen, die national und bzw. oder international verteilte Standorte und damit entsprechend viele Kantinen betreiben, stellt sich die Frage wie der Nutzer zu „seiner" Kantine findet. Die einfache Variante ist eine Auswahlliste in Form eines Drop-Down-Feldes oder einer Landkarte, die aber bei täglichem Aufruf schnell lästig wird. Besser ist eine Personalisierung nach Standort. Diese Informationen könnten dem HR-System entnommen, aber auch auf Basis einer zugewiesenen Rolle (z.B. Standortnutzer Stuttgart) oder der IP-Adresse des Endgeräts gewonnen werden. Die Pflege und Aktualisierung sollte direkt durch den Kantinenbetreiber über das Portal erfolgen können. Der Speiseplan muss für den Nutzer leicht auffindbar angeordnet sein. Der Nutzer muss den Standort zudem einfach manuell ändern können um bei Dienstreisen immer auf die lokalen Informationen zugreifen zu können.

5.3.4.1.6 Corporate Design Datenbank

Die Corporate Design (CD) Datenbank stellt Informationen über das Corporate Design und dessen Anwendung zur Verfügung. Es werden Vorlagen und Grafiken für Geschäftsdokumente bereitgestellt. Gegebenenfalls kann auch eine Bilddatenbank mit Fotografien und Grafiken die Suche nach Material erleichtern.

Einsatz

Die Corporate Design Datenbank eignet sich für Unternehmen, bei der eine große Zahl der Mitarbeiter nach außen gerichtete Kommunikation betreibt, wie zum Beispiel in einer Unternehmensberatung. Mitarbeiter finden die für die Arbeit erforderlichen Informationen, Dokumente und Fotografien an zentraler Stelle.

Rahmenbedingungen

Bei dem Einsatz einer Corporate Design Datenbank muss den Anwendern der Umgang mit den dort vorgestellten Dokumenten und Fotografien vermittelt werden. Dies gilt insbesondere für die Verwendung von Fotografien und Grafiken, die gegebenenfalls lizenzrechtlichen Einschränkungen unterliegen.

5.3.4.1.7 E-Learning

Der Begriff E-Learning fasst den Bereich des elektronisch gestützten Lernens zusammen. In der Regel werden hierunter Video-Based-Trainings (VBT) und begleitende Vorgänge, wie zum Beispiel die Bereitstellung von Dokumenten und die Online-Durchführung von Tests, verstanden. Hierzu zählen auch Kommunikationsanwendungen wie Chat und Foren für die Kommunikation der Lernenden untereinander und mit dem Trainer.

Einsatz

Der Einsatz von E-Learning ist ein weites Feld. Die Bandbreite reicht von der Schulung des Außendienstes mit Anleitungen für Service-Vorgänge bis zu einer internen Akademie mit Abschlüssen.

Rahmenbedingungen

E-Learning ist keine Anwendung, die direkt im Portal als „fertige Anwendung“ eingefügt werden kann. Es ist ein Teil des Unternehmens, der mittelfristig entwickelt werden muss. Es bestehen Verknüpfungen zu Themen wie Skill Management und Personalentwicklung.

5.3.4.2 Management Cockpit

Management Cockpits (auch: Management Dashboards) sind eine zentrale Anlaufstelle für betriebswirtschaftliche Informationen für das Management und Teil des Management Self Service (MSS). In einer integrierten Oberfläche werden Kennzahlen und grafische Auswertungen als Grundlage für das operative und strategische Management bereitgestellt. Auch wenn der Begriff des Cockpits eng mit der betriebswirtschaftlichen Sicht verbunden ist, können auch weitere Arten von Cockpits realisiert werden, zum Beispiel für die Produktion, für das Projektmanagement oder die Informationstechnik.

Einsatz

Cockpits lassen sich auf allen Management-Ebenen einsetzen. Sie erleichtern die Entscheidungsfindung und die Beurteilung des aktuellen Stands, sowohl auf unteren Ebenen im Projekt- oder Teammanagement, als auch auf Ebene des Gesamtunternehmens.

Durch die einfache Verfügbarkeit und dem Ansatz der Selbstbedienung, können Entscheidungen schnell getroffen werden. Das umständliche Anfordern von Berichten und Zahlen aus dem Finanzbereich entfällt. Bei anderen Cockpit-Anwendungen gestalten sich die Vorteile analog: Die Schnelligkeit und die Aktualität der Informationen stellen Vorteile dar.

Rahmenbedingungen

Die Aufbereitung von geeigneten Kennzahlen sowie die Erstellung von Kennzahlensystemen ist aufwendig und erfolgt zumeist in dafür spezialisierten Systemen, wie zum Beispiel in Business Intelligence Werkzeugen oder in Projektmanagement Software, die teilweise ein fertiges einbindbares Cockpit bereitstellen. Voraussetzung für den Einsatz ist die Verfügbarkeit von Daten und den geeigneten Cockpit-Systemen bzw. Management Self Service Systemen. Die Einführung solcher Systeme liegt außerhalb des Fokus eines Portal-Projekts. Weitere Voraussetzung ist die Möglichkeit der Zuordnung des Nutzers zu einer Führungsebene und einem Zuständigkeitsbereich im Rahmen des Rechte- und Rollenmanagements. Es muss sichergestellt werden, dass nur berechtigte Personen auf die jeweilige Datensicht zugreifen, da sonst gegebenenfalls rechtliche Probleme entstehen können.

5.3.4.3 Mitarbeitershop/Werksverkauf

Der Werksverkauf ist ein interner Shop im Portal. Mitarbeiter können dort Produkte oder Dienstleistungen des eigenen Unternehmens kaufen.

Einsatz

Der Einsatz ist in allen Unternehmen möglich, deren Produkte für die Mitarbeiter interessant sind. Möglich ist auch bei Unternehmen mit einer bekannten Marke einen internen Merchandising-Shop anzubieten. Als Mitarbeitershop kann auch ein Angebot für Berufskleidung in das Portal integriert sein. Die konkreten Möglichkeiten hängen vom Unternehmen ab.

Rahmenbedingungen

Das Anbieten von Waren und Dienstleistungen erfordert die gleiche personelle und organisatorische Infrastruktur wie ein Kundenshop.

Es ist daher empfehlenswert, dies über eine bestehende Verkaufsstruktur abzuwickeln.

5.3.4.4 Kommunikation

Diese Art von Anwendungen unterstützt die Kommunikation zwischen Mitarbeitern. Sie kann synchron und damit gleichzeitig oder asynchron erfolgen.

5.3.4.4.1 Enterprise Instant Messaging (EIM/IM)

Instant Messaging reicht von der einfachen SMS mit dem Mobiltelefon bis zu komplexeren Chatumgebungen, die eine textuelle synchrone Echtzeitkommunikation mit mehreren Beteiligten und den Austausch von Dateien umfasst. Wir fokussieren an dieser Stelle den textuellen Nachrichtenaustausch mit Erweiterungen, wie z.B. Dateitransfer.

Einsatz

Im Unternehmenseinsatz steht Instant-Messaging zwischen der telefonischen Kommunikation und E-Mail. Mitarbeiter können untereinander schnell einfache Fragen kommunizieren und Informationen verteilen, ohne Telefonate führen oder E-Mails mit formalen Anreden verfassen zu müssen. Es eignet sich damit für eine große Bandbreite von Anwendungen. In der Teamunterstützung können Teams schnell und unkompliziert kommunizieren. Dies gilt insbesondere auch für standortverteilte oder internationale Teams. Die Art der Teams ist nicht eingeschränkt: Von der Softwareentwicklung bis zur Rechtsabteilung ist alles möglich. Querschnittsbereiche können Anfragen der Mitarbeiter über Instant Messaging ermöglichen. Auch dies ist im Anwendungsbereich kaum eingeschränkt. Von der Personalabteilung bis zum IT-Helpdesk bietet Instant Messaging Vorteile.

Rahmenbedingungen

Eine Grundvoraussetzung für Instant Messaging ist die einfache Bedienung und leichte Erreichbarkeit. Daher stellt sich bei Instant Messaging die Frage, ob diese als Desktop- oder als Portal-Anwendung realisiert sein sollte. Desktop-Anwendungen bieten umgehende Benachrichtigung des Benutzers, z.B. bei Windows Rechnern im System Tray als blinkendes Icon, sind aber im Gegenzug plattformabhängig. Als plattformneutraler Standard hat sich XMPP (Extensible Messaging and Presence Protocol) durchgesetzt. Das Protokoll erlaubt die Nutzung eines

Servers mit verschiedenen Instant Messaging Anwendungen. Mit XMPP ist eine Multikanal-Strategie möglich: Anwender können sowohl über eine Anwendung im Portal als auch über dezidierte Desktop-Anwendungen Instant Messaging betreiben.

Bei der Nutzung von Instant Messaging ist, ähnlich wie bei der E-Mail, der Datenschutz besonders zu beachten, da auch private und persönliche Nachrichten ausgetauscht werden können. Instant Messaging erfordert eine kritische Masse, die Nutzen aus der Verwendung zieht. Ohne kritische Masse finden einzelne Nutzer keinen Adressaten für Messages und die Anwendung wird damit uninteressant. Ein klassisches „Henne-Ei“-Problem.

5.3.4.4.2 Forum

In thematischen oder offenen Foren können Nutzer Fragen stellen, beantworten und asynchron mit anderen Mitarbeitern diskutieren. Foren können offen oder bezogen auf eine Nutzergruppe geschlossen ausgelegt werden. Mehrere Foren können mit verschiedenen Themen oder Nutzern parallel existieren.

Einsatz

Foren können zur allgemeinen Diskussion über Unternehmensinterna, für die Zusammenarbeit auf Fachebene oder für die soziale Kommunikation genutzt werden. Die Einsatzbandbreite ist sehr groß.

Rahmenbedingungen

Foren sind in Zeiten von Social Media bei den Nutzern im Internet ein wenig außer Mode gekommen. Im internen Bereich kann das Risiko bestehen, dass ein Forum als nicht mehr zeitgemäß angesehen wird. Bei einem Forum besteht ebenfalls die Gefahr, dass versehentlich oder absichtlich vertrauliche Informationen veröffentlicht werden. Für ein Forum sind klare Nutzungsbedingungen, insbesondere bezüglich des Umgangs miteinander und in Bezug auf eventuelle Sanktionen, festzulegen. Kritische Foren können durch einen Moderator moderiert werden. Da Foren zwischen Kommunikation und Kooperation liegen, muss auch hier ein Lebenszyklusmodell mit Verfahren zum Anlegen und Löschen sowie zum Archivieren existieren (siehe Kapitel 5.3.4.5). Beim Anlegen von Foren muss kritisch geprüft werden, ob das neue Forum überschneidungsfrei zu anderen Foren ist.

Bei einer zu großen Anzahl von Foren und zu großen Überschneidungen kann sonst der Fall eintreten, dass mangels kritischer Masse gleich alle Foren nicht genutzt werden.

5.3.4.5 Anwendungen: Kooperation

Die Unterstützung von Kooperation ist eine wesentliche Aufgabe der Informationstechnik im Unternehmen. Kooperation besitzt in ihren Ausprägungen eine große Bandbreite: Von der gemeinsamen Verwaltung von Projektdokumenten, über Terminabstimmungen bis hin zu Projektmanagement-Werkzeugen. Grundsätzlich lässt sich Kooperation in drei Arten klassifizieren:

- **Projektbezogene Kooperation:** Diese Art der Kooperation tritt sehr häufig auf. Im Fokus stehen die kooperative Aufgabenlösung und die Verwaltung von gemeinsamen und individuellen Dokumenten für Projekte. Beispiel: Entwicklung einer neuen Vertriebsstrategie.

- **Dauerhafte Kooperation:** Werkzeuge für die dauerhafte Kooperation unterstützen feste Teams in der alltäglichen Zusammenarbeit. Diese Kooperationsform wird häufig auch durch Fachanwendungen abgedeckt. Beispiel: Personalabteilung, gemeinsame Kommentare zum Sozialgesetzbuch.

- **Spontane Kooperation (ad hoc):** Spontane Kooperation tritt in der Regel durch unvorhergesehene Ereignisse auf, die keinen direkten Projektcharakter haben. Diese Art von Kooperation erfordert eine schnelle und unbürokratische Unterstützung.

Diese drei grundlegenden Arten müssen durch entsprechende Werkzeuge im Unternehmen unterstützt werden. Dabei ist eine klare Trennung von Kooperationsunterstützung und Fachanwendung in vielen Fällen nicht möglich. Wir betrachten daher in diesem Abschnitt allgemeine Anwendungen, die Kooperation unterstützen. Dies sind vor allem Teamrooms/Groupware und Wikis. Nichtdauerhafte Kooperationen haben naturgemäß einen Startzeitpunkt und sind zu einem definierten Zeitpunkt beendet.

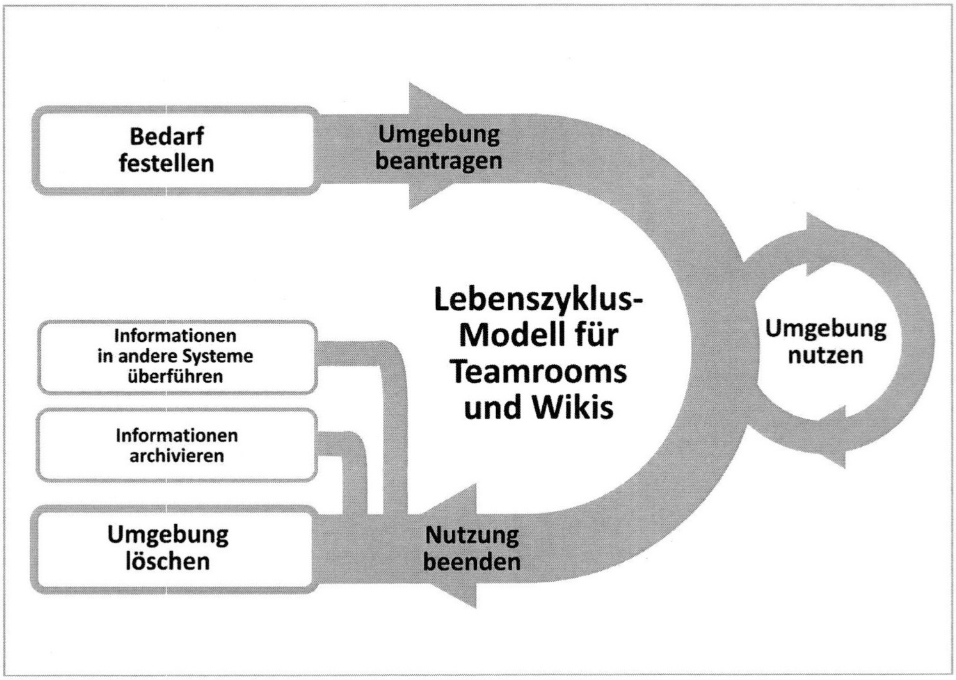

Abbildung 65 Lebenszyklusmodell Teamrooms und Wikis

In der Praxis zeigt sich jedoch, dass das Einrichten einer Kooperationsumgebung für einen definierten Personenkreis oft „auf Zuruf" durch den Systemadministrator erfolgt. In diesem Punkt sind jedoch klare Richtlinien gefordert, wer einen Raum zu welchem Zweck beantragen darf und wie diese Anforderung in einem definierten Service-Zeitrahmen ausgeführt wird. Auf der anderen Seite ist auch der Endzeitpunkt der Nutzung zu definieren, um die jahrelange Existenz nicht genutzter Umgebungen zu vermeiden. Kooperationsumgebungen dürfen jedoch nicht einfach gelöscht werden, da diese für das Unternehmen wichtige und schlimmstenfalls rechtlich relevante Informationen (z.B. Compliance) beinhalten. Zum Ende einer Umgebung gehört damit auch die strukturierte Auflösung, die entweder die Inhalte (und Ergebnisse) dem Unternehmen bereitstellt, archiviert oder als nicht mehr relevante Informationen, die nicht dokumentationspflichtig sind, final löscht. Für Kooperationsumgebungen ist ein eindeutiges Regelwerk erforderlich, welches diese Punkte reglementiert. Aus diesem Regelwerk lässt sich ein unternehmensspezifisches Lebenszyklusmodell ableiten.

Abbildung 65 zeigt ein unternehmensneutrales Lebenszyklusmodell, welches sich an die eigenen Anforderungen anpassen lässt.

5.3.4.5.1 Teamrooms/Groupware

Der Begriff Teamrooms ist nicht klar zu umreißen. In diesem Markt finden sich verschiedenste Produkte mit unterschiedlichen Funktionen. Teamrooms unterstützen in der Regel die Zusammenarbeit in Teams durch umfangreiche Funktionen, wie:

- Gemeinsame Dateiablage/Dokumenten Management
- Gruppenkalender/Terminabstimmung im Team
- Kommunikationsfunktionen wie z.B. Chat
- Wiki (vgl. Kapitel 5.3.4.5.2).
- Blog
- etc.

Der Softwaremarkt ist in diesem Bereich breit gefächert: Von reinen anwendungsunabhängigen Teamrooms, z.B. mit Microsoft Sharepoint, bis hin zu spezialisierten Lösungen für das Projektmanagement und die Projektdurchführung.

Einsatz

Teamrooms unterstützen Projekte und Abteilung durch die Ablage unstrukturierter Daten, wie z.B. Textverarbeitungs-, Präsentations- und Projektplanungsdokumente. Spezielle Lösungen für Projekte erlauben darüber hinaus den Umgang mit strukturierten Informationen, wie Arbeitszeiten und Projektstatus. Teamrooms sind in projektorientierten Unternehmen und in Unternehmen mit Einzelprojekten unverzichtbar.

Rahmenbedingungen

Eine wesentliche Rahmenbedingung für den Einsatz ist die Umsetzung eines unternehmensindividuellen Lebenszyklusmodells mit klaren Aufgaben und Rahmenbedingungen für die Erstellung, Nutzung und Auflösung von Teamrooms (vgl. Abbildung 65). Wichtig ist auch die Festlegung von Informationen, die nicht im Teamroom, sondern nur in den standardisierten betrieblichen Informationssystemen gehalten werden dürfen, da diese sonst nicht dem Unternehmen zur Verfügung stehen. Wenn Funktionen wie Terminabstimmung und Kommunikation genutzt werden, ist eine Anbindung an die entsprechenden Systeme (Mail- und/oder Kalender-System) erforderlich. Insbesondere sollten die Gruppenkalender von Teamrooms mit den persönlichen Kalendern der Nutzer gekoppelt sein. Bei dokumentenintensiver Arbeit ist gegebenenfalls eine Integration in die Office-Software erforderlich, damit Dokumente direkt aus der Software geöffnet, bearbeitet und gespeichert werden können (vgl. Kapitel 5.1.4 Desktop-Strategie). Bei permanent existierenden Teamrooms muss die systematische Archivierung von nicht mehr relevanten Daten Bestandteil des Lebenszyklusmodells sein. Zum Teil sind die Funktionen von Teamrooms nicht überschneidungsfrei zu anderer betrieblicher Standardsoftware. Es muss entsprechend definiert werden, welches System eine Funktionalität abbildet. Alternativ kann der Datenbestand nach Möglichkeit zwischen den Systemen synchronisiert werden.

5.3.4.5.2 Wiki

Wikis stellen eine Sonderform eines Content Management Systems dar: Leser der Inhaltsseiten können diese verändern, ergänzen oder vollständig neue Seiten erstellen. Die einzelnen Seiten lassen sich untereinander über Begriffe verlinken. Die Offenheit eines Wikis erlaubt, kooperativ Wissen zusammenzutragen, zu entwickeln und zu verwalten. Dieser Ansatz ist damit für Glossare und andere Nachschlagewerke wertvoll. Das umfassendste Beispiel hierfür ist Wikipedia. Der Begriff Wiki geht auf das hawaiianische Wort „wiki“ zurück, dass übersetzt „schnell“ und „beeilen“ bedeutet.

Einsatz

Wikis lassen sich im Unternehmen für das Wissensmanagement in begrenzten Gruppen, aber auch unternehmensweit einsetzen. In Teams können Projekte und fachspezifische Vorgehensweisen (z.B. Best Practices) in der Softwareentwicklung dokumentiert werden. Auf Unternehmensebene eignen sich Wikis zur Beschreibung übergreifender Vorgehensweisen, wie z.B. für das Führen von Mitarbeitergesprächen. Sie eignen sich aber auch für allgemeine Informationen, wie z.B. Informationen zu Messehotels und Restaurants in der Umgebung, Unternehmensglossar und alles weitere, was für die Mitarbeiterschaft relevant ist. Damit ist deutlich zwischen dem bzw. den unternehmensweiten öffentlichen

Wikis und Fach- bzw. Team-Wikis zu unterscheiden. Letztere werden speziell für eine Gruppe aufgesetzt.

Rahmenbedingungen
Für die Verwendung von Wikis sollten verbindliche Guidelines für die Inhalte und die Inhaltserstellung verfasst werden. Durch den Beitrag von Nutzern entsteht ein grundsätzliches Problem wie bei jeder Art von User-Generated-Content: Wie kann die Qualität der Inhalte gewährleistet werden? Dies ist grundlegend nur durch Bewertungen von Inhalten, gemeinsame Korrekturen („Schwarmintelligenz") oder durch zentrale Moderatoren möglich. Der richtige Ansatz ergibt sich aus dem Einsatzzweck und einer Betrachtung der Unternehmenskultur. Eine Identifikation der beitragenden Nutzer ist im Unternehmenskontext wünschenswert, um Vandalismus in den Informationen zu vermeiden. Die Folge hieraus ist jedoch eine Kontrolle der Arbeitstätigkeit des schreibenden Mitarbeiters. Bei Fach- bzw. Team-Wikis, die für ein Team oder ein begrenztes Projekt aufgesetzt werden, ist ein Lebenszyklusmodell zu entwickeln und umzusetzen. Kernfragen sind dabei

- Wer darf ein Wiki eröffnen?
- Wann wird es beendet und von wem?
- Was geschieht mit den Daten? Werden diese in das Unternehmenswissen überführt (wie, wohin)?

Als problematisch ist die fehlende Integration in den Unternehmenskontext zu sehen. Wikis lassen sich darüber hinaus meist nur auf persönlicher Ebene der Mitarbeiter in die Geschäftsprozesse des Unternehmens einbinden.

5.3.4.6 Basisfunktionen

Zu einem Portal gehören grundlegende Anwendungen, die Basisfunktionalitäten darstellen. Im Folgenden werden die Wichtigsten erläutert.

5.3.4.6.1 Dokumenten Management

Die Verwaltung von Dokumenten in Form von Dateien erfolgt im Unternehmen in der Regel nicht auf dem lokalen Rechner. Neben Gefahren, wie Datenverlust oder Datendiebstahl, spielen auch die zentrale Dokumentation und Archivierung der Arbeit eine wichtige Rolle. Dokumenten Management Systeme (DMS) werden über Freigaben (File Shares) als Laufwerke in das lokale System eingebunden. Unabhängig hiervon kann der Zugriff auf die Dateien auch optional über ein Web-Interface im Portal erfolgen. Bei einigen DMS ist die volle Funktionalität, wie z.B. die Versionierung, nur über die Web-Oberfläche nutzbar.

Einsatz

Systematisches Dokumenten Management muss überall dort betrieben werden, wo wichtige Geschäftsdokumente verarbeitet werden. Dies gilt insbesondere, wenn die Datenverarbeitung besonderen gesetzlichen Regulierungen (z.B. Finanz, Pharma) unterliegt. DMS Systeme unterstützen die Sicherung und Archivierung sowie die Synchronisation auf lokale Rechner (Offline-Verfügbarkeit). Das Dokumenten Management hilft bei der Zusammenarbeit von Mitarbeitern mit der strukturierten Bereitstellung eines gemeinsamen Dokumentenbestands.

Rahmenbedingungen

Das Dokumenten Management muss sicherstellen, dass keine relevanten Dokumente lokal gespeichert werden. Die Einführung eines Dokumenten Managements erfordert darüber hinaus eine gründliche Planung der Metadaten und der Dokumentenorganisation. Die betrieblichen Informationssysteme, wie z. B. das ERP System, müssen in der Regel eingebunden werden. Zum Teil ist die DMS Funktionalität auch in Teamrooms enthalten.

5.3.4.6.2 Workflow Management

Workflow Management Systeme führen Workflows aus, die einen Arbeitsfluss zwischen Mitarbeitern, Mitarbeitern und Maschinen sowie Maschinen untereinander definieren. Der jeweilige Stand des Workflows wird vom System überwacht. Steht eine Aufgabe für einen Mitarbeiter an, so wird dieser vom System informiert. Wurde die Aufgabe bearbeitet, wird der Workflow mit den zugehörigen Daten vom System weiter zum nächsten Schritt geführt. Es wird zwischen fest definierten, flexiblen und ad hoc Workflows unterschieden. Fest definierte Workflows folgen einem starren, nicht änderbaren Arbeitsfluss. Bei flexiblen Workflows kann ein Bearbeiter gegebenenfalls Alternativen für den weiteren Fortgang wählen. Bei einem ad hoc Workflow existiert kein Ausführungsrezept. Ein Bearbeiter weist den Vorgang direkt dem nächsten Bearbeiter zu, den er selbst auswählt. In diesem Fall sorgt das System dafür, dass die Kundenanfrage nicht verloren geht und in einer vorgegebenen Zeit beantwortet wird.

Einsatz

Workflows können überall dort eingesetzt werden, wo Menschen und Maschinen an einem definierten Prozesse zusammenarbeiten oder dort, wo Anfragen und Bearbeitungsstände dokumentiert werden müssen.

Rahmenbedingungen

Die Abbildung von Workflows erfordert eine vollständige Dokumentation der Prozesse, die in einem System abgebildet werden. Für die Definition von Workflows ist es essenziell, dass Aufgaben nicht nur Personen (z.B. Genehmigung Urlaub), sondern auch Gruppen zugeordnet werden können. Jedes Mitglied dieser Gruppe kann die Bearbeitung durchführen (z.B. Kundenanfrage). Als problematisch kann sich erweisen, dass verschiedene betriebliche Informationssysteme eigene Workflow Engines mitbringen, die unabhängig voneinander den Nutzer über Ereignisse in Workflows benachrichtigen. Der Nutzer muss von System zu System springen, um Ereignisse zu sehen und Aufgaben in verschiedenem Workflows bearbeiten zu können. Eine Lösung für dieses Problem ist die Verwendung einer Zentralen Worklist, die zentral den Nutzer über den Stand der Workflows informiert.

5.3.4.6.3 Zentrale Worklist

Die Worklist ist aus Workflow Management Systemen bekannt. Sie listet dem jeweiligen Nutzer die von ihm initiierten Workflows mit Bearbeitungsstand auf. Die zweite Funktion ist die Anzeige von erforderlichen Aktionen, die der Nutzer im Rahmen von Workflows ausführen muss. Ein Vorgesetzter erhält so zum Beispiel in der Worklist die von seinen Mitarbeitern eingereichten und von der Personalabteilung vorgeprüften Urlaubsanträge zur Genehmigung. Eine Zentrale Worklist in einem Portal geht über diese Funktionalität hinaus. Sie zeigt nicht nur die Workflows und erforderlichen Aktionen eines Workflow Management Systems an, sondern auch die der anderen Systeme, die ebenfalls Workflows enthalten. Darüber hinaus werden in der Worklist Benachrichtigungen von Systemen angezeigt.

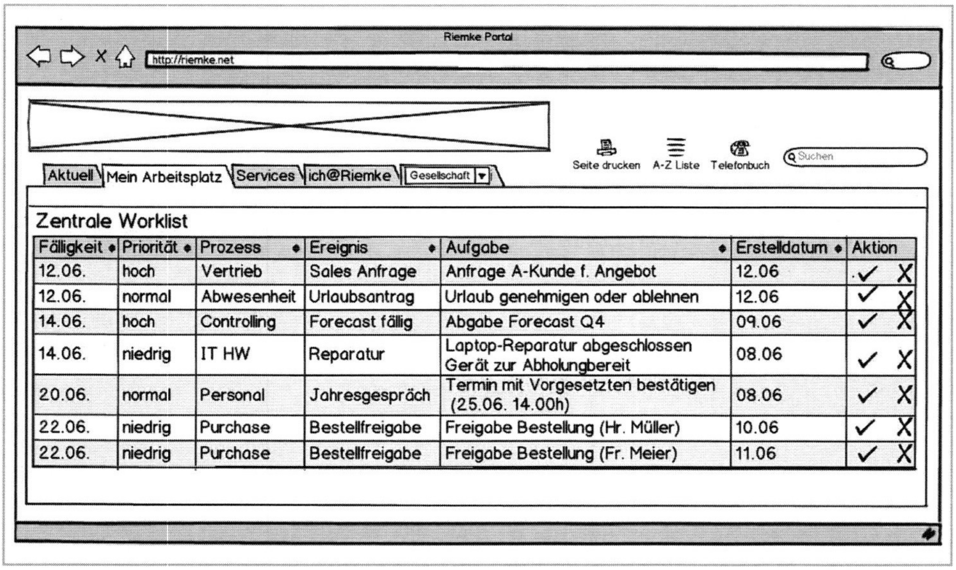

Abbildung 66 Zentrale Worklist

Einsatz

Die Zentrale Worklist im Portal ersetzt einzelne Worklists und Benachrichtigungen von Systemen, die sonst per E-Mail oder dezentral erfolgen. Auch wird das Problem behoben, dass Systeme eine Benachrichtigung nur als Statusänderung in der Oberfläche anzeigen und der Nutzer diese Änderungen aktiv verfolgen muss. Dies ist bei mehreren in ein Portal integrierten Systemen weder sinnvoll noch dem Arbeitsfluss des Nutzers zuträglich.

Rahmenbedingungen

Die Realisierung einer Zentralen Worklist muss durch die jeweils einzubindende Software unterstützt werden. Gegebenenfalls muss die Software angepasst werden. Dies ist unter UmstäContentnden nicht bei allen Legacy-Systemen möglich. Einige Portal-Software-Hersteller bieten eine Zentrale Worklist als Produktbestandteil an.

5.3.4.6.4 Online-Datenspeicher

Online-Datenspeicher sind von der Funktionalität nicht vollständig von den Dokumenten Management Systemen abgrenzbar, unterscheiden sich jedoch in der Zielsetzung. Online-Datenspeicher dienen der schnellen Bereitstellung von (großen) Dateien für andere, ggf. externe, Nutzer. Ein bekanntes kommerzielles Service-basiertes System ist DropBox. Mit OwnCloud existiert eine quelloffene Lösung. Geht man davon aus, dass der Zugriff auf Verzeichnisse im Unternehmen restriktiv gehandhabt wird, ist ein Austausch von Dateien nur durch administrative Prozesse möglich. Die beiden Nutzer benötigen ein gemeinsames Verzeichnis mit gemeinsamen Zugriffsrechten. Online-Datenspeicher vereinfachen dies, indem sie Nutzern Speicherplatz für Dokumente anbieten. Dieser kann als persönlicher Speicher oder durch Freigabe einzelner Dateien als Austauschpunkt genutzt werden. Bei einer Freigabe wird ein Link erzeugt, der dem Empfänger weitergegeben werden kann. Systeme bieten optional auch die Vergabe eines Passwortes an.

Einsatz

Online-Datenspeicher dienen dem schnellen Austausch und der Verteilung von Dateien. Die Einfachheit des Austauschs macht diesen Dienst zu einem idealen Werkzeug in der Projektarbeit bzw. in der Arbeit mit wechselnden Kontakten. Ein solches System kann auch extern genutzt werden, um Kunden und Partnern Dokumente bereitzustellen.

Rahmenbedingungen

So viele Vorteile ein Online-Speicher auch bietet, so viele Risiken birgt er. Durch den freien Datenfluss kann ein Abfluss von Informationen nur schwer kontrolliert oder verhindert werden – besonders dann, wenn das System nach außen offen ist. Gerade durch die Möglichkeit große Datenmengen zu transferieren kann der Schaden entsprechend hoch sein. Dies muss nicht beabsichtigt geschehen. Bereits die Freigabe der falschen Datei kann zu diesem Problem führen.

Die Nutzung von Online-Speichern muss klar reglementiert sein: Zu welchen Zwecken darf dieses System genutzt werden und welche Daten dürfen ausgetauscht werden. Im Rahmen dieses Regelwerks ist auch eine private Nutzung zu diskutieren.

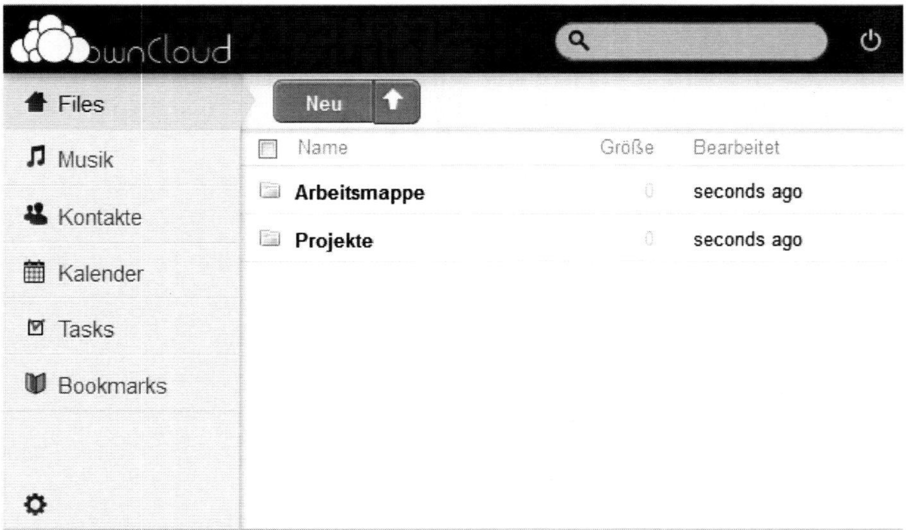

Abbildung 67 Online-Datenspeicher am Beispiel ownCloud (www.owncloud.org)

5.3.5 Prozesse optimieren und neu entwerfen

Die Optimierung von bestehenden Prozessen und der Neuentwurf sind, wie einige der Themen in diesem Buch, bereits alleinstehend betrachtet große Themenfelder, welche in ihrer Tiefe den Rahmen einer einzelnen Publikation sprengen. Aus diesem Grund wird an dieser Stelle nur auf die wichtigsten Aspekte eingegangen.

Für die Optimierung von Prozessen müssen grundsätzlich ein Ziel und ein Anlass existieren. Diese decken sich in der Regel mit den in der Portal-Strategie formulierten Zielsetzungen. In Bezug auf die Prozessoptimierung können dies quantitative und qualitative Zielsetzungen sein.

Tabelle 19 zeigt Beispiele für die Ziele einer Prozessoptimierung, die direkt oder indirekt aus der Strategie abgeleitet werden. Ein Optimierungspotenzial von Prozessen wurde bereits in der Analyse im Rahmen der Prozessaufnahme identifiziert.

Quantitative Ziele	Qualitative Ziele
Einsparung Personal	Reduzierung Durchlaufzeit
Reduzierung Materialkosten	Verbesserung der Reaktionszeit
Reduzierung Betriebskosten	Verbesserung der Dienstleistungsqualität

Tabelle 19 Beispiele für quantitative und qualitative Ziele der Prozessoptimierung

Die Optimierung der ausgewählten Prozesse kann unter Beachtung der Ziele durch einen Prozessexperten am Schreibtisch erfolgen. Dies ist insbesondere bei einer großen Zahl von Prozessen mit geringer Komplexität und wenig Erfordernis für Fachwissen in dem jeweiligen Bereich sinnvoll. Alternativ hierzu können, bei komplexen bzw. Fachwissen erfordernden Prozessen, Workshops mit den betroffenen Nutzern zur Optimierung durchgeführt werden. Neben den Teilnehmern aus den betroffenen Bereichen nehmen der Prozessverantwortliche (Process Owner) sowie Vertreter der Informationstechnik an diesen Workshops teil. In diesem Rahmen können mehrere Varianten eines Prozesses erarbeitet werden, die auf ihre Wirtschaftlichkeit hin untersucht werden. Dabei ist eine optimale Balance zwischen der Optimierung des Prozessflusses und den hierdurch entstehenden einmaligen Kosten sowie den Betriebskosten zu finden.

Ein Prozessneuentwurf geht methodisch analog vor, hat jedoch keine Möglichkeit auf einen bestehenden Prozess zurückzugreifen und basierend hierauf Optimierungen zu finden. Der Workshop wird daher abweichend so gestaltet, dass den Nutzern zunächst die fachliche Zielsetzung des Prozesses vermittelt wird und dann in eine Diskussion der inhaltlichen Ausgestaltung übergangen wird. Die Prozesse werden tabellarisch oder in einem visuellen Prozessmanagementwerkzeug festgehalten und fließen in das Lastenheft ein.

5.3.6 Technische Portal-Architektur

Nachdem in Kapitel 3.5.1 bereits eine Referenzarchitektur für Portal-Software vorgestellt wurde, wird in diesem Abschnitt die Architektur des Gesamtportals mit seinen integrierten Anwendungen näher betrachtet. Ein Teil der Portal-Software-Referenzarchitektur ist in der Gesamtarchitektur enthalten (Abbildung 68). Auf der obersten Ebene stehen die Endgeräte, die durch das gesamte Portal mit allen integrierten Anwendungen unterstützt werden. Die Portal-Software selbst enthält im Anwendungs-Container die unternehmensindividuellen Portal-Anwendungen.

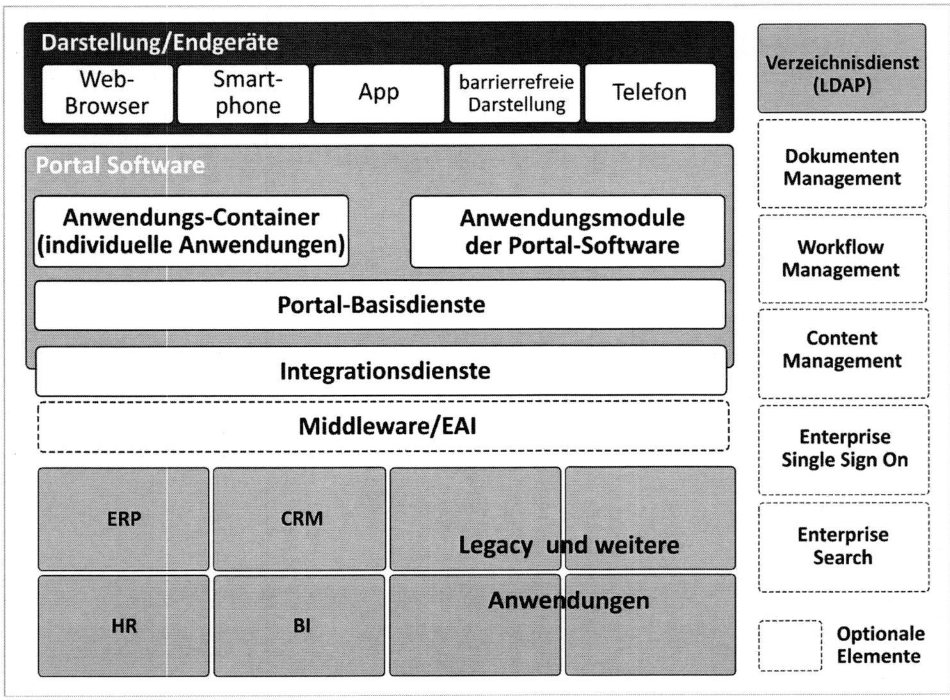

Abbildung 68 Portal-Architektur

In der Architektur werden die von der konkreten Umsetzung genutzten Anwendungsmodule der Referenzarchitektur (vgl. Kapitel 3.5.1) eingetragen. In Abbildung 68 sind unterstützende Systeme auf der rechten Seite dargestellt. Hierzu gehört der Verzeichnisdienst, der die Nutzer und deren Rollen bzw. Berechtigungen verwaltet. Darüber hinaus sind als unterstützende Systeme das Dokumenten-, Workflow- und Content-Management sowie ein Enterprise Single Sign On System und eine Enterprise Search aufgeführt. Diese Funktionalitäten können in der Portal-Software enthalten sein, aber auch unternehmensweit als eigenständiges System genutzt werden. In einigen Unternehmen sind alle oder einige dieser Systeme bereits vor der Portal-Einführung vorhanden. Die Integration von Anwendungen kann durch Funktionalität der Portal-Software erfolgen. Alternativ hierzu kann auf eine vorhandene oder im Rahmen des Projekts neu zu beschaffende Enterprise Application Integration-Lösung zurückgegriffen werden. Auf der untersten Ebene befinden sich alle (Bestands-) Systeme, die in das Portal integriert werden.

Im Rahmen des Entwurfs und der Dokumentation ist es aus Gründen des Gesamtverständnisses empfehlenswert, dort auch Systeme aufzuführen, die bewusst (noch) nicht integriert sind. Diese werden entsprechend markiert.

5.3.6.1 Rechte und Rollen

Wenn es um den Zugriff auf Anwendungen geht, wird von dem Rechte- und Rollen Konzept gesprochen. Doch was ist eigentlich der Unterschied zwischen diesen beiden Begriffen? Rechte, auch Berechtigungen genannt, beschreiben die für den Nutzer zugänglichen Aktionen und bzw. oder die Zugriffsmöglichkeit auf bestimmten Content oder Daten.

Rollen sind hingegen ein abstraktes Konstrukt. Rollen beschreiben eine Aufgabe oder auch eine Funktion, die ein Nutzer wahrnimmt. Rollen werden Rechte zugeordnet. Einem Nutzer werden eine oder mehrere Rollen zugewiesen. Er erhält damit die mit der Rolle verbundenen Rechte. Statt umständlich und fehleranfällig Nutzern einzelne Rechte zuzuweisen, werden diesen einfach komplette Sätze mit Rechten in Form einer Rollenzuweisung gegeben. Rechte werden nur in den Rollen gepflegt. Rollen dienen damit unter anderem der Vereinfachung der Pflege der Rechte.

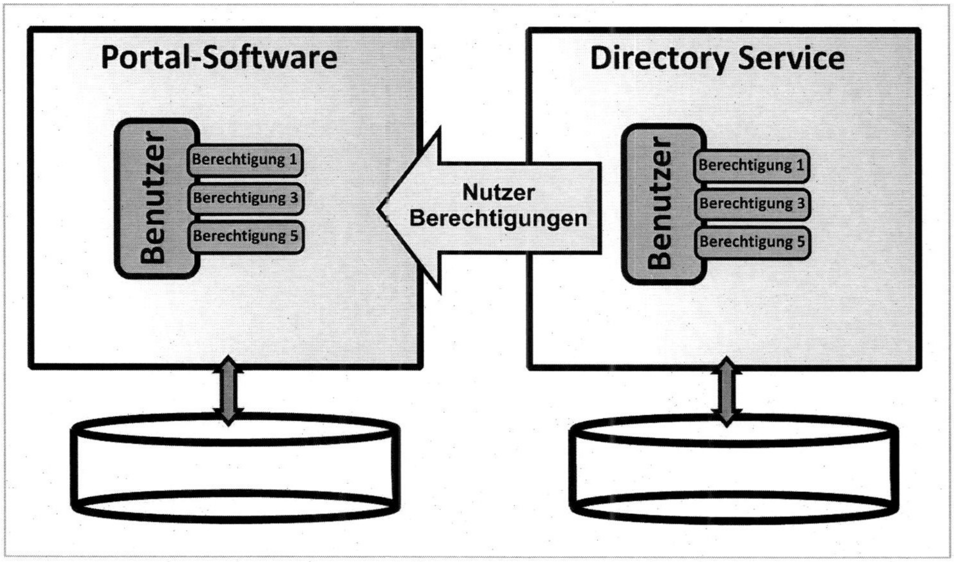

Abbildung 69 Pflege von Rechten im Directory

In betrieblichen IT-Infrastrukturen werden Rollen und bzw. oder Rechte in der Regel zentral in einem Verzeichnisdienst (Directory) verwaltet. Anwendungen authentifizieren den Nutzer gegen den Verzeichnisdienst und beziehen von dort die Nutzerinformationen, um eine Autorisierung für Aktionen durchzuführen. In diesem Zusammenhang fällt unweigerlich das Stichwort LDAP. Das Lightweight Directory Access Protocol (LDAP) ist ein Standardprotokoll für das Lesen und Schreiben von Informationen in Verzeichnisdiensten. LDAP ist herstellerunabhängig. Damit können Produkte verschiedener Hersteller über LDAP miteinander kommunizieren, sofern sie die LDAP-Datenstrukturen abbilden können. Abbildung 69 zeigt ein Beispiel für die Verwaltung von Rechten in einem Directory ohne die Verwendung von Rollen. Die Berechtigungen sind dabei direkt einem Benutzer zugeordnet. Für die Autorisierung einer Aktion des Benutzers greift die Portal-Software auf den Directory Service zu. Sie liest die dort vergebenen Berechtigungen des Benutzers aus und verwendet diese. Werden in einem Directory statt Rechten Rollen gepflegt (Abbildung 70) fragt das Portal die zu dem Benutzer gehörenden Rollen ab. In der Portal-Software werden Abbildungen von Rollen auf Rechte anwendungsspezifisch gepflegt. Mit der Rolle A erhält der Benutzer die Berechtigungen 1 und 5.

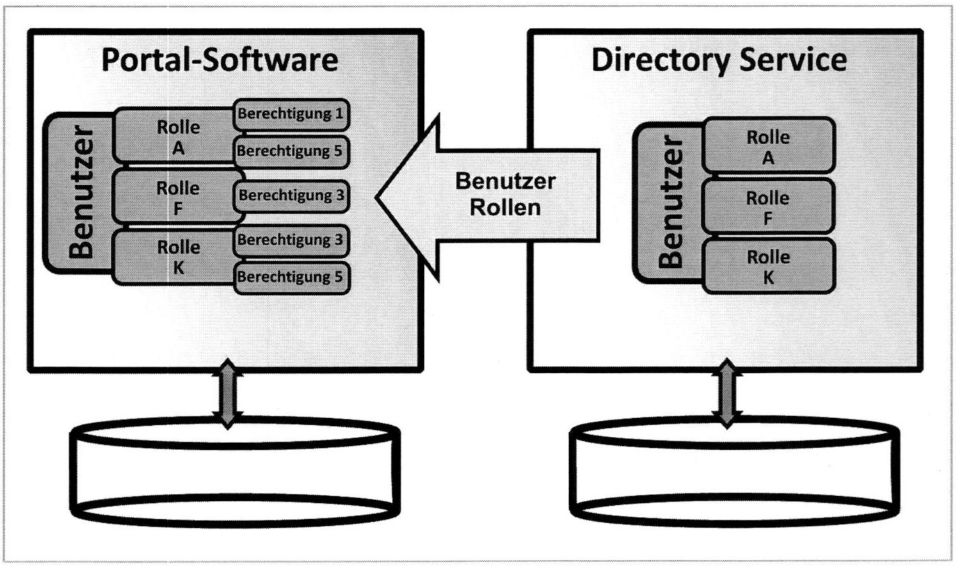

Abbildung 70 Pflege von Rechten in der Portal-Software

Dabei können durchaus Doppelungen auftreten. Zur Rolle F gehört ebenfalls die Berechtigung 3. Ein Nachteil der Verwendung von Rollen liegt darin, dass „nicht mal eben" einem Nutzer ein besonderes Recht im Portal zugewiesen werden kann. Rollen können über die Rechte im Portal auch mit Rechten in anderen Systemen verknüpft sein. Dies ist insbesondere für ein Single Sign On hilfreich. In der Praxis werden zur Realisierung von Single Sign On Rechte in der Regel im Directory Service gepflegt und an gleicher Stelle über Rollen Nutzern zugewiesen.

5.3.6.2 Personalisierung und Individualisierung

Die Personalisierung wird über das Rechte- und Rollenkonzept abgebildet, wohingegen Individualisierungen von Nutzern von der Portal-Software einzeln gespeichert werden müssen. Eine Individualisierung des Portals kann auf zwei Arten geschehen:

- **Fenster:** *Portlets verwenden die Fenster-Metapher* und sind verschiebbar und gegebenenfalls individuell *konfigurierbar.*

- **Konfiguration:** Die Individualisierung erfolgt *auf Basis einer Konfigurationsseite*, die dem Nutzer eine Auswahl, z.B. zwischen verschiedenen News-Themen oder Anwendungen, gibt.

Beide Arten erlauben dem Nutzer, einzelne vorgegebene Seiten oder aber alle Seiten des Portals individuell anzupassen.

Wird eine Individualisierung von Portal-Seiten zugelassen, dann hat dies Einfluss auf die Gestaltung der Oberfläche und auf den organisatorischen Bereich des Anwender-Supports. Gerade beim Support liegt ein Nachteil der Individualisierung: „Verindividualisiert" sich ein Anwender und kann keine sinnvolle Konfiguration wieder herstellen, wird er sich an den Support wenden. Dieser muss nun nachvollziehen, wo genau das individuelle Problem liegt und welche Konfiguration der Anwender benötigt. Dies kostet Support-Zeit und damit Geld. Individualisierung wird in der Praxis auch nicht von allen Mitarbeitern genutzt. Es bieten sich drei Möglichkeiten an: Die erste Möglichkeit ist, vollständig auf die Individualisierung zu verzichten. Der zweite Ansatz wäre die Inkaufnahme von Kosten im Anwender-Support. Die dritte Variante ist, den Nutzern eine Reset-Möglichkeit auf den Unternehmensstandard anzubieten. In diesem Fall geht die Arbeit des Nutzers für seine bisherige Individualisierung bei einem Reset verloren. Hier gilt wiederum: Der zu realisierende Ansatz ist unternehmensspezifisch im Projekt zu entscheiden.

5.3.7 Spezifikation und Lastenheft

Die im Rahmen des Projekts erhobenen Informationen, sowie die erstellten Konzepte, werden in einem Spezifikationsdokument zusammengefasst. Dieses Dokument sollte so strukturiert sein, dass es als Lastenheft zur Ausschreibung an Dritte herausgegeben werden kann. In diesem Fall entfallen gegebenenfalls einige Kapitel, wie zum Beispiel das Konzept für die Organisation der Pflege, das für einen Dienstleister zunächst nicht relevant ist. Wird das Projekt intern umgesetzt, kann die volle Spezifikation verwendet werden. Das Lastenheft wird häufig als Fachspezifikation bezeichnet. Diese Begrifflichkeit ist nach Meinung des Autors nicht vollständig zutreffend, da das Lastenheft auch technische Vorgaben und Vorgaben zur Realisierung enthält. Die Definition nach DIN 69905 fasst den Begriff ebenfalls weiter als die „(...) vom Auftraggeber festgelegte Gesamtheit der Forderungen an die Lieferungen und Leistungen eines Auftragnehmers (...)“ (DIN69905, 2009) .

Das Gegenstück des Lastenhefts ist das Pflichtenheft, als die „vom Auftragnehmer erarbeiteten Realisierungsvorgaben aufgrund der Umsetzung des vom Auftraggeber vorgegebenen Lastenhefts“ (DIN69905, 2009). Oder kurz gefasst: Das Lastenheft, als Teilmenge der Spezifikation, wird von Auftraggeber erstellt und beschreibt die Anforderungen. Das Pflichtenheft ist die Antwort eines Dienstleisters mit einer Beschreibung, wie dieser die Anforderungen konkret technisch umzusetzen plant. Das Lastenheft sollte zu Beginn eine einführende Übersicht über das Vorhaben geben und den Ist-Zustand im Unternehmen beschreiben. Der Ist-Zustand kann gegebenenfalls gekürzt werden, um keine zunächst noch irrelevanten Interna nach außen zu streuen. Im Teil Soll-Szenario werden die Projekt-Ziele und gegebenenfalls die Portal-Roadmap dargestellt. Im großen Block funktionale Anforderungen werden Erfordernisse an die Funktionalität des zu erstellenden Portals und der Portal-Software zusammengefasst. Die nicht-funktionalen Anforderungen beschreiben allgemeine und qualitative Anforderungen an die Lösung. Daneben sollten im Lastenheft auch Anforderungen an die Projektdurchführung, wie zum Beispiel Einkaufsbedingungen oder die Verfügbarkeit von Ansprechpartnern, definiert sein.

Abschnitt	Unterabschnitt	Inhalte (Auszüge)
Übersicht über das Projekt		Einführende Beschreibung des Vorhabens Unternehmensindividuelle Definition des Portal-Begriffs
Ist-Zustand	**Organisation**	Organisationsstruktur, Darstellung Portal-relevanter Bereiche
	Prozesse	Aufstellung von Systemen, Funktionen und Content, Mengengerüste/Kennzahlen (z.B. Nutzerzahlen, Häufigkeit, Dauer), Prozessmodelle
	Content	Aufstellung relevanter Content Content Modell (Ist)
	Nutzer	Zielgruppen mit Nutzungsszenarien, Endgeräten, Anforderungen
	IT-Systemlandschaft	Übersicht über den Zusammenhang der Systeme im Rahmen der Systemlandschaft, Dokumentation relevanter Systeme
Soll-Szenario		Beschreibung der Projektziele, Portal-Roadmap Übersicht Gesamtarchitektur
Funktionale Anforderungen	**Portal-Basis**	Rechte und Rollen Konzept Konzept Suche EAI-Funktionen Basisfunktionen und Portal-Anwendungen
	Gestaltung und Oberfläche	Styleguide, ggf. Material zu CD/CI Layout Entwürfe Anforderungen Barrierefreiheit
	Content Management	Content Management Funktionen Content Modell (Soll) Mehrsprachigkeit
	Querschnitts-Anwendungen	Funktionale Anforderungen mit tabellarischer Einzelaufstellung
	Fachanwendungen	Funktionale Anforderungen mit tabellarischer Einzelaufstellung
Nicht-funktionale Anforderungen	**Gebrauchstauglichkeit/Usability**	Beschreibung der Anforderungen an die Gebrauchstauglichkeit Usability Engineering Validierung der Gebrauchstauglichkeit User Acceptance Test
	Barrierefreiheit	Beschreibung der Anforderungen an die Barrierefreiheit Einhaltung gesetzlicher Vorgaben
	Sicherheit	Sicherheit der Lösung Test der Sicherheit Notfallkonzept

	Systemleistung	Anforderungen an die Leistungsfähigkeit (z.B. Abrufe/s, parallele Nutzer, Bandbreite)
	Hardware	Anforderungen an die Hardware Betriebssystemplattform Netzwerkinfrastruktur
	Betrieb und Wartung	Anforderungen an die Wartung und Wartungshäufigkeit, Updates und Upgrade Backup
	Zuverlässigkeit	Anforderungen an die Zuverlässigkeit, insbesondere Verfügbarkeit, erforderliche Wartungsfenster
	Schulung	Schulungsplan Unterstützung der Anwenderschulung, Schulungsmaterial Schulungen für Administratoren
	Qualitätssicherung	Sicherstellung der Softwarequalität, Tests/Qualitätssicherung (siehe auch Usability) Zertifizierung des Anbieters
	Installation	Aufbau der Portalumgebung, ggf. Test- und Entwicklungsumgebung
	Migration Bestandssysteme	Umfang und Zeiträume für die Überführung der Bestandsdaten
	Testbetrieb und Cut-Over	Beschreibung des Testbetriebs Umgang mit Korrekturen Vorgehen Live-Schaltung
	Anbietersupport	Gewährleistung und Garantien Technischer Support für Betrieb
	Dokumentation	Dokumentation Standard-Software und entwickelte Individual-Software
	Entwicklungs- und Testumgebungen	Entwicklungswerkzeuge für das Portal Architektur Testumgebung
Anforderungen Projektdurchführung	**Projektorganisation**	Grundlagen der Zusammenarbeit Statusberichte Gremien
		Regelungen zur Sicherstellung der Vertraulichkeit eines Auftrages
		Einkaufsbedingungen des Unternehmens
Anhang	**Projekt-Glossar**	Beschreibung der verwendeten Begriffe im Kontext Unternehmen und Projekt

Tabelle 20 Mustergliederung Portal-Lastenheft

Tabelle 20 stellt die Musterstruktur für ein Portal-Lastenheft in einer Übersicht dar. Die Zusammenstellung wurde basierend auf (DIN69905, 2009), (VDI/VDE3694, 2008), (Balzert, 2000), (Gurzki & Hinderer, 2005) und eigenen Ergänzungen erarbeitet.

5.3.7.1 Beschreibung der Anforderungen

Es bietet sich an das Lastenheft bereits so zu gestalten, dass dem Dienstleister die Möglichkeit gegeben wird, direkt zu den Anforderungen seine Umsetzungsideen und optional die Kosten für die Teilfunktionen zu notieren. Der Vorteil hierbei: Wird die Realisierung ausgeschrieben und werden mehrere Angebote eingeholt, so sind die Pflichtenhefte auf Basis des vorgegebenen einheitlichen Lastenhefts bereits weitgehend ähnlich gestaltet. Sie sind damit vergleichbar.

Die Beschreibung der funktionalen Anforderungen ist in tabellarischer Form vorteilhaft, die gegebenenfalls durch Nutzungsszenarien ergänzt wird. Für die Erstellung des Pflichtenhefts kann die Tabelle durch eine Spalte mit den Realisierungsvorschlägen des Dienstleisters ergänzt werden. Tabelle 21 stellt ein Beispiel für eine Beschreibung in Tabellenform dar. Da die Tabellen in dieser Darstellungsform in der Regel recht breit werden, bietet sich eine Umsetzung im Querformat an. Anforderungen werden mit einer Priorisierung gewichtet. Dies kann nach einem einfachen „muss/soll/kann“-Schema oder mit einer Zahlengewichtung erfolgen. Bei der Gewichtung muss beachtet werden, dass gegebenenfalls Abhängigkeiten zwischen den Anforderungen bestehen. Eine voraussetzende Anforderung muss daher in jedem Fall als „muss“-Anforderung klassifiziert werden. Die Anforderungen werden nach Bereichen gruppiert. Bereiche können funktionale Bereiche, wie zum Beispiel einzelne Anwendungen im Portal, aber auch allgemeine Anforderungen sein. Die Bereiche können, falls erforderlich, beschreibend eingeleitet werden und bei Bedarf durch die Darstellung von User Stories, in denen die Nutzung skizziert wird, ergänzt werden.

ID	Name	Beschreibung	Input	Output	Prio
T1	Anord-nung Telefon-buch	Das Telefonbuch ist als Icon in der Utility-Navigation aufrufbar	-	-	muss

Tabelle 21 Beispiel tabellarische Anforderungsbeschreibung (funktionale Anforderungen)

5.3.7.2 Bewertung des Pflichtenhefts

Nach Rückmeldung der Pflichtenhefte durch die Dienstleister wird der geeignetste Anbieter ausgewählt. Zu den Kriterien des Lastenhefts kommen weitere Faktoren hinzu: Die Beurteilung der Fähigkeit des Dienstleisters zur Zielerreichung, seine Kompetenz oder die wirtschaftliche Stabilität des Anbieters. Aber auch das einfache subjektive „Bauchgefühl“ des Projektteams sollte berücksichtigt werden, auch wenn es in keine Bewertung direkt einfließt. Es sagt dennoch einiges über das Angebot, welches mit dem Pflichtenheft verbunden ist, aus. Die Dienstleister sollten in ihrem Umsetzungsvorschlag darauf eingehen, ob die Anforderung im Standard der verwendeten Portal-Software umsetzbar ist oder ob weitergehende Anpassungen erforderlich sind. Ideal ist die Nutzung von Standard-Funktionalität der Portal-Software, da diese in den meisten Fällen auch direkt in Upgrade-Versionen zur Verfügung steht. Werden Funktionen mit Individualentwicklungen oder Modifikationen umgesetzt, so muss die Zukunftsfähigkeit und der Aufwand bezogen auf neue Releases hinterfragt und in der Bewertung berücksichtigt werden. Das Pflichtenheft wird in einer weiteren Spalte bezogen auf die Vorschläge gewichtet. Dies kann bei umfangreichen Anforderungen und bei mehreren Pflichtenheften in einer Tabellenkalkulation geschehen. Die Bewertung kann im Rahmen eines Meetings oder durch einzelne Mitglieder des Projektteams mit anschließender gemeinsamer Konsolidierung erfolgen.

5.3.7.3 Anbieterpräsentation

Ist eine sinnvolle Anzahl von (ca. drei bis fünf) Anbietern auf Basis des Pflichtenhefts gefiltert worden, sollten diese zu einer Angebotspräsentation eingeladen werden. In dieser Präsentation werden die Details und Besonderheiten vorgestellt und Fragen beantwortet. Die Präsentationen fließen als Bewertung in das bestehende Raster ein.

5.3.7.4 Erweiterte Schritte: Durchführung eines Proof-Of-Concept

Kann im Rahmen der Lasten-/Pflichtenheft-Phase nicht zweifelsfrei beurteilt werden, ob die Anbieter eine problematische Anforderung erfüllen können oder wie die Lösungen qualitativ einzustufen sind, ist die Durchführung eines Proof-of-Concept sinnvoll. Ausgewählte Anbieter erhalten einen begrenzten Zeitraum, um die vorgegebene, klar umrissene Aufgabenstellung aus dem Lastenheft mit den angebotenen Ansätzen und Mitteln prototypisch zu lösen. Besonders geeignet ist der Proof-of-Concept für einen Vergleich von eingesetzten Technologien. Der Proof-of-Concept wird den Anbietern in der Regel vergütet. Aus diesem Grund wird die Methode nur bei besonderen, wichtigen Fragestellungen und nur mit einer sehr begrenzten Anbieterzahl (zumeist zwei) durchgeführt. Die Anforderungen aus dem Lastenheft werden in einer Spezifikation des Proof-of-

Concept zusammengefasst und die Aufgabenstellung klar abgegrenzt. Bereits hier sollten die Kriterien für die spätere Bewertung festgelegt werden. In einem Briefing werden der Proof-of-Concept und die Rahmenbedingungen den hierfür ausgewählten Anbietern vorgestellt. Es ist dabei sinnvoll die Bewertungskriterien so weit wie möglich offen zu legen. Am Ende der Bearbeitungszeit, die sich im Rahmen von ein bis zwei Wochen bewegen sollte, präsentieren die Anbieter ihre jeweiligen Lösungen. Die Lösungen und die Anbieter selbst werden bewertet. In einer Gesamtbetrachtung zusammen mit dem Lastenheft kann nun entschieden werden, welcher der Anbieter den Zuschlag erhält oder ob weitere Ausschreibungen sinnvoll bzw. erforderlich sind.

5.3.7.5 Erweiterte Schritte: Bildung eines Konsortiums

Liefern die Anbieterpräsentationen keinen befriedigenden Lösungsansatz, weil die Anbieter nur Teillösungen liefern können, bietet sich die Bildung eines Konsortiums an. Aus Sicht des Auftraggebers ist dabei die Übernahme einer Generalunternehmerschaft durch eines der beteiligten Unternehmen vorteilhaft. Hierdurch liegt die Koordination und Verantwortung in einer Hand. Dies vereinfacht die Vertragsgestaltung und die Arbeit im Projekt. Da die Bildung selbst bei den beteiligten Anbietern liegt, hat der potenzielle Auftraggeber nur geringen Einfluss auf das Zustandekommen eines Konsortiums.

5.4 Umsetzen

Nach der Konzeption des Portals geht es direkt in die Planung der Umsetzung und in die konkrete Implementierung. Bei der Umsetzung der geplanten Funktionen kann auf eine breite Portal-Produktpalette am Markt zurückgegriffen werden. Die Produkte verfolgen verschiedene Grundansätze, die in diesem Abschnitt erläutert werden. Weitere wichtige Aspekte der Entscheidung für ein Produkt sind das Lizenzmodell und die Integration von Bestandsanwendungen. Diese Punkte müssen bereits in der Phase Konzipieren berücksichtigt werden.

5.4.1 Verschiedene Philosophien von Portal-Software

Die Auswahl der Portal-Software erfolgt nach den Anforderungen der Spezifikation. Hiervon abgesehen lassen sich verschiedene Arten von Softwareprodukten identifizieren, die für die Umsetzung verschiedene Vor- und Nachteile bieten.

Plattformprodukte

Plattformen bieten eine umfassende Funktionalität an, die eine große Bandbreite betrieblicher Anforderungen abdeckt. Sie bestehen aus mehreren Einzelprodukten. Die Portal-Software ist dabei nur ein Produkt der Plattform. ERP und CRM oder Middleware könnten andere Produkte einer Plattform sein. Vorteilhaft beim Einsatz von Plattformprodukten ist, dass die Produkte innerhalb der Plattform in der Regel gut aufeinander abgestimmt sind. Dies kann auch für die Lizenzierung gelten. Sofern bereits Teile der Plattform im Unternehmen eingesetzt werden, *kann* der Einsatz der Portal-Software des gleichen Herstellers finanziell vorteilhaft sein.

Eigenständige Portal-Software-Produkte

Es existieren zahlreiche eigenständige Portal-Software-Produkte am Markt. Darunter befinden sich auch Open Source Produkte, mit denen sich Portale umsetzen lassen. Bei diesen entfallen die Lizenzkosten. Eigenständige Portal-Software-Produkte sind zwar nicht Bestandteil einer Plattform, aber einige Produkte sind für die Integration in Systemwelten, wie zum Beispiel in die von SAP, IBM, Microsoft, bereits ausgestattet. Besteht im Unternehmen eine Plattformstrategie, dann sollte diese bei der Auswahl der Software entsprechend berücksichtigt werden. Auf jeden Fall sollte das zur Plattform gehörige Produkt betrachtet werden, aber auch alle anderen eigenständigen Produkte, die eine Vorbereitung für die An- beziehungsweise Einbindung in diese Plattform mitbringen.

Individualsoftware

Eine Individualentwicklung ist grundsätzlich möglich. Da Portal-Software zahlreiche Standard-Funktionen benötigt und auch Open Source Software verfügbar ist, dürfte die Entscheidung für vollständige Individualsoftware nur bei extrem wenigen Projekten fallen.

Portal-Software oder Content Management System oder beides

Im Grundlagenkapitel wurden Intranets mit ihrer Content-Orientierung eng mit Content Management Systemen verbunden, wohingegen Portale mit Portal-Software als Integrationsplattform assoziiert wurden. Die Praxis zeigt jedoch, dass sich Portale auch mit Content Management Systemen umsetzen lassen. Dies ist möglich, da moderne CMS versuchen die Lücke technisch durch Unterstützung der Portlet-Standards zu schließen. Auch lassen sich CMS mit entsprechender Architektur und mit Aufwand auf visueller Ebene nahtlos in eine Anwendungslandschaft einbinden. In vielen Fällen lohnt eine Betrachtung dieser Variante. Portal-Software bringt in der Regel Content Management-Funktionalität mit, zum Teil aber auf durchaus rudimentärer Ebene.

Sollen die Content Management-Funktionalitäten dennoch komfortabel sein, so bietet sich die Integration eines CMS in eine Portal-Software an. Einige CMS-Produkte sind direkt in gängige Portal-Software Produkte integrierbar. Grundanforderung hierfür ist, dass die Bedienung aus einem „Guss" möglich ist. Insbesondere das Anlegen von neuen Seiten und neuen Inhaltselementen muss trotz der beiden integrierten Softwareprodukte in einem Arbeitsschritt möglich sein.

Open vs. Closed Source

Im Bereich Portale werden verschiedene Open Source Produkte angeboten. Im direkten Vergleich mit kommerziellen Produkten spielen neben der Funktionalität auch die Kriterien

- Verfügbarkeit technische Unterstützung, Beratung, Wartung
- Mittel- bis langfristige Pflege und Verfügbarkeit des Produkts

eine Rolle. Auf den ersten Blick sprechen Pflege und Verfügbarkeit direkt für ein kommerzielles Produkt. Bei genauerer Betrachtung ist dies jedoch kein spontan beurteilbares Kriterium: In der Vergangenheit wurden Produkte eingestellt oder Hersteller aufgekauft. Auch hier gilt: Die Lösung für diese Frage ist unternehmensindividuell und muss in der Regel gemeinsam mit dem Punkt „Plattformen" betrachtet werden.

5.4.2 Lizenzmodelle und Lizenzen Backendsysteme

Die Lizenzmodelle der Portal-Software-Hersteller unterscheiden sich zum Teil sehr stark. Für die Berechnung der Lizenzkosten werden von den Herstellern verschiedene Faktoren geltend gemacht. Die Faktoren können dabei auch in einer Mischung (z.B. Softwarelizenz plus User) angewendet werden. Die nachfolgende Aufstellung stellt typische Faktoren zusammen, erhebt dabei aber keinen Anspruch auf Vollständigkeit.

Hinweis zu diesem Abschnitt: *Die hier aufgeführten Informationen werden herstellerneutral angegeben. Bei der Auswahl eines oder mehrerer Hersteller muss individuell ermittelt werden, welche Faktoren und Modelle zutreffend sind oder welche weiteren Faktoren und Modelle existieren. Die Konditionen können sich gegebenenfalls von Kunde zu Kunde oder von Projekt zu Projekt unterscheiden.*

Softwarelizenz

Die einfachste Form der Lizenzierung ist eine pauschale Software-Lizenz für eine Installation der Portal-Software. Aber auch hier kann bereits nach einer Kernsoftware und gesondert zu erwerbenden Modulen lizenziert werden. Im Bereich der Portale spielen zunehmend Online-Shops für Portal-Erweiterungen und Portal-Anwendungen, ähnlich dem App-Store-Modell im Mobilfunkmarkt, eine Rolle.

Nach Usern

In dieser Lizenzierungsform wird die Nutzerzahl als Faktor herangezogen. Möglich ist eine Kostenermittlung auf Basis von namentlich (im System) benannten Nutzern. Diese kann im betrieblichen Einsatz ungünstig sein, insbesondere wenn die Zahl der Gelegenheitsnutzer groß ist. Vorteilhafter ist in diesem Fall der Gegenentwurf dieses Lizenzierungsschemas: Concurrent User. Concurrent User bezeichnen die maximal erlaubten beziehungsweise maximal möglichen gleichzeitigen Nutzer. Die Gesamtnutzerzahl im Unternehmen spielt hierbei keine Rolle. Es werden nur die gleichzeitig aktiven Nutzer gezählt. Eine Ermittlung der zu erwartenden Concurrent Usern ist allerdings nicht trivial.

Nach CPU-Kernen oder Sockel

Das Modell der Lizenzierung per Sockel staffelt die Kosten nach Anzahl der im Portal-Server, beziehungsweise in mehreren Servern, vorhandenen CPU-Sockeln. Mit dem Aufkommen von Mehrkernprozessoren verlor diese Form an Sinnhaftigkeit. Verstärkt wird nach CPU-Kernen (CPU Cores) lizenziert.

Nach CPU-MHz

Eine Abrechnung nach summierten Taktzahlen der CPU, gemessen in MHz oder GHz, erfasst ebenfalls alle im Rechner oder in den Rechnern vorhandenen CPUs und Kerne.

Nach Virtualisierungseinsatz

Der Einsatz von Virtualisierungstechniken kann als zusätzlicher Kostenfaktor in die Kostenberechnung einfließen. Da der Betrieb in einer virtualisierten Systemumgebung in vielen Szenarien sinnvoll ist, gewinnt dieser Punkt immer mehr an Bedeutung.

Integrationssoftware und Hilfssoftware

Neben der eigentlichen Portal-Software können Kosten für Software für die Integration von Anwendungen, wie zum Beispiel Middleware, anfallen. Ein Kostenfaktor kann auch weitere Software von Drittanbietern umfassen. Ein typisches Beispiel, wenn auch heute nicht mehr so bedeutend, ist die für die Portal-Software erforderliche Datenbank. Auch Migrationswerkzeuge für die Umstellung von einem bestehenden CMS auf die Portal-Software können einen Kostenfaktor darstellen. Ein oft vergessener Posten in der Berechnung der Lizenzen sind die Backend-Systeme und die zu integrierenden Anwendungen. Für einige Systeme ist eine Nutzerlizenz auch dann erforderlich, wenn der Nutzer über eine Anwendung im Portal auf das Backend zugreift. Auf diese Weise könnte der Fall eintreten, dass eine günstige Portal-Software eines neuen Anbieters teurer wird, als die auf den ersten Blick teure Portal-Software eines Backend-Anbieters, dessen Systeme im Haus bereits genutzt werden. Bei Open Source Produkten entfallen entsprechend die Lizenzkosten, nicht jedoch Beratungs- und Wartungskosten sowie ggf. die genannten Lizenzen für die Backendsysteme.

5.4.3 Sicherheit

Bei der Betrachtung der Sicherheit sollte auf die Empfehlungen und Vorgaben des Bundesamts für die Sicherheit in der Informationstechnik (BSI) zurückgegriffen werden. Neben den für den IT-Grundschutz bereitgestellten Informationen sollte die Norm ISO-2700x berücksichtigt werden. Eine detaillierte Betrachtung des Themas IT-Sicherheitsmanagement würde den Rahmen dieser Publikation sprengen. Stattdessen soll hier noch auf spezielle Aspekte eingegangen werden. In Umgebungen mit hohen Sicherheitsanforderungen, wie z.B. in Hochtechnologiebranchen oder im Umgang mit Sozialdaten, bestehen besondere Anforderungen an die Verhinderung eines Datenabflusses. Web-Technologien auf Basis von HTML schützen nicht vor Copy & Paste aus dem Browserfenster. Zudem besteht die Möglichkeit, das Portal mit lokal installierter Software anzugreifen. Auf der anderen Seite ist der Browser als Umgebung des Nutzers als ungeschützt zu betrachten.

Als Lösung für diese Herausforderungen kann ein Portal über eine Remote Desktop Anwendung auf den Clients dargestellt werden. Der Browser wird in diesem Modell auf dem Server ausgeführt. Der Umweg über Remote Desktop schränkt zum einen den möglichen Datenabfluss ein und verhindert auf der anderen Seite zu einem gewissen Grad das automatisierte Einschleusen von Schadcode in das Portal. Portale lassen sich durch Web Application Firewalls in gewissen Grenzen schützen. Diese Art von Firewall arbeitet auf der Ebene von HTTP und HTML und blockiert potenziell gefährliche Aktionen, wie zum Beispiel Überläufe oder Versuche von SQL Injections.

5.4.4 Das Portal als Mission Critical Application (MCA)

Mission Critical Applications (geschäftskritische Anwendungen) sind für den Betrieb des Unternehmens unabdingbar. Der Ausfall einer oder mehrerer MCAs bedeutet unweigerlich einen Teil- oder Vollstillstand der Geschäftsprozesse. Dies ist gleichbedeutend mit einem substanziellen finanziellen Verlust. Ein Portal wird zu einer Mission Critical Application, wenn geschäftskritische betriebliche Informationssysteme, wie z.B. ein ERP-System, in das Portal integriert werden und nur noch hierüber genutzt werden können. Bei Ausfall des Portals, beziehungsweise der Portal-Software, sind die eigentlich noch funktionsfähigen Backendsysteme nicht mehr für den Nutzer erreichbar. Durch Notfallprozeduren muss sichergestellt werden, dass bei einem Ausfall des Portals wesentliche Prozesse noch ausgeführt und MCAs im Backend noch zugreifbar sind. Bei Portal-integrierten Backend-Systemen kann im Notfall eine lokale Client-Software verwendet werden. Eine andere Variante ist die unabhängige Bereitstellung eines einfachen, ungestalteten Notfall-Portals, welches bei einem Ausfall des eigentlichen Portals freigeschaltet wird. Dort werden die Portlets der MCA-Anwendungen aus dem ausgefallenen Portal in einer Minimalform verfügbar gemacht. Werden über die Integration von Anwendungen Prozesse im Portal umgesetzt, dann müssen diese so gestaltet werden, dass ein Ablauf in dem Notfallportal möglich ist. Die Notfallprozeduren müssen geplant und auch geübt werden. Die Nutzer müssen über Notfallmaßnahmen zur Aufrechterhaltung des Geschäftsbetriebs informiert werden. In diesem Bereich sollten die IT-Grundschutzkataloge des Bundesamts für die Sicherheit in der Informationstechnik herangezogen und berücksichtigt werden. Ein Grund für den Betriebsstillstand kann eine geplante Wartung darstellen. Details hierzu sind im Abschnitt 5.4.6 zu finden. Grundsätzlich erhöht sich bei einer Integration von Anwendungen die Ausfallwahrscheinlichkeit des Gesamtsystems, da zwei Ausfallwahrscheinlichkeiten kombiniert werden.

5.4.5 Hochverfügbarkeit und Skalierbarkeit mit Clustern

Eine Hochverfügbarkeit kann nicht mit allen am Markt befindlichen Produkten erreicht werden. Ist diese gefordert, so muss eine Cluster-Fähigkeit bei der Beschaffung berücksichtigt werden. In einem Cluster laufen mehrere Instanzen der Portal-Software und operieren auf einem gemeinsamen, durch Cluster-Technologien verteilten Datenbestand.

Abbildung 71 zeigt ein aus drei Knoten bestehendes Cluster, welches auf zwei physische Standorte verteilt ist. Ein zweiter Standort kann zur Optimierung der Zugriffszeiten auch international angesiedelt sein. Prinzipiell dient der zweite Standort auch zur Verringerung des Risikos bei Katastrophenszenarien, wie zum Beispiel bei Zerstörung durch Brand oder chemische bzw. radioaktive Verseuchung, bei der der primäre Standort nicht mehr genutzt werden kann. Der rechte Knoten in Abbildung 71 kann entweder aktiv betrieben werden oder in einem Hot/Cold Standby ausschließlich für den Notfall bereitstehen. Die Nutzerzugriffe werden über einen Load Balancer auf die Server gleichmäßig verteilt. Dies führt zu einer guten Skalierbarkeit, da weitere Knoten je nach steigender Anforderung hinzugefügt werden können. Die Technologie der Cluster ist komplex und bezieht Hardware, Netzwerkinfrastruktur, Betriebssysteme und die Portal-Software ein.

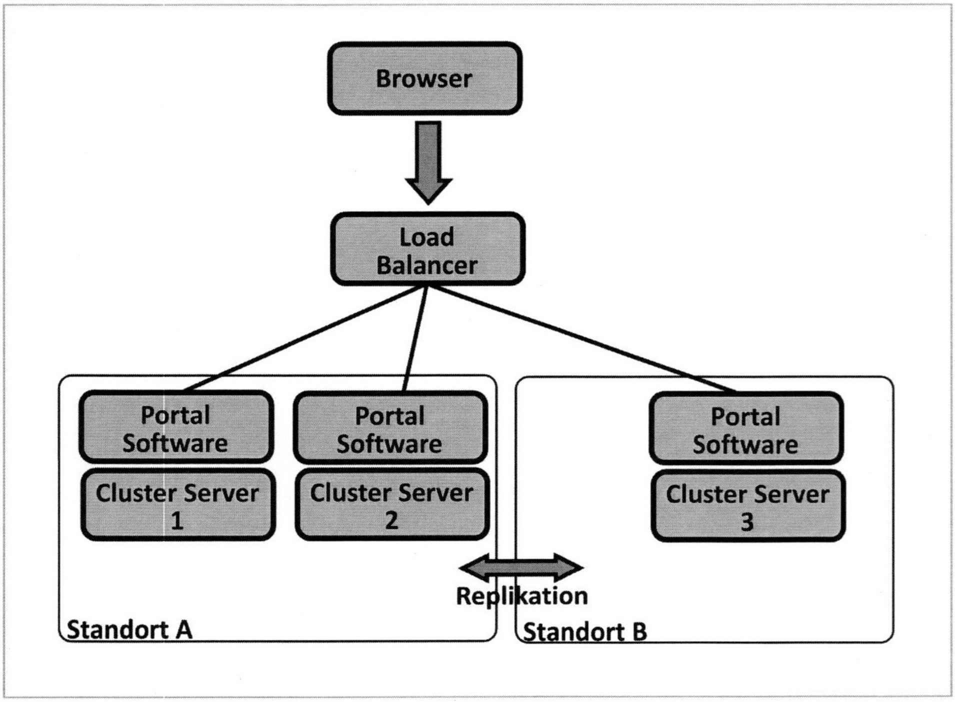

Abbildung 71 Portal als Hochverfügbarkeits-Cluster

5.4.6 Wartung und Upgrade

Bereits bei der Auswahl der Portal-Software muss die spätere Wartung berücksichtigt werden. So ist zum Beispiel eine Portal-Software, deren Upgrade mehrere Stunden bis Tage dauert und die ein Upgrade im laufenden Betrieb nicht zulässt, nicht für alle Unternehmen geeignet. Dies gilt insbesondere, wenn ein 24/7/365-Betrieb als Anforderung gesehen wird. Tabelle 22 stellt typische Wartungsaufgaben im Kontext von Portalen dar. Neben der Infrastruktur, Hardware und der Portal-Software selbst, werden auch die in das Portal integrierten Anwendungen und Backend-Systeme bei der Wartung und der koordinierten Planung berücksichtigt. Auch die Anwendungen, die direkt in der Portal-Software ablaufen, müssen gewartet werden. Die Verantwortung für die Wartung aller in der Tabelle 22 dargestellten Ebenen liegt idealerweise in der Hand einer Abteilung. Dies ist in der Regel die IT-Abteilung. Bei Fachanwendungen, die von Drittfirmen entwickelt wurden, ist jedoch eine Wartung durch Externe nicht auszuschließen.

Ebene	Wartung
Anwendungen (Portal)	Update/Upgrade/Sicherheitspatches Installation neuer Anwendungen Backup
Anwendungen (Backend, integrierte Anwendung)	Update/Upgrade/Sicherheitspatches Wartung von Betriebssystem der Anwendung Wartung Hardware Wartung Infrastruktur Backup
Portal-Software	Update/Upgrade/Sicherheitspatches Backup
Betriebssystem Portal	Update/Upgrade/Sicherheitspatches Backup
Hardware Portal	Austausch defekter Komponenten oder der gesamten Hardware
Hardware Portal Infrastruktur	Austausch defekter Komponenten des Netzwerks Änderung der Netzwerkkonfiguration Umzug Wartung der externen oder internen Stromversorgung

Tabelle 22 Typische Portal-Wartungsaufgaben auf verschiedenen Ebenen

Gleiches gilt bei Outsourcing und Wartungsverträgen, insbesondere bei großen Portal-Installationen. Auf die Verantwortlichkeiten für die Wartung wird in Kapitel 5.5.6 näher eingegangen.

5.4.6.1 Service Level Agreements und Support

Service Level Agreements (SLA) dienen der Definition der Dienstgüte, unter anderem der Verfügbarkeit und der Reaktionszeit bei Störungen. Für Portale werden mit dem Betreiber, in der Regel die IT-Abteilung, klare Vereinbarungen hierüber getroffen. Diese können sich für die Portal-Basis mit der Portal-Software sowie für die Fach- und Querschnittsanwendungen unterscheiden. Die Fachbereiche können den Service Level selbst bestimmen. Es besteht die Möglichkeit, die interne Kostenverrechnung je nach Service Level zu variieren. Bestandteil der Vereinbarungen sind auch der technische Support und in den meisten Fällen der Anwendungssupport. Aufgrund der zahlreichen Fachanwendungen im Portal kann für hoch spezialisierte Anwendungen von einem zentralen Support keine Hilfestellung auf fachlicher Ebene gegeben werden. In diesem Fall können die Anfragen an den First Level Support in dem Fachbereich weitergeleitet werden. Dort muss die entsprechende Kapazität für die Bearbeitung zur Verfügung stehen. Dieser Aspekt ist bei der Planung von Fachanwendungen unbedingt auf Kosten- und Fachseite zu berücksichtigen.

5.4.7 Hauptaufgabe: Integration

Die Eigenschaft „Integration“ zeichnet das Portal und die zugrunde liegende Portal-Software aus. Sie ist auch eines der Merkmale, die das Portal vom klassischen Intranet unterscheiden. In diesem Abschnitt werden die verschiedenen Möglichkeiten und Erfordernisse bei der Portal-Integration eingehender betrachtet.

5.4.7.1 Portal-Integration vs. Integrations-Portal

Für die Realisierung eines Portals sind zwei grundsätzlich verschiedene Ansätze möglich: Der Ansatz des Integrations-Portals und der Ansatz der Portal-Integration. In der Praxis werden Mischformen aus beiden Ansätzen eingesetzt.

Integrations-Portal: Die Frontend-Integration

Das Integrations-Portal stellt die Web-basierten Inhalte von (Backend-) Systemen direkt im Portal dar. Voraussetzung hierfür ist, dass die Systeme eine Web-basierte Darstellung generieren. Die erzeugten Darstellungen in Form von HTML-Code werden von der Portal-Software in die jeweiligen Portlets zur Darstellung eingefügt, die Portal-Seite zusammengestellt und an den Nutzer ausgeliefert (Abbildung 72). Die Integration erfolgt damit rein auf Darstellungsebene. Sie wird daher auch als Frontend-Integration bezeichnet.

Portal-Integration: Prozess-, Anwendungs- oder Datenintegration

Der Ansatz der Portal-Integration entwickelt für jede Portal-Anwendung eine eigene Anwendungslogik im Portal. Diese kann entweder eigenständig sein oder in Teilen auf Backend-Anwendungen zugreifen. Die Anwendungen stellen der Portal-Anwendung Daten oder Prozesse bzw. Prozessteile bereit. Die Systeme müssen hierfür über Middleware an das Portal bzw. an die Portal-Anwendung angebunden werden. Die Portal-Anwendung kann, wenn sie mit den entsprechenden Backend-Systemen verbunden ist, Prozesse über Systemgrenzen hinweg realisieren. Sie bildet damit die technologische Grundlage für prozessorientierte Portale. Dies passt perfekt zur Idee der Service Orientierten Architektur (SOA). Das Portal ist die ideale Frontend-Komponente im Rahmen einer SOA-Strategie. Aber auch mit anderen Middleware-Technologien werden Portal-Integrationen vorgenommen. Die Portal-Anwendung kann, muss aber nicht, als Portlet direkt auf der Portal-Software ablaufen.

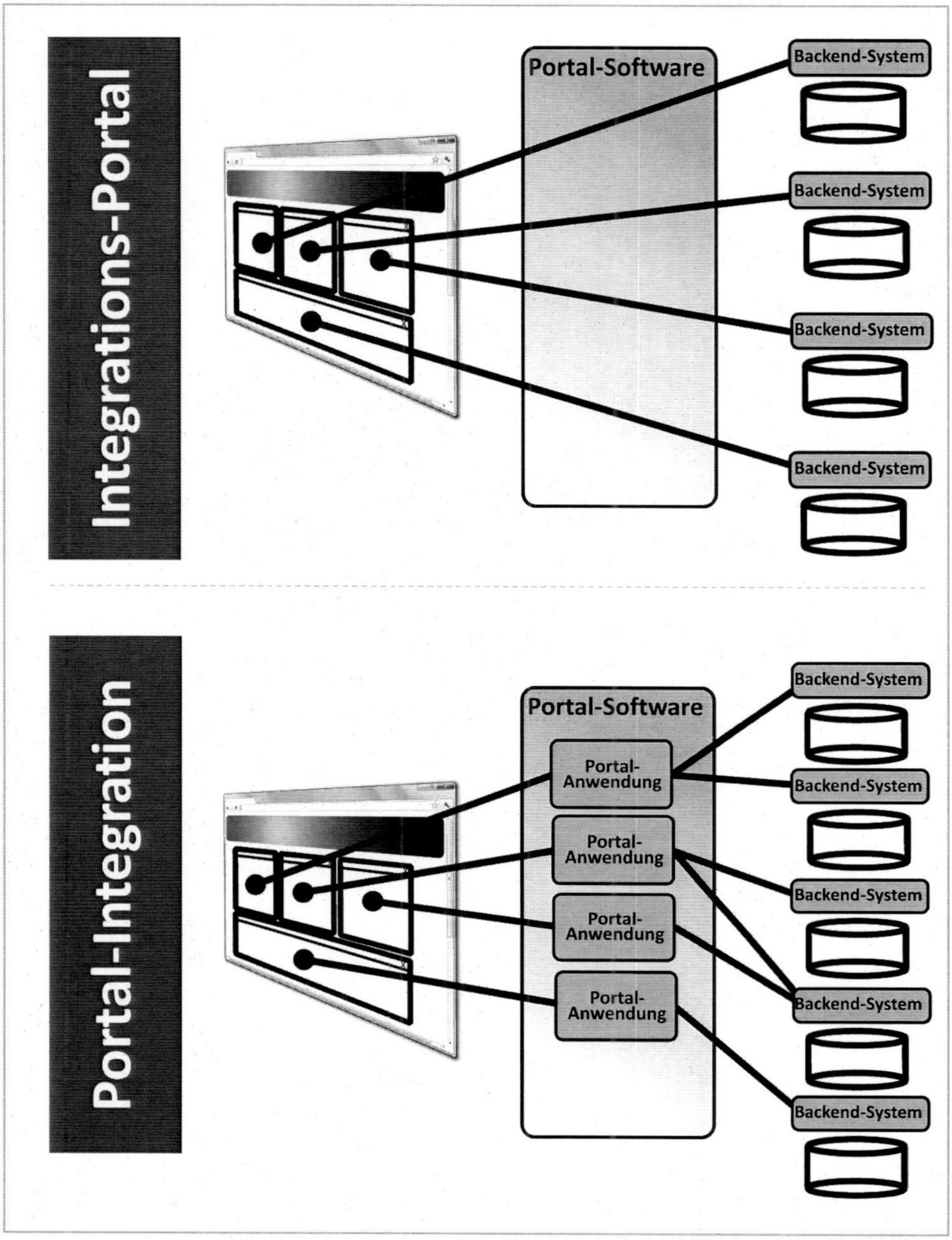

Abbildung 72 Integrations-Portal vs. Portal-Integration

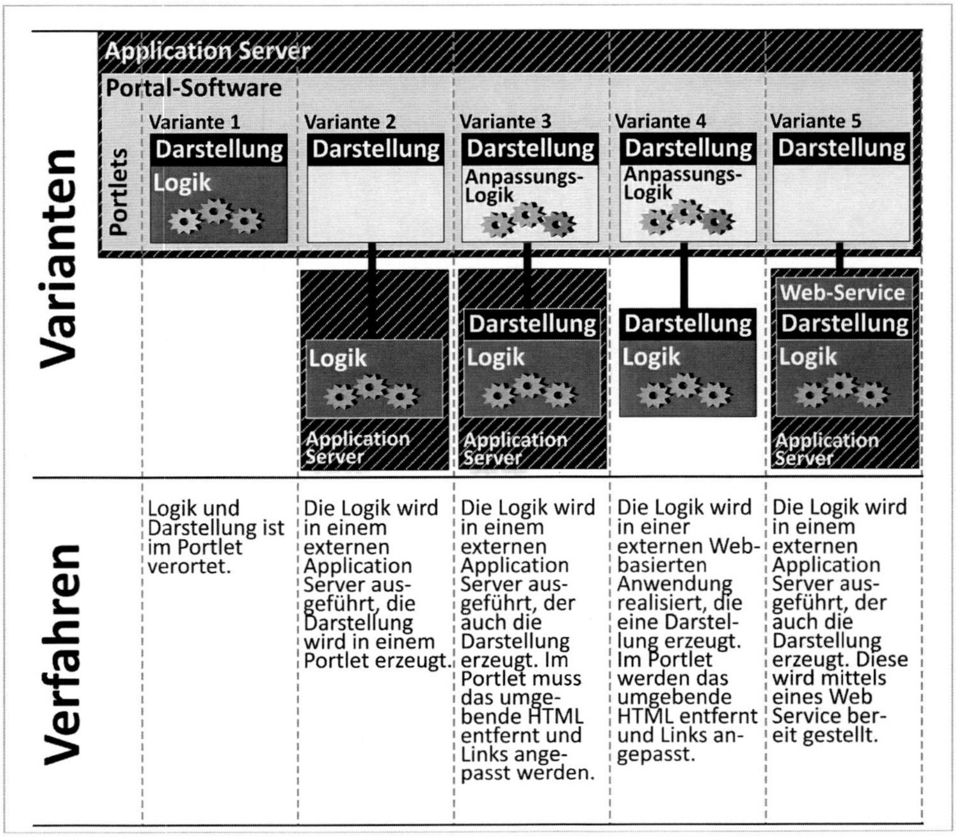

Abbildung 73 Integrationsmuster: Verteilung von Anwendungslogik und Darstellung

Die Realisierung von Logik im Portlet sollte bei Hochlast-Portalen das letzte Mittel der Wahl sein, da die dortige Logik die Leistung des Servers beeinflusst. In kleineren Portalen ist dies von untergeordneter Bedeutung. In jedem Fall muss vor der Realisierung einer Portal-Anwendung die Belastung des Portals geschätzt werden. Bei der Umsetzung von Logik in Portlets erweist sich als vorteilhaft, dass sie keine aufwendige Integrationslogik benötigen. Sie liefern direkt die benötigten HTML-Fragmente und behandeln das URL-Rewriting direkt im Zusammenspiel mit der Portal-Software (siehe Kapitel 5.4.8). Soll die Portal-Anwendung aus Performance- oder anderen Gründen nicht als Portlet im Portal realisiert werden, existieren verschiedene Möglichkeiten, die in Abbildung 73 gegenübergestellt sind.

Variante 1 ist eine Portal-Applikation, deren Logik und Generierung der Darstellung vollständig im Portal abläuft. Die Anwendung kann mit Backend-Systemen verbunden sein und dort auf Prozesse und Daten zugreifen. Wie bereits diskutiert belastet die Ausführung dieser Logik den Portal-Server. Dies ist aber für kleine Anwendungen unproblematisch.

Variante 2 verteilt die Anwendungslogik und die Darstellung. Die Generierung der Darstellung erfolgt im Portal. Die eigentliche Anwendungslogik wird jedoch auf einen externen Application Server ausgelagert. Diese nimmt vom Portlet zu verarbeitende Daten und Aktionen entgegen. Nach Abarbeitung der Anwendungslogik liefert die Anwendungslogik die Daten zurück an die Darstellungslogik im Portlet. Dort wird eine Darstellung generiert. Auch in diesem Ansatz kann die Programmlogik auf andere Systeme zugreifen und Prozesse und Daten nutzen. Der Vorteil dieser Variante ist, dass ein Umschreiben von Links (siehe Kapitel 5.4.8) nicht erforderlich ist.

Variante 3 verwendet wie bereits Variante 2 einen externen Application Server. In diesem Fall erzeugt die Anwendung bereits eine eigene Darstellung. Die Darstellung wird idealerweise als HTML-Fragment erzeugt und vom Portlet angezeigt. Gegebenenfalls muss ein Umschreiben von Links durch eine Anpassungslogik erfolgen.

Variante 4 entspricht Variante 3, nur handelt es sich hier um eine Software, die keinen Application Server benötigt.

Variante 5 ist ebenfalls ähnlich zu Variante 3. Hierbei erfolgt jedoch die Kommunikation zwischen dem Portlet und der Anwendung über Web Services. Die Verwendung von Web Services ermöglicht das Passieren einer Firewall, sodass die Portal-Anwendung auch extern bei einem Dienstanbieter liegen kann. Ein schönes Beispiel hierfür ist eine Visitenkartenanwendung, die im Portal dargestellt wird. Die eigentliche Anwendungslogik wird von der Druckerei angeboten und extern auf ihrem Server ausgeführt. OASIS hat hierfür einen Industrie-Standard entwickelt: Mittels *Web Services for Remote Portlets (WSRP)* lassen sich Portal-Anwendung und Darstellung im Portal über Web Services verteilen (vgl. (OASIS, 2012)). Der Standard erlaubt eine Mischung der Technologien auf Portal und Anwendungsseite.

5.4.8 Technische Herausforderungen bei der Integration von Web-basierten Anwendungen

Web-basierte Bestandsanwendungen sind häufig und meistens in größerer Zahl in Unternehmen anzutreffen. Die Integration von Web-basierten (Legacy-) Anwendungen erfolgt hierbei nach den Integrationsmustern 3 oder 4 aus Abbildung 73. Sie stellen besondere Herausforderungen an die Integration, da es sich um vollständige Applikationen handelt, die nicht für eine Integration vorgesehen sind. Die wichtigsten Probleme werden in diesem Abschnitt vorgestellt.

Eigene Menüs

Bestehende Anwendungen sind dafür entworfen worden, eigenständig ohne Portal zu funktionieren. Sie bringen daher eine eigene Navigation in einem eigenen Menü mit. Wird eine solche Anwendung in ein Portal integriert und auf einer Portal-Seite dargestellt, dann sieht sich der Nutzer mit der Navigation des Portals und mit der davon unabhängigen Navigation der Anwendung konfrontiert. Dies wird insbesondere dann problematisch, wenn die Anwendung eine deutliche Ebene 1 Navigation mitbringt. Lösbar ist dies in den seltensten Fällen. Hier bietet sich an die Anwendung aus dem Portal heraus in einem separaten Fenster zu öffnen.

Abweichende Gestaltung

Die Gestaltung von zu integrierenden Anwendungen kann erheblich von der des Portals abweichen. Diese beinhaltet Interaktion, Layout, Farbe, Schriften, Buttons und Grafiken. In einigen Fällen können die Anwendungen durch Änderung der Style Sheets und gegebenenfalls der Grafiken angepasst werden. Besonders problematisch ist, wenn das Layout der zu integrierenden Anwendung auf eine größere Abmessung ausgelegt ist, als im Portal für die Darstellung von Anwendungen vorgesehen ist.

Multiple HTML Header

Eigenständige Anwendungen liefern naturgemäß vollständige Web-Seiten aus. Die HTML-Seiten bestehen aus dem HTML-Header und dem HTML-Body. Würde dieser Code direkt durch die Portal-Software in eine Portal-Seite eingefügt, so hätte die daraus entstehende Portal-Seite mehrere HTML-Header und ineinander geschachtelte Body-Tags. Daher muss bei der Integration von Bestandsanwendungen eine Logik im Portlet enthalten sein, die den HTML-Header sowie das öffnende und das schließende Body-Tag entfernt. Dies ist die einfache Variante. Tatsächlich ist das Vorgehen etwas komplizierter, da im Header wichtige Informationen, z.B. zur Verwendung von Style Sheets, enthalten sind. Diese müssen der Portal-Seite wieder hinzugefügt werden.

URL-Rewriting

Die zu integrierenden Anwendungen sind auf eigenen Servern unter einer vom Portal abweichenden URL erreichbar. Die Seiten, die von diesen Anwendungen ausgeliefert werden, beinhalten Links der Anwendung auf die Anwendung selbst. Wird dieser HTML-Code in eine Portal-Seite zur Anzeige eingefügt, verweisen die Links weiterhin auf den Server der Anwendung und nicht auf das Portal. Würde diese Seite so ausgeliefert und ein Nutzer auf einen Link klicken, würde er aus dem Portal heraus zum Server der Anwendung geleitet. Beispiel: Die Adresse (URL) des Portal-Servers lautet

http://portal.riemke.net/service/urlaub

und die URL der dort an dieser Stelle integrierten Anwendung

http://hr.riemke.net/

Wird die Anwendung eingebettet, ändern sich die Links der Anwendung für ihre Unterseiten nicht. Ein Klick im Portal würde damit zum Beispiel zu

http://hr.riemke.net/beantragen

und nicht wieder zu

http://portal.riemke.net/service/urlaub

führen. Um diese Problematik zu umgehen müssen alle Links vor dem Ausliefern der Portalseite so umgeschrieben werden, dass sie immer auf das Portal zeigen. Im obigen Beispiel würde aus dem Link *http://hr.riemke.net/beantragen* der

Link *http://portal.riemke.net/service/urlaub?link=b3* erzeugt und der ursprüngliche Link im HTML-Code der integrierten Anwendung ersetzt. Wird die Seite nun ausgeliefert und der Link *http://portal.riemke.net/service/urlaub?link=b3* von einem Nutzer angeklickt, wird die Portal-Seite aufgerufen. Die Portal-Software erkennt anhand des Parameters (*link=b3*), dass in der Backend-Anwendung der Link *http://hr.riemke.net/beantragen* aufgerufen werden muss und stellt diese Anfrage an das Backend-System. Dieses liefert eine Antwort, deren Links wieder umgeschrieben werden, bevor sie angezeigt werden. Dieses Verfahren wird URL-Rewriting genannt. Das URL-Rewriting ist eine Funktion der Portal-Software, die die ursprünglichen URL und den zugehörigen Link-Parameter tabellarisch für jede Seite speichert. Der Nutzer merkt von dem im Hintergrund laufenden Rewriting nichts. Die eigentlichen Links der internen Anwendung werden nur in der Kommunikation zwischen Portal und Anwendung verwendet.

Sonstige Probleme

Je nach zu integrierenden Anwendungen können weitere Probleme auftreten, die dann durch Integrationslogik im Portal individuell gelöst werden müssen. Beispielhaft sei an dieser Stelle die Verwendung von Cascading Style Sheets genannt, die bei gegebenenfalls gleicher Identifikation (id) der Elemente verschiedener Anwendungen unterschiedliche Layouts erzeugen sollen.

5.4.9 Single Sign On

Eine besondere Eigenschaft eines Portals ist die einmalige Anmeldung für die Nutzung aller integrierten Anwendungen. Damit die Nutzer sich nicht an die einzelnen integrierten Anwendungen separat anmelden müssen, bietet das Portal Mechanismen hierfür an. Dies geschieht durch Single Sign On Verfahren, welche dem Benutzer nach einer *einmaligen* Authentifizierung Zugriff auf das Portal und alle darin integrierten Anwendungen und Prozesse erlauben.

Single Sign On mit Impersonification

Bei dieser Methode merkt sich das Portal und seine Single Sign On Komponente das vom Nutzer eingegebene Passwort. Es meldet ihn damit automatisiert an den im Portal integrierten Anwendungen an. Mit dieser Methode ist auch die Integration von Web-basierten Legacy-Anwendungen möglich, die ursprünglich nicht für ein Portal entworfen wurden. Hierbei wird zur Anmeldung versteckt vor dem Nutzer das Login-Formular der Anwendung durch ein Skript ausgefüllt. Die Anmeldung erfolgt durch Aufruf des Links, an den die Daten des Login-Formulars gesendet werden. Die Anwendung authentifiziert den Nutzer, als ob er selbst das Formular ausgefüllt hätte. Die Generierung der Formulardaten und der Aufruf des Login-Links mit den Nutzerdaten, erfordern eine Skript-Logik, die für jede Anwendung gesondert realisiert werden muss. Fällt das Portal aus, kann der Nutzer sich mit seinem Login und Passwort in einer Notfallprozedur unter Umgehung des Portals direkt am System anmelden. Dies ist in Abbildung 74 links dargestellt. Impersonification kann auch einfach realisiert werden, wenn eine Vertrauensstellung zwischen Portal und integrierten Anwendungen besteht. Abbildung 74 zeigt in der rechten Darstellung ein Portal, dessen integrierte Anwendungen und Backendsysteme durch eine Firewall vor dem direkten Zugriff durch Nutzer geschützt sind. Dies erlaubt dem Portal die Nutzer, statt mit einer nutzerindividuellen Login/Passwort-Kombination, nur mit dem Nutzernamen anzumelden.

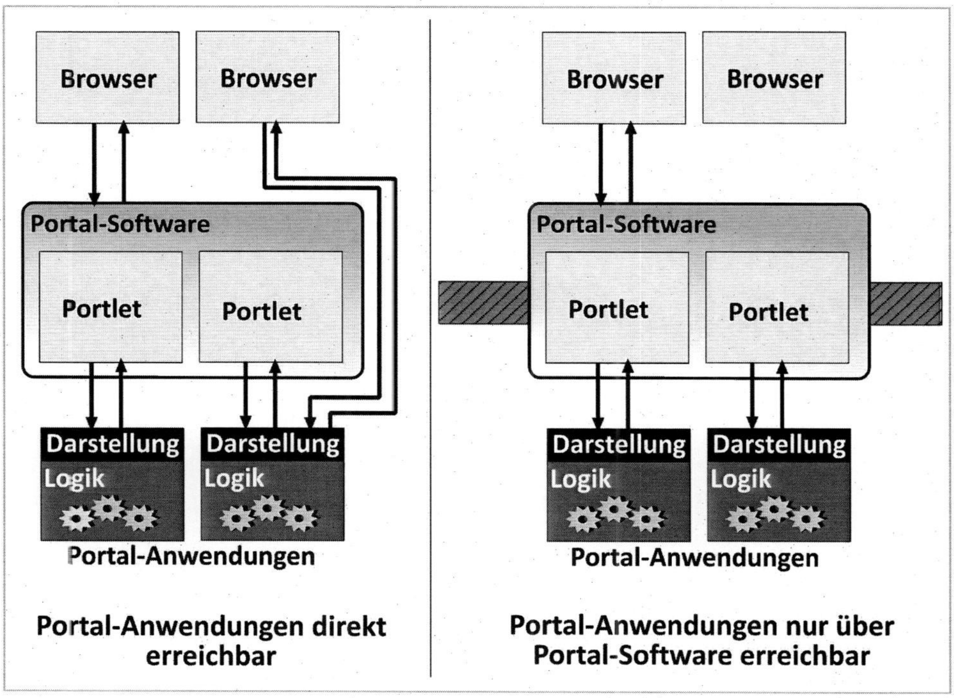

Abbildung 74 Zugänglichkeit von Portal-Anwendungen

Erfordern die integrierten Systeme ein Passwort, so kann dies auf ein leeres oder einheitliches Passwort gesetzt werden. Dies kann jedoch im betrieblichen Einsatz durch gesetzliche bzw. regulatorische Vorgaben untersagt sein.

Single Sign On mit Ticket/Token

Das Ticket (auch: Token) Verfahren ist ein Client-seitiges Single Sign On Verfahren, welches eine Anmeldung an allen teilnehmenden und entsprechend ausgestatteten Systemen im Unternehmen erlaubt. Es ist damit nicht nur auf das Portal beschränkt und erlaubt auch auf einfache Weise Notfallprozeduren (wie in Abbildung 74 links) umzusetzen. Der Nutzer meldet sich an einem System an, welches Login-Tickets ausstellen kann. Er erhält von dem System ein Ticket, welches von allen angeschlossenen Systemen akzeptiert wird. Dieses Ticket wird bei Web-basierten Anwendungen als Cookie im Browser gespeichert. Das Login-Ticket basiert auf einer kryptografischen Absicherung, die den Einsatz von Zertifikaten erfordert. Es ist problematisch, dass das Ticket nicht direkt an eine Sitzung in einer Anwendung gebunden ist. Es kann daher solange ohne weitere Authentifizierung genutzt werden, wie es gültig ist. Vorteil dieses Client-basierten Verfahrens ist, dass im Portal auch „unechte" Anwendungsintegration möglich ist: Die Web-basierte Darstellung einer Anwendung kann als IFRAME in die Portal-Seite eingebunden werden. Die Einbettung der Darstellung erfolgt dann nicht in der Portal-Software, sondern erst im Browser des Nutzers. Dies ist jedoch nur möglich, wenn der Browser des Nutzers ein für den Anwender transparentes Login durchführen kann. Dies ist mit dem Ticket möglich.

Single Sign On mit Zertifikat

Client-Zertifikate sind die zweite Möglichkeit für ein Client-basiertes Single Sign On. Für Nutzer werden Zertifikate ausgestellt, die bei einem Zugriff auf eine Web-basierte Anwendung den Nutzer gegenüber der Anwendung mit kryptografischen Methoden authentifizieren. Client-Zertifikate können fest im Browser installiert werden. Dies hat den wesentlichen Nachteil, dass jeder der Zugang zum Browser hat, zunächst automatisch angemeldet ist. Es besteht die Möglichkeit, die Zertifikate durch ein Passwort zu schützen. Noch besser geschützt sind die Zertifikate in einem speziellen Zertifikatmanager. Bei Abmeldung sind die Zertifikate dann nicht mehr zugänglich. Die sicherste Variante für den Umgang mit Client-Zertifikaten ist die Speicherung auf einer Chipkarte. In diesem Fall besteht der Zugang, solange der Mitarbeiter die Karte im Lesegerät belässt. Die Zertifikate können zudem mit Passwort oder PIN geschützt werden. Diese sichere Methode erfordert jedoch ein Lesegerät und entsprechende Software auf dem Client.

5.5 Betreiben

Ein weiterer Baustein erfolgreicher Portale ist die Organisation des Betriebs. Hierzu gehören das Portal Management inklusive der Portal Governance, die Definition der Content-Erstellung und- Pflege, die Pflege des Glossars und auf der technischen Seite die Wartung. Für den Start eines neuen Portals sind Einführungskonzepte erforderlich, die ebenfalls in diesem Kapitel vorgestellt werden.

5.5.1 Portal Management: Organisation der Portalpflege

Das Portal Management befasst sich mit allen Vorgängen aus Sicht des Lebenszyklus, wie z.B. Analyse, Konzeption, Realisierung, Einführung und die Pflege im Betrieb. Das Portal Management umfasst damit insbesondere auch die strukturelle und inhaltliche Pflege eines Portals mit seinen Inhalten, Prozessen und Anwendungen. Es ist damit in den Kontext der allgemeinen IT-Governance und des IT-Architekturmanagements zu stellen. Ein Portal Manager ist ein Experte, der inhaltliche Themen, wie die Erstellung und Verwaltung von Artikeln, und technische Themen, wie die Einbindung von Anwendungen in das Portal, beherrscht.

5.5.2 Portal Manager und Portal Governance

Die Portal Governance legt die Verantwortlichkeiten und Entscheidungsprozesse für die Pflege und Weiterentwicklung des Portals fest. Die Portal Governance liegt beim Portal Manager. Dieser wacht über den Gesamtzusammenhang des Portals und seine Einheitlichkeit aus Sicht von Prozessen, Gestaltung und Technologie. Er ist damit ein Bindeglied zwischen verschiedenen Zuständigkeiten und Verantwortlichkeiten. Diese Funktion, zwischen Fach- und Querschnittsbereichen einerseits, sowie Unternehmenskommunikation und Informationstechnik andererseits, wird in Abbildung 75 deutlich. Da die Struktur eines Portals im Betrieb nicht dauerhaft festgeschrieben bleiben kann, entwickelt er diese kontinuierlich weiter.

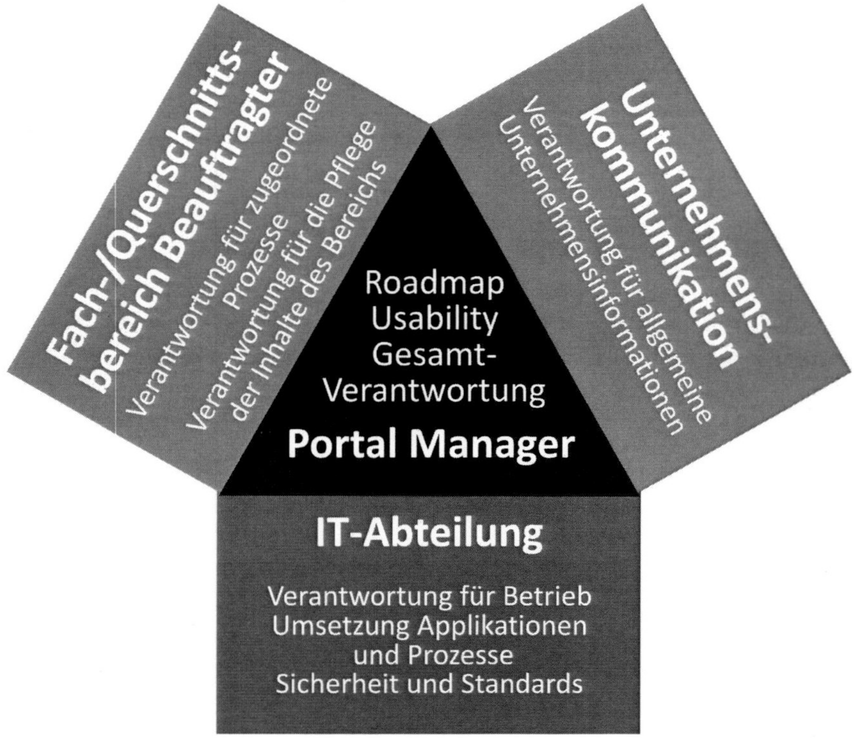

Abbildung 75 Portal Governance

Ein besonderes Augenmerk liegt dabei auf der Verbesserung der Benutzbarkeit. In diesem Zusammenhang schreibt er den Styleguide fort. Der Portal Manager definiert auch die weiterführende Roadmap mit Projekten in der Basis oder in den Fachbereichen und koordiniert diese. An der Governance sind auch dezentrale Portal-Beauftragte in den Fach- und Querschnittsbereichen beteiligt. Diese sind für die jeweiligen Fachprozesse und für den Fach-Content verantwortlich. Sie entwickeln und überwachen die lokalen Regelungen für den Fachbereich. Die Unternehmenskommunikation trägt die Verantwortung für die allgemeinen Unternehmensinformationen. Die IT-Abteilung trägt die Verantwortung für den Betrieb und die technische Weiterentwicklung. Sie setzt als Dienstleister die Applikationen und Prozesse im Portal um und betreibt diese. Die Themen Sicherheit und Standards in den Bereichen Entwicklung und Software-Plattformen sind ebenfalls in der IT-Abteilung angesiedelt.

Es ist zu beachten, dass der Betrieb eines Portals, insbesondere bei großen und internationalen Portalen, einen nicht unerheblichen personellen Aufwand darstellt, der sich in den Betriebskosten widerspiegelt.

Die Prozesse und Verantwortlichkeiten müssen definiert und dokumentiert werden. Die Positionen, insbesondere die des Portal Managers, müssen organisatorisch so ausgestaltet werden, dass tatsächlich eine Verantwortung entsteht und Maßnahmen wirkungsvoll umgesetzt werden können. Nicht zu vergessen: Es handelt sich hierbei um eine wichtige Infrastrukturkomponente.

5.5.3 Content-Erstellung und -Pflege

Die Content-Erstellung geschieht zum einen zentral in einer Portal-Redaktion, aber auch dezentral in den Fach- und Querschnittsabteilungen. Während die zentrale Redaktion allgemeine, fachunabhängige Inhalte im Bereich der allgemeinen Unternehmenskommunikation erstellt, werden in den Fachabteilungen bereichs- und themenspezifische Inhalte erarbeitet. Querschnittsabteilungen erstellen Inhalte, die abteilungsintern, aber auch als Serviceleistung für das Unternehmen veröffentlicht werden, wie zum Beispiel in der Personalabteilung die Hinweise zu Entgelten. Die dabei entstehenden Inhalte altern verschieden und unterliegen einem Lebenszyklus, dem Content-Lifecycle. Der Content-Lifecycle in einem Portal entspricht dem klassischen Modell. Er teilt sich in sechs Phasen auf. Im Folgenden wird von einem Artikel gesprochen. Dieser steht stellvertretend für alle thematischen Arten von Inhalten. In der **Phase Content erstellen** wird der Inhalt von einem Autor recherchiert, ausgearbeitet und im Content Management Modul bzw. System eingepflegt.

Bei der Zusammenstellung der Anforderungen an ein Portal sollte für diese Phase den erforderlichen Bearbeitungsfunktionen des Editors ein besonderes Augenmerk zukommen. Dem Redakteur kann in dieser Phase ein gewisser Grad an visueller Gestaltung möglich sein oder er ist durch die Vorlagen (Templates) ausschließlich auf die inhaltliche Bearbeitung beschränkt. Nach Fertigstellung des Artikels durch den Autor tritt der Artikel in **Phase Content freigeben** ein. In dieser Phase kann über einen in das CMS integrierten Workflow vorgegeben werden, dass der Content zur inhaltlichen und/oder grammatikalisch-orthografischen Prüfung an einen oder mehrere Mitarbeiter weitergereicht wird.

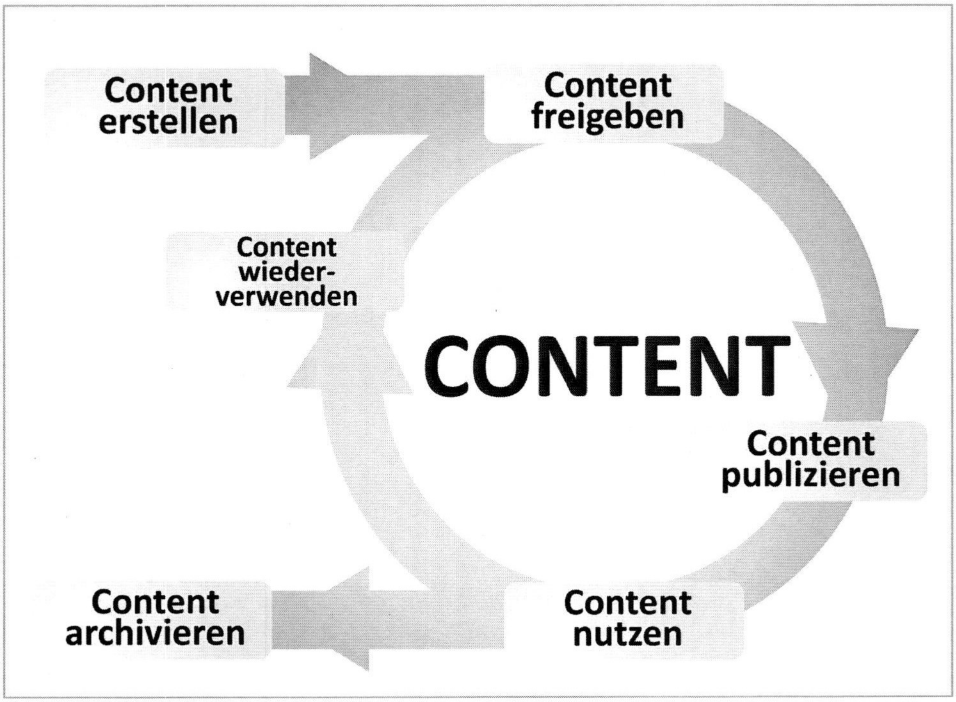

Abbildung 76 Content-Lifecycle

Wird der Content an dieser Stelle nicht direkt freigegeben, wird er automatisiert mit eventuellen Kommentaren an den Autor zurückgereicht. Ist der Content freigegeben wird er zur Publikation eingestellt, die manuell oder durch Ereignisse, wie z.B. Eintreten eines Datums, erfolgen kann. In der **Phase Content nutzen** steht der Inhalt den Lesern zur Verfügung. Diese Phase endet durch einen manuellen Eingriff oder durch ein automatisiertes Depublizieren auf Basis des Datums. Der Content ist danach weiter im System vorhanden, aber nur noch für die Autoren zugänglich. Der Content kann dann in die **Phase Content wiederverwenden** eintreten, falls er inhaltlich nochmalig verwendet werden kann. In der Regel tritt er jedoch in die alternative **Phase Content archivieren** ein. Die Archivierung kann ebenfalls manuell oder automatisiert durch Alterung des Artikels erfolgen. Eine Löschung von Content erfolgt heute in der Regel nicht. Content wird archiviert und zu dokumentarischen Zwecken aufbewahrt. Für bestimmte Inhalte ist dies durch gesetzliche Vorgaben explizit geregelt. Für verschiedene Content-Arten und konkreten Content sind jeweils Lebenszeiten im

Rahmen der Pflege festzulegen. Dies geschieht im Redaktionshandbuch, welches im folgenden Abschnitt 5.5.4 näher beschrieben wird.

5.5.4 Organisation der Content-Erstellung und -Pflege

Die Aufbau- und Ablauforganisation der Content-Erstellung und –Pflege wird in dem Redaktionshandbuch festgelegt. Das Redaktionshandbuch ist das zentrale Regelwerk für Redakteure. Für die Ausgestaltung gibt es keine festen Regelungen. Im Allgemeinen werden mindestens die nachfolgend genannten Punkte festgelegt.

Organisation und Verantwortlichkeiten

Die inhaltlichen Verantwortlichkeiten sowie die Zuständigkeit für bestimmte Bereiche des Portals werden im Redaktionshandbuch festgelegt. Abbildung 77 zeigt ein Beispiel für die Organisation von Redakteuren in einem Konzern. In dem Beispiel wurde eine Gesamtleitung etabliert, die vom Leiter der Unternehmenskommunikation oder vom Portal Manager wahrgenommen werden kann. Aufgrund der Unternehmensgröße existiert eine zentrale Redaktion mit einem Redaktionsleiter. Er ist in der Unternehmenskommunikation angesiedelt. Für jede Gesellschaft werden darüber hinaus eigene Redaktionen gebildet. Zudem arbeiten Redakteure an Fachinhalten in den jeweiligen Fach- und Querschnittsbereichen. Im Rahmen der Organisation werden auch gegebenenfalls erforderliche Freigabeprozesse festgeschrieben. Ergänzend können weitere Maßnahmen zur Vermeidung von ungewollter Informationsweitergabe definiert werden, wie zum Beispiel die schriftliche Freigabe von börsenrelevanten Quartalsberichten.

Formulierungen

Es wird festgeschrieben, welche einheitlichen sprachlichen und grammatikalischen Vorgaben für die Formulierung von Texten gelten. So kann zum Beispiel eine Substantivierung oder die Verwendung einer aktiven Form bevorzugt werden. Zu dem Bereich Formulierungen gehört die einheitliche Verwendung des eigenen sowie von fremden Firmennamen. Ferner können auch Regelungen zum Umgang mit akademischen Titeln, Adelstiteln oder Funktionen im Unternehmen festgelegt sein.

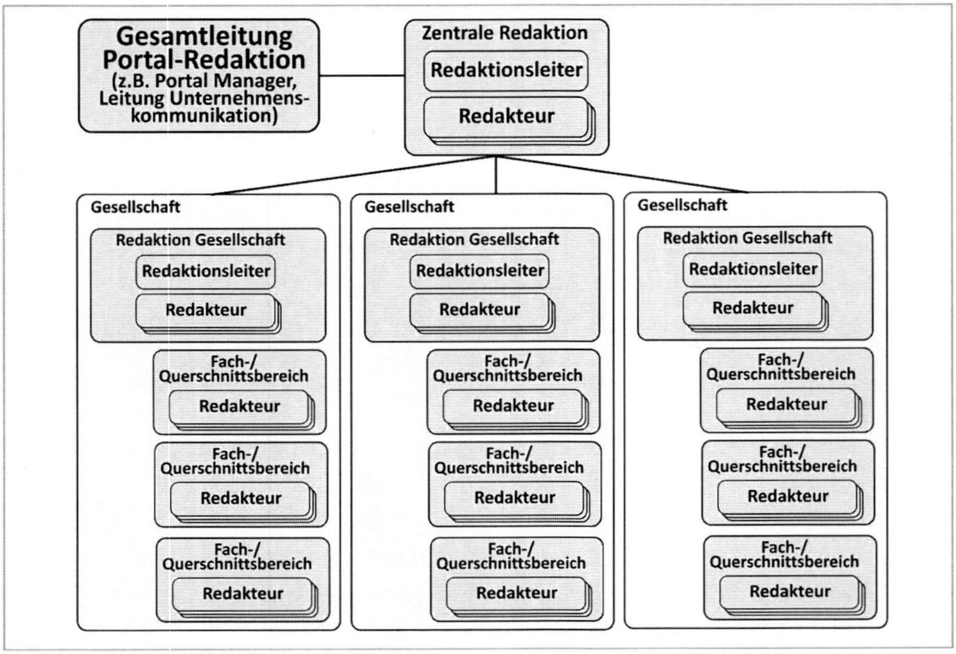

Abbildung 77 Beispiel für eine Organisation der Redaktion

Gestaltung von Artikeln

Die Gestaltung von Artikeln kann ebenfalls im Redaktionshandbuch definiert werden. Hierbei werden z.B. eine Mindestlänge von Artikeln, die verpflichtende Angabe eines Kontakts und andere Eigenschaften festgelegt. In den meisten Fällen ist eine visuelle Gestaltung der Inhalte durch die Redakteure technisch durch die Verwendung von Vorlagen (Templates) unterbunden. Im Handbuch können für bestimmte Inhalte Templates als verbindlich definiert werden. Ist hingegen eine freie bzw. eingeschränkte Gestaltung zugelassen, können an dieser Stelle Vorgaben gemacht werden.

Ebenfalls zur Gestaltung gehört der Bereich der Verwendung von Bildern. So könnte vorgegeben werden, dass Bilder nur zu Illustration von Sachverhalten, nicht aber zum optischen „aufpeppen“ verwendet werden dürfen. Auch können Regelungen im Umgang mit Fotos in Hinblick auf Persönlichkeits- und Lizenzrechte getroffen werden. Die im Beispiel in Abbildung 77 dargestellte Organisation stellt eine Maximalform einer Portal-Redaktion dar. Je nach Unternehmensgröße variiert die erforderliche Anzahl der Mitarbeiter für die zentrale Redaktion. Tabelle 23 gibt Anhaltspunkte für Mitarbeiter der zentralen Redaktion. Bei kleinen Unternehmen ist gegebenenfalls keine eigenständige Redaktion erforderlich. Das Portal kann im Selbstmanagement durch Mitarbeiter betrieben werden. In Konzernstrukturen sind neben den Vollzeitmitarbeitern der zentralen Redaktion gegebenenfalls dezentrale Redaktionen für Gesellschaften und Länder erforderlich.

	Selbst-management	Teilzeit-Kraft	Vollzeit 1 Mitarbeiter	Vollzeit 2-5 Mitarbeiter	Vollzeit 2-5 Mitarbeiter plus dezentral
1-10					
11-50					
50-250					
251-1000					
1000-2500					
2500+					
Konzerne					

Tabelle 23 Typische Mitarbeiterzahlen einer zentralen Redaktion

5.5.5 Portal-Glossar

Das Portal-Glossar umfasst alle wichtigen technischen und betriebswirtschaftlichen Begriffe rund um das Portal. Hierzu gehören Definitionen von Begriffen, wie dem des Portals selbst und unternehmensspezifische Termini, wie die Abkürzungen bzw. Kurznamen von Systemen. Das Glossar dient während der Projektlaufzeit und im späteren Betrieb verschiedenen Zwecken, die im Folgenden näher betrachtet werden.

Onboarding intern

Das Einarbeiten von internen Mitarbeitern („Onboarding“) wird durch ein Glossar vereinfacht. Dies bezieht sich zum einen auf Mitarbeiter im Bereich des Portals, aber auch auf neue Mitarbeiter im Allgemeinen. Die in Unternehmen häufig zahlreich und selbstverständlich verwendeten Abkürzungen führen gerade bei neuen Mitarbeitern zu Unsicherheiten. Ein Glossar hilft in der Einarbeitungsphase und liefert Erläuterungen zu allen wichtigen Portal-relevanten Begriffen und Abkürzungen.

Onboarding extern

Neben neuen Mitarbeitern werden im Rahmen von Projekten und einzelnen Dienstleistungen auch externe Unternehmen und deren Mitarbeiter involviert. Durch ein Glossar wird nicht nur der Einstieg in die Zusammenarbeit mit dem Unternehmen erleichtert – es wird gleichzeitig eine gemeinsame Begriffsverwendung gefördert.

Einheitliche Begriffsverwendung

In technischen und betriebswirtschaftlichen Dokumentationen der internen Systeme und Abläufe ist eine einheitliche Begriffsverwendung erforderlich. Dies gilt im besonderen Maße auch bei der Einbeziehung externer Dienstleister und bei der Erstellung der Dokumentationen. Ein Glossar unterstützt als verpflichtende Referenz die einheitliche Begriffsverwendung.

Ein Portal ist als Infrastrukturkomponente der IT-Unternehmensarchitektur und als zentrales Frontend fortlaufend in Fach- und Basisprojekte involviert. Daher ist es im besonderen Maße sinnvoll das Glossar über ein Portal-Projekt hinaus dauerhaft weiterzuführen. Die Weiterführung umfasst neben der Ergänzung um neue Einträge auch die regelmäßige Überprüfung alter Einträge und deren Aktualisierung oder Löschung. Die Pflege des Glossars obliegt dem Portal Manager, kann aber in Bezug auf Fachanwendungen verteilt erfolgen. In diesem Fall bietet sich der Einsatz eines Wikis an. Besteht ein unternehmensweites Glossar, so ist die Integration des Portal-Glossars zu prüfen. Davon unabhängig kann eine separate Portal-spezifische Version als Subset zur Dienstleister-Kommunikation erhalten bleiben.

5.5.6 Verantwortlichkeit für die technische Wartung

In Kapitel 5.4.2 wurde bereits auf das Thema Wartung eingegangen. Die Wartung der zentralen Infrastrukturkomponente Portal sollte idealerweise in einer Hand, meistens in der der IT-Abteilung, liegen. Dies gilt in jedem Fall für die Portal-Software und seine Infrastruktur. Die operative Durchführung der Wartung der Portal-Plattform unter der organisatorischen Verantwortlichkeit der IT-Abteilung kann nach drei verschiedenen Modellen erfolgen:

- **Wartung durch die IT-Abteilung:** In diesem Fall werden alle Wartungsarbeiten direkt von der IT-Abteilung selbst durchgeführt.

- **Wartung durch externen Dienstleister:** Für die Wartung wird ein externer Dienstleister durch einen Vertrag über einen definierten Zeitraum (Outsourcing) oder durch Einzelauftrag verpflichtet.

- **Eigene Wartung mit Unterstützung:** Die Wartung durch die IT-Abteilung wird durch externe Dienstleister mit Expertise unterstützt.

Das letztgenannte Modell trägt insbesondere der Tatsache Rechnung, dass die Vielzahl der integrierten Systeme spezielle Kenntnisse bei der Wartung erfordert. Die Wahl des „richtigen" Modells hängt stark von der speziellen Unternehmensorganisation und gegebenenfalls von der Anwendung ab. In den meisten großen Unternehmen ist die „IT-Abteilung" selbst ein Dienstleister, der wiederum zum Teil selbst am Markt auftritt. Der Verantwortliche für die Wartungsmaßnahme definiert eine Wartungszeit, die innerhalb bereits vordefinierter Wartungsfenster liegen kann. Als problematisch für die Wartung erweist sich, wie bereits erwähnt, die Anforderung der hohen Verfügbarkeit an diese Infrastrukturkomponente, die in Konzernen bis zu einer 24/7-Anforderung reichen kann. Die Wartung und deren Modalitäten muss entsprechend auch in einem Service Level Agreement vereinbart sein. Aufseiten der Portal-Anwendungen werden Querschnittsanwendungen, wie z.B. eine Raumreservierung, die keiner Fachabteilung zugeordnet sind, von der IT-Abteilung im Bereich Wartung verantwortet. Diese kann die Wartung outsourcen oder selbst übernehmen, wenn entsprechendes Know-how und freie Kapazitäten vorhanden sind. Für spezielle Fachanwendungen im Portal, die zum Teil lediglich integriert sind, zeichnen die Fachabteilungen verantwortlich.

Diese können die Wartung intern an die IT-Abteilung übergeben oder extern an einen Dienstleister. Abbildung 78 stellt die verschiedenen Möglichkeiten für Verantwortlichkeit für die Wartung von Portal-Anwendungen und deren operative Durchführung gegenüber. Neben der technischen Wartung muss analog auch die Wartung der Geschäftsprozesse gestaltet werden, die in den Anwendungen enthalten sind.

Verantwortlichkeit für die Wartung einer Portal-Anwendung

	Intern	Extern
Fachabteilung	Die im eigenen Projekt erstellte Portal-Anwendung wird von der zentralen IT gewartet. Dieses Vorgehen ist geeignet, wenn die Anwendung von dem IT-Bereich erstellt wurde oder einfach zu warten ist.	Für die im eigenen Projekt erstellte Portal-Awendung wird vom Fachbereich ein externer Dienstleister beauftragt. Diese Variante ist optimal für spezielle Fach-Software.
IT-Abteilung	Die Wartung von Portal-Anwendungen, die eine Querschnittsfunktion haben aber nicht einer Fachabteilung zugeordnet sind (z.B. Raumreservierung), erfolgt durch die IT.	Die Wartung von Portal-Anwendungen, die eine Querschnittsfunktion haben, kann outgesourct werden. Dies ist auch für Anwendungen erforderlich, die besondere Kenntnisse für die Wartung erfordern.

Durchführung der Wartung einer Portal-Anwendung

Abbildung 78 Verantwortlichkeit und Durchführung Wartung Portal-Anwendung

5.5.7 Einführungskonzepte – das Portal erfolgreich machen

Ein erfolgreiches Portal basiert nicht nur auf einem guten Konzept und einer guten Technologie, sondern auch auf einer nutzerorientierten Einführung (bzw. Roll-Out). Um das Portal nicht nur zu einer beliebigen weiteren „Software“ verkommen zu lassen, ist ein strategisches Konzept für die Einführung und die praktische Aktivierung der Anwender im Unternehmen erforderlich. Dies lässt sich mit den drei Schritten „Neugier wecken“, „Nutzen präsentieren“ und „Wissen vermitteln“ erreichen.

Schritt 1: Neugier wecken

Aus Sicht des Nutzers ist eine neue Software, die Schulung erfordert, zunächst nur ein Störfaktor. Um die Nutzer mit in das Boot zu holen, lohnt es sich sie neugierig auf das Portal zu machen. Es bieten sich hierfür Plakate, bei einem bestehenden Intranet Werbebanner oder Videos an. Im ersten Schritt steht die Erzeugung von Spannung im Vordergrund, die die Nutzer dazu bringt sich aktiv um weitere Informationen zu bemühen. Konkrete Informationen sollten erst im zweiten Schritt folgen. Die Kunst ein solches Szenario aufzubauen wird besonders bei High-Tech Consumer-Produkten gepflegt. Diese Methode kann für die Einführung eines Portals übernommen werden. Hierzu bietet sich eine vage Darstellung von Highlights des neuen Portals an. Ein fataler Fehler ist es, bereits früh während der Konzeption die Nutzer neugierig zu machen. Lässt die Einführung dann tatsächlich zu lange auf sich warten, ist der Bogen überspannt und die Stimmung kippt gegen das Portal. Ein weiterer häufig genutzter Ansatz, den Nutzern ein Portal schmackhaft zu machen, ist der Einsatz von Incentives. Sicher kann durch ein Gewinnspiel ein sinnvoller Anreiz geschaffen werden. Ein Ansatz mit finanziellen Anreizen erscheint jedoch wenig zielführend. Fachliche und persönliche Vorteile im Unternehmensalltag durch sinnvoll und kreativ gestaltete Funktionalität sind dagegen intrinsisch sehr motivierend.

Schritt 2: Nutzen präsentieren

Im zweiten Schritt gilt es, dem Anwender den Nutzen der neuen Lösung nahe zu bringen. Insbesondere muss dem Nutzer deutlich gemacht werden, warum das Unternehmen eine Entscheidung für das Portal in dieser Form getroffen hat und welche fachlichen Vorteile für die Mitarbeiter entstehen. Über die fachlichen Aspekte hinaus müssen auch die durch das Portal-Projekt geschaffenen persönlichen Vorteile dargestellt werden. Hierzu bieten sich Plakate, Broschüren und Videos für den Transport der Botschaften an.

Schritt 3: Kompetenz vermitteln

Im letzten Schritt muss den Anwendern die erforderliche Nutzungskompetenz zur Anwendung des Portals vermittelt werden. Das Wissen lässt sich in Grundlagenwissen, Wissen über die Basisfunktionalität und Wissen über eine oder mehrere Fachanwendungen staffeln.

Das Grundlagenwissen umfasst die grundlegende inhaltliche Struktur des Portals, seine Bedienung und Wissen über den Aufbau von Seiten mit ihren Elementen. Über dieses Grundlagenwissen müssen alle Mitarbeiter verfügen. Dieses einfache Wissen kann über eine Broschüre oder ein kurzes Video vermittelt werden. Die Kunst besteht darin *alle* Mitarbeiter vor dem Start des Portals zu erreichen. Detailliertes Wissen für regelmäßige Nutzer über die Basisfunktionalität des Portals ist wegen des Umfangs nur im Rahmen einer Schulung vermittelbar. Aufgrund des in der Regel recht großen Nutzerkreises sollte in Erwägung gezogen werden, statt auf eine direkte Schulung auf alternative Methoden zu setzen.

Train-the-Trainer schult eine begrenzte Anzahl Multiplikatoren, die in den Bereichen wiederum Schulungen anbieten oder Nutzern vor Ort das erforderliche Wissen direkt vermitteln können. Video-based-Training bietet sich als zweite Alternative an. Das Training wird am Rechner mittels Lernvideos und gegebenenfalls mit Interaktionen in einer Software durchgeführt. Generell ist der Schritt der Wissensvermittlung mit nicht unerheblichen Kosten belegt. Bei direkten Schulungen der Mitarbeiter muss bei der Kostenermittlung nicht nur der Trainer, sondern auch die Arbeitszeit aller Teilnehmer berücksichtigt werden. Was im kleinen Mittelstand gerade noch möglich ist, ist in Konzernstrukturen mit mehreren Tausend Mitarbeitern organisatorisch und aus Kostengründen schlicht nicht umsetzbar. Hier weisen Video-based-Trainings einen Kostenvorteil auf – trotz der Kosten für Entwurf und Umsetzung.

Neben den Endnutzern müssen auch alle Mitarbeiter, die das Portal warten und gegebenenfalls Software für das Portal entwickeln, technisch geschult werden. In der Regel besuchen sie hierfür Schulungen des Anbieters oder Dienstleisters. Im Rahmen einer Einführung müssen Redakteure im Umgang mit der Autorenumgebung geschult werden. Diese Schulungen sollten von einem oder mehreren Mitarbeitern im Haus durchgeführt werden. Der Rückgriff auf eigene Mitarbeiter erlaubt, Wissen intern weiterzugeben und die Kompetenz vor Ort zu halten. Diese internen Experten müssen im Rahmen der Einführung zuvor selbst von den Software-Anbietern geschult worden sein. Gleiches gilt für Bereichsverantwortliche, die Fachinhalte und -anwendungen verantworten.

Schulungsplan

Die Maßnahmen werden in einem Schulungsplan zusammengefasst, der auch die Zeiträume für die Schulungen umfasst. Schritt 1 (Neugier wecken) liegt zeitlich deutlich vor dem Go-Live. Schritt 2 (Nutzen präsentieren) begleitet direkt den Go-Live, wohingegen Schritt 3 (Kompetenz vermitteln) sich auf die Zeit vor und nach dem Go-Live verteilt (Abbildung 79). Im Schulungsplan werden die von den Schulungen betroffenen Nutzergruppen und Einzelpersonen festgelegt.

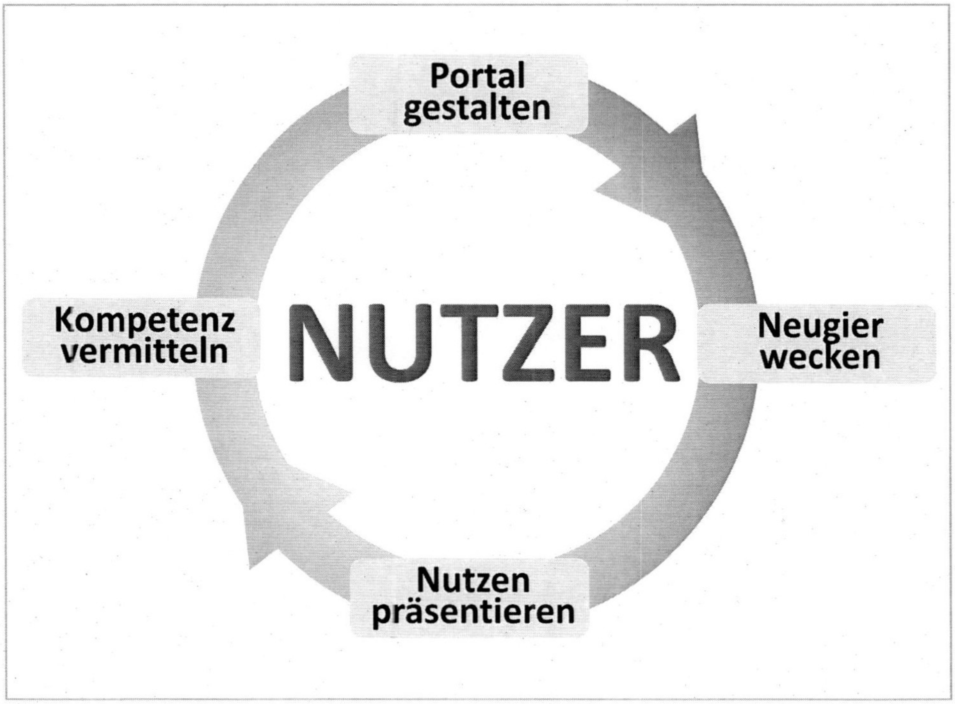

Abbildung 79 Zyklus der Schulung

6 Abschließende Bemerkungen

Ein Portal lebt. Sowohl Technologien als auch die Ansprüche der Nutzer entwickeln sich weiter. Entsprechend muss sich das Portal weiterentwickeln. Es existieren viele Trends, die zum Teil direkt aus der Sicht der Nutzer auf Anwendungen und dem Umgang mit ihnen entstehen. War früher die Suche im Portal eher die Ausnahme, ist heute die klassische Navigation des Portals im Hintertreffen. Die Mitarbeiter nutzen privat Suchmaschinen – und dies mit subjektiv empfundenem großem Erfolg. Eine Übertragung dieser Erwartungen in den Unternehmenskontext ist schlicht konsequent.

„Bring Your Own Device“ (BYOD) und Touch-basierte Oberflächen von Mobilgeräten werfen die Frage auf, inwieweit ein „klassisches Web-Design“ für ein Portal noch zeitgemäß sein kann, bzw. wann ein Portal eine Touch-kompatible Oberfläche haben muss. Ähnliches gilt für auch den Bereich Social Business.

Für die Weiterentwicklung der Portale ist eine Beobachtung dieser Trends wichtig, um hieraus neue Ideen für die Unterstützung der Ziele des Unternehmens zu generieren. Technologische Innovationen beeinflussen nicht nur die Technik des Portals selbst – sie sind auch Enabler für Innovationen auf der Business bzw. Geschäftsseite. Auf der anderen Seite dieses bekannten Spannungsfelds steht die Business-Innovation, die die Technik auffordert, Lösungen für die Umsetzung neuer Ideen bereitzustellen. Das Dilemma: Technologen und betriebswirtschaftliche Strategen arbeiten meistens unabhängig voneinander und wissen nicht von den Möglichkeiten und Anforderungen der jeweils anderen Seite. Innovationen benötigen jedoch beide Aspekte.

Diese zusammenzubringen ist die Aufgabe des Innovationsmanagements. Das Innovationsmanagement kann formal im Unternehmen etabliert sein oder gerade in kleineren, agilen Unternehmen auf informeller Ebene stattfinden. Unabhängig von der konkreten Organisation: Die Technologie und die Geschäftsebene müssen miteinander neue Ideen für das Portal entwickeln. Dies ist nicht nur auf die in diesem Buch beschriebenen Mitarbeiter-Portale beschränkt, sondern gilt für alle anderen Portal-Arten, insbesondere auch Kundenportale.

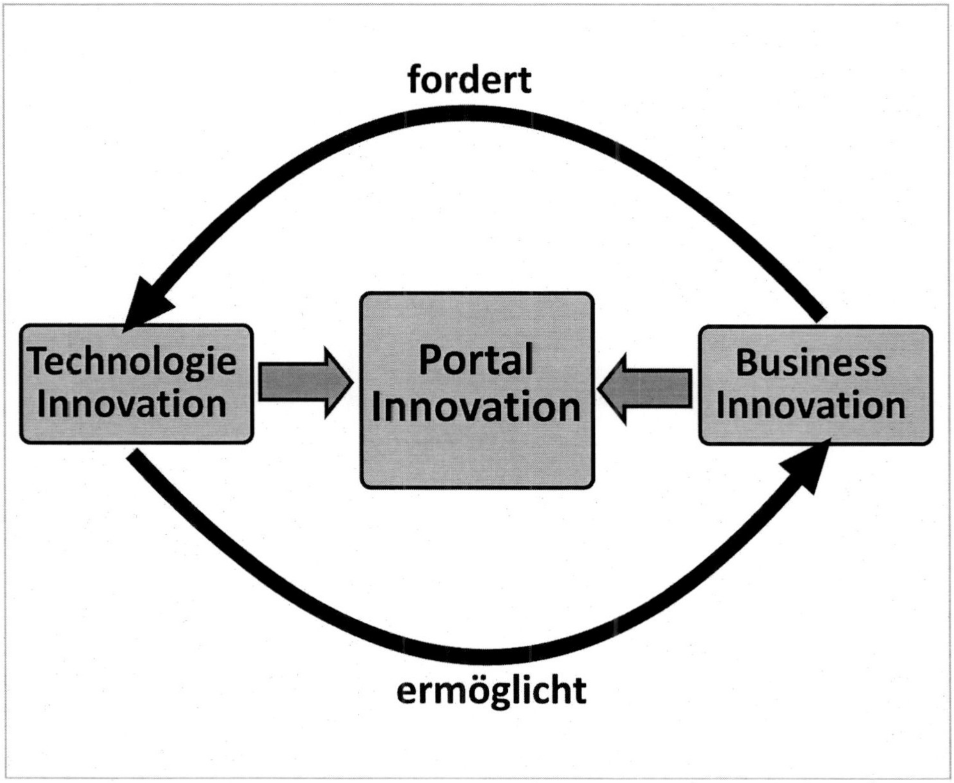

Abbildung 80 Portal-, Technologie- und Business-Innovation

Wie auch immer eine unternehmensspezifische Umsetzung des Portals selbst, der inhaltlichen bzw. technischen Pflege und der Weiterentwicklung aussieht – ein Portal erfordert als zentrale Infrastrukturkomponente einen adäquaten Ressourceneinsatz vom Unternehmen.

Wenn alle Beteiligten ein klares Verständnis des Portals mit seinem Nutzen und den damit verbundenen Kosten haben, steht einem erfolgreichen Portal nichts im Weg. Zum Schluss bleibt nur zu betonen, was an vielen Stellen dieses Buches als Anmerkung zu finden ist: Eine auf alle Unternehmen passende Blaupause eines Portals gibt es nicht. Dieses Buch bietet Ideen, Anregungen und Vorgehensweisen. Ihr Portal ist aber so individuell wie Ihr Unternehmen. Ebenso wie der Geschäftszweck und die unternehmerischen Ziele, die es unterstützt.

7 Literaturverzeichnis

Abdelnur, A. & Hepper, S., 2003. Java Portlet Specification Version 1.0. ohne Ort: Sun Microsystems, Java Community Process.

Allweyer, T., 2005. Geschäftsprozessmanagement. Herdecke: W3L.

Arndt, H., 2006. Integrierte Informationsarchitektur. Berlin, Heidelberg: Springer-Verlag.

Balzert, H., 2000. Lehrbuch der Software-Entwicklung, 2-Auflage. Heidelberg, Berlin: Spektrum Akademischer Verlag GmbH.

Chabris, C. & Simons, D., 2010. The Invisible Gorilla. London: HarperCollins Publishers.

DIN69905, 2009. Projektmanagement - Projektmanagementsysteme - Teil 5: Begriffe. In: Schelle, H. et al.: ProjektManager, Gesellschaft für Projektmanagement, 2005, p. 146.

dmoz.org, 2013. dmoz Open Directory Project. [Online]
Available at: http://dmoz.org
[Zugriff am 15 01 2013].

Gurzki, T. & Hinderer, H., 2003. Eine Referenzarchitektur für Software zur Realisierung von Unternehmensportalen. In: U. Reimer, A. Abecker, S. Staab & G. Stumme, Hrsg. WM 2003: Professionelles Wissensmanagement - Erfahrungen und Visionen, GI-Edition - Lecture Notes in Informatics (LNI). Bonn: Bonner Köllen Verlag.

Gurzki, T. & Hinderer, H., 2005. Seminar PADEM in der Anwendung. Stuttgart: Fraunhofer IAO.

Gurzki, T. & Vlachakis, J., 2005. Ratgeber: Konzepte zur Portaleinführung. Computerwoche Nr. 33, pp. 22-23.

Hepper, S. & Hesmer, S., 2003. JAVAWORLD: Introducing the Portlet Specification, Part 1. [Online]
Available at: http://www.javaworld.com/javaworld/jw-08-2003/jw-0801-portlet.html
[Zugriff am 24 08 2012].

Hepper, S. & Köth, O., 2008. IBM developerWorks: What's new in the Java Portlet Specification V2.0 (JSR 286)?. [Online]
Available at: http://www.ibm.com/developerworks/websphere/library/techarticles/0803_hepper/0803_hepper.html
[Zugriff am 24 08 2012].

Hinderer, H. & Gurzki, T., 2003. Prozessorientierte Wirtschaftlichkeitsbetrachtung von Unternehmensportalen. In: GI Tagungsband Wissensmanagement 2003. In: U. Reimer, A. Abecker, S. Staab & G. Stumme, Hrsg. WM 2003: Professionelles Wissensmanagement - Erfahrungen und Visionen, GI-Edition - Lecture Notes in Informatics (LNI). Bonn: Bonner Köllen Verlag.

o.V., 2007. The Information Architecture Institute. [Online]
Available at: http://iainstitute.org/documents/learn/What_is_IA.pdf
[Zugriff am 06 09 2012].

OASIS, 2012. OASIS Web Services for Remote Portlets (WSRP) TC. [Online]
Available at: https://www.oasis-open.org/committees/tc_home.php?wg_abbrev=wsrp
[Zugriff am 09 09 2012].

Sarodnick, F. B. H., 2006. Methoden der Usability Evaluation - Wissenschaftliche Grundlagen und praktische Anwendung. Bern: Verlag Hans Huber.

Schelle, H., Ottmann, R. & A., P., 2005. ProjektManager. Nürnberg: Deutsche Gesellschaft für Projektmanagement (GPM).

VDI/VDE3694, 2008. Lastenheft/Pflichtenheft für den Einsatz von Automatisierungssystemen. Düsseldorf: VDI/VDE-Gesellschaft Mess- und Automatisierungstechnik (GMA), Beuth Verlag.

Vlachakis, J., Kirchhof, A. & Gurzki, T., 2005. Marktübersicht Portalsoftware 2005. Stuttgart: Fraunhofer IRB Verlag.

8 Abbildungsverzeichnis

9 Index